U0936839

珍藏本·增订本
纪念版

汉译世界学术名著丛书

# 土地经济学原理

〔美〕理查德·T.伊利
爱德华·W.莫尔豪斯 著

滕维藻 译

商务印书馆
SINCE1897
The Commercial Press

Richard T. Ely and Edward W. Morehouse
**ELEMENTS OF LAND ECONOMICS**
by the Macmillan Company, New York 1924
本书根据纽约麦克米伦公司 1924 年版译出

# 汉译世界学术名著丛书
# （120 年纪念版·珍藏本）
# 增订本出版说明

2017 年 10 月，为纪念商务印书馆创立 120 周年，本馆推出“汉译世界学术名著丛书”（120 年纪念版·珍藏本），计七百种。近五六年来，仰赖学界同人倾力支持，订正旧译，增补新译，拓展新著，积累日多。为满足读者需要，本馆在七百种的基础上，继续推出“汉译世界学术名著丛书”（120 年纪念版·珍藏本·增订本）三百种。至此，“汉译世界学术名著丛书”累计出版已达千种。

今后，本馆将继续推进丛书的翻译出版工作，在积累单本名著的基础上陆续分辑刊行，汇印出版。为促进中外文明互鉴、推动我国学术发展，使“汉译世界学术名著丛书”这项对我国学术文化有基本建设意义的重大工程发挥更大作用，诚望海内外学术界、翻译界继续给予支持，帮助我们把这套丛书出得更好。

商务印书馆编辑部

2024 年 2 月

# 汉译世界学术名著丛书
# （120 年纪念版·珍藏本）
# 出 版 说 明

2017 年 2 月 11 日，商务印书馆迎来 120 岁的生日。120 年前，商务印书馆前贤怀揣文化救国的理想，抱持“昌明教育，开启民智”的使命，立足本土，放眼寰宇，以出版为津梁，沟通中西，为中国、为世界提供最富智慧的思想文化成果。无论世事白云苍狗，潮流左右激荡，甚至战火硝烟弥漫，始终践行学术报国之志，无改初心。

迻译世界各国学术名著，即其一端。早在 20 世纪初年便出版《原富》《天演论》等影响至今的代表性著作，1950 年代后更致力于外国哲学和社会科学经典的译介，及至 1980 年代，辑为“汉译世界学术名著丛书”，汇涓为流，蔚为大观。丛书自 1981 年开始出版，历时三十余年，迄今已推出七百种，是我国现代出版史上规模最大、最为重要的学术翻译工程。

丛书所选之书，立场观点不囿于一派，学科领域不限于一门，皆为文明开启以来，各时代、各国家、各民族的思想与文化精粹，代表着人类已经到达过的精神境界。丛书系统译介世界学术经典，引领时代思想，为本土原创学术的发展提供丰富的文化滋养，为推动中国现代学术和现代化进程做出了突出的贡献。

为纪念商务印书馆成立120周年，我们整体推出“汉译世界学术名著丛书”120年纪念版的珍藏本，寄望既利于文化积累，又便于研读查考，同时向长期支持丛书出版的译者、编者和读者致以敬意。

两甲子后的今天，商务印书馆又站在了一个新的历史时间节点上。我们不仅要铭记先辈的身影和足迹，更须让我们的步伐充满新的时代精神。这是商务人代代相传的事业，更是与国家和民族的命运始终紧密相连的事业。我们责无旁贷，必须做好我们这代人的传承与创造，让我们的努力和成果不仅凝聚成民族文化的记忆，还能成为后来人可以接续的事业。唯此，才能不负前贤，无愧来者。

商务印书馆编辑部

2017年10月

# 译　序

本书是20世纪三四十年代风靡一时的美国土地经济学名著，而其影响历久不衰，在旧中国也曾普遍被用作大学农业经济系教科书。书中所论述的虽然是当时美国土地利用和地权关系的一些原理和政策，但无论从研究外国经济思想史，或者从提供目前我国经济学界所倡导的“国土经济学”这门学问以研究历史和文献资料来说，本书均有其可供参考之处。

作者伊利（1854—1943）为美国经济学奠基人之一。1876年毕业于纽约哥伦比亚大学，后赴德国海德堡深造，深受历史学派重要人物的思想影响。从19世纪80年代直到20世纪40年代初，他出版了大量著作，并在组织经济学术团体与研究机构等方面做了大量开创性工作。1881—1892年在约翰斯·霍普金斯大学执教期间，他醉心于当时流行的社会主义及劳工问题的研究，热心参与社会改革运动，同情工人运动，国内对他毁誉四起，保守势力对他进行攻击，甚至认为他不适宜在大学任教。事实上，伊利不过是一个温和的改良主义者。其后，伊利和一些新派经济学家组织并领导了美国经济学会，倡导对经济问题的“科学研究”。1893年出版《经济学大纲》，名噪一时。在经济理论上他将德国历史学派和20世纪制度学派熔于一炉，其代表作为1914年出版的《财产、契约与财富分

配的关系》一书。1920 年伊利创建了土地经济与公用事业研究院，自任院长，出版土地与公用事业经济学杂志和“土地经济学”丛书，本书是该丛书的第二本。

美国南北战争以后，资本主义生产迅速发展，城市人口日增，地价昂贵，住房紧张；在农村，自《宅地法》施行后，农业劳动者数量和耕地面积增加很快，农业生产尤其是粮食作物和畜牧业非常发达，但同时土地利用政策和地权问题也随之复杂起来。由于大量移民入境（1861—1914 年间涌入美国的移民达两千七百余万），在开发西部广大地区中实行掠夺式经营，对森林乱加砍伐，破坏水土资源，矿地利用方面浪费也很严重。由于农业上逐渐实行机械化和半机械化，劳动生产率随之提高，农民入城者日益增多，引起社会上一部分人士的忧虑。第一次世界大战促成了美国农业生产的高涨，过了 1920 年的顶点以后，由于国外市场和国内市场狭窄的阻碍，发生了生产过剩的危机，农产品价格猛跌，大批小农场破产，并由此而转入持续整个 20 世纪 20 年代的慢性农业危机，农产品市场长期萧条。

正是在美国农业发展的这种时代背景和伊利自己资产阶级改良主义的思想倾向下，形成了 1924 年问世的这本土地经济学的主要内容。作者自称：本书主要“把土地作为一个经济因素，对它的各个不同的方面加以讨论”。对于“把土地作为一种商品，用各种不同的观点对它加以讨论”的不动产经济学也有所涉及，但主要是“为它提供一个经济原理上的基础”。

作者认为：土地经济学是研究“由于土地利用而发生的人与人之间的关系的一门社会科学”，亦即研究“如何通过调整由于土地利用而发生的人与人之间的关系，来实现改善生活条件的目标，因而称之为一门社会科学是比较适合的”。作者认为，在当时的美国，土地经济学这门科学“已被人们忽视到惊人的程度”。人们只看到一些土地问题的现象(住宅所有权、山林管理、农贷、租佃制度等)，而对于土地在经济中所占的地位，对于土地所做出的贡献，或者对于有关支配土地利用的那些原理，则缺乏系统的科学的研究。伊利认为“土地是万物的基础”，有必要研究“公私土地利用政策与劳动、资本和管理等其他经济政策的关系”。因此他认为土地经济学的内容十分丰富，研究对象涉及市地、农地、林地、矿地和水权，内容则包括土地利用、土地分类、土地规划、土地重划及垦殖、土地持有、资源保护、土地信用、土地转让、土地价格、土地收益及课税、租佃关系、土地政策及土地的社会控制等等。伊利满腔热情地以设在威斯康星州麦迪逊市的土地经济与公用事业研究院为基地，集合一批学者，在这个新的领域中从头做起，从搜集资料入手，“把人们利用土地所积累的经验搜集起来，加以分析、分类、验证和解释”，“综合成为一个统一的和协调的整体”，并把研究结果公之于世。应当肯定，作者对创建美国土地经济学这门学科，是做出了重要贡献的。

本书共分十五章。前面八章和第十三、十四章主要讨论土地利用及其政策，其余几章主要讨论地权、土地信用、地价及地税等。从我国的经济现实出发，我们比较感兴趣的主要是土地利用及其政策问题。

作者首先谈涉及土地经济学的各种问题，意在通过日常的耳闻目见的问题，引起人们对土地经济学这门学科的重视(第一章)。作者指出必须根据土地的特性加以分类以规划其利用，而制定土地利用政策又必须以经过检验的健全原理为基础，其目的在于增进个人福利和社会福利。作者从法律、自然、经济和社会四个方面论述土地的特性，其中自然特性（如土地的固定性、耐久性、肥沃度和地理位置的差别）和经济特性（报酬递减趋势、土地的经济供应的稀缺、土地利用适应物价变动的缓慢性等）可作为我们规划土地利用的参考，其他同资本主义制度关系更为密切的那些特性，也有助于我们了解资本主义社会土地经济的各个侧面，在一定程度上对我们对照了解旧中国的土地制度也有帮助（第二章）。

在第三章，作者论述了土地分类的原则，以及根据分类，更好地利用土地资源，制定课税和社会控制政策的必要性。接着，作者列举了有关研究土地经济的资本主义社会流行的若干经济原理（第四章）。

从第五章起，作者着重论述了各类土地的利用问题。作者认为：在商业经济发达的资本主义社会，随着经济的发展，反映人类需要改变的物价变动，指导着土地利用的改变。按照比例更好地分配土地的各种用途，使地尽其力，适应经济发展和人们改善生活的需要，这无论对个人还是社会福利均很重要。由于土地利用要受到自然的、经济的、社会的种种因素的制约，所以要研究如何增加土地的经济供应，采用外延的（广度）和提高集约度（深度）的途径，以及消除妨碍土地充分利用的障碍（如改善农产品的运输、仓储、分配系统），务使地尽其力。

在市地利用方面，作者的有些见解是值得重视的。他从市地利用的特点（例如位置的重要性、集约程度高、地价高、交通运输便利的重要性、利用方面相当大的固定性、高价利用有排斥低价利用的趋势等）出发，提倡为了防止私有财产制度下市地利用产生的不良后果而实行社会控制，即按照健全的原则，对市地利用进行全面的规划，使工厂、办公楼、住宅、公园、道路等按照比例和特点合理布置，各得其所，保证各种用途互相统一、协调和市地经济合理的利用。作者强调，城市全面设计必须始终走在实际利用的前面，至少要考虑三十到五十年以后城市扩张的需要，考虑市地与农、林、矿地互相补充又互相竞争的关系。作者十分强调由于都市人口密度大，必须注意维持市地环境宜人的重要性，住宅必须建筑在风景优美的安静地带（第六章）。

在农地的利用方面，作者强调要根据农地分类，因地制宜，合理安排农地、林地、草地和作物类型，注意合理轮种、施肥以保持地力，不适于种植作物的农地要作为牧场及林地，造林植草，防止土壤侵蚀。农场规模要大小适当，实行多种经营等。作者还讨论了农业机械化与土地利用的关系、农业劳动生产率与亩产量的关系、保持城乡人口的合理比例等问题。作者从资产阶级立场出发，宣扬“家庭农场的优越性”，并提出，为了维护“政治稳定”，应保持合理的农业人口比例（第七章、第五章）。

在林地和矿地的利用方面，伊利认为，美国当时的地税制度促成了林木的早期采伐和过度采伐，也不利于乱砍滥伐后迹地的抚育更新，森林势将日益消失。作者认为在私有制下保护资源运动不会取得长足的和令人满意的发展，“林地公有，如果管理得好，将会带来更好的结果”。同样，私有制下的矿地利用，由于税制不当，浪费惊人。为了保护矿产资源，应使公有制成为达到这一目标的一种手段（第八章）。在资本主义私有制下，水权的生产性利用，如消费、

航行、水力、灌溉、生产食物或其他物资等，容易受到垄断控制，因此必须加以管理，以维护公共利益。作者认为，适当程度的公有制，使个人获得均等机会，同时也使生产受到鼓励，是比较适合的办法（第九章）。

作者本着改良主义的政治倾向，比较强调土地利用的社会目标，认为个人为了谋求最大净收益而利用土地，并不总和社会利益一致，因此不得不对此加以限制，运用国家干预，通过经济杠杆和政权、立法等手段，以达到土地利用的社会目标：财产的生产和分配的均衡；保护自然资源；增加土地给人们带来的生活乐趣（第十三章）。

作者看到了土地所有权影响到土地利用效率和自然资源的保护，但他又说，地权的内容已因公共机构的种种规定而大大改变。作者认为，为了公共利益，市地的私人利用已受到越来越多的限制，公有市地日益增加。至于农地，作者则武断地肯定"在私有制下才能获得最有效的利用"，"自有自耕制通常会产生最好的社会与经济效果"，而农地租佃制则"可作为一个向自有制过渡的手段"（第十章）。



此外，本书对土地信用（第十一章）、土地价格（第十二章）、土地移垦与开发政策（第十四章）、土地课税政策（第十五章）亦均有所论列。

作者的改良主义立场和资产阶级经济观点的局限性，使他对美国土地经济学的许多重大问题缺乏本质的和深刻的认识，看不到资本主义农业日益增长的社会性与产品私人占有的矛盾和当时已露端倪的20年代长期慢性农业危机。对于农业中租佃关系的矛盾，垄断资本对农业的控制，工业垄断资本家和农民之间的对立，资本主义大农场主和小农、农业工人的矛盾，农业机械化、科学化、技术进步使农产品迅速增长同资本主义市场有限的矛盾等等，或者视而不见，或者只做皮相的乃至错误的分析。但作者一再强调土地利用的社会控制，看到了私有制下土地私有者为了追求最大限度利润在土地利用方面所造成的种种弊端，倡导为社会福利和多数人利益而逐步实行地权改革，在当时的历史条件下，还是具有一定积极意义的。

我国尚未建立起完整的马克思主义土地经济学，对有关土地利用的经济原理及生产关系方面的种种现实问题，也还缺乏深入的研究。不久前，我国一些有远见卓识的经济学家和实际工作者倡导建立和发展“国土经济学”，以研究、保护、治理和合理开发、利用国土资源，得到国内经济学界和各方面的重视和支持。

我国是一个实行计划经济的社会主义国家，为了开展“四化”建设，更需要对它的包括陆、海、空、地上和地下的国土进行经济的、社会的和技术的研究。我们首先要对国土的现状做出科学的分析，要研究：从经济、社会和技术的角度如何正确对待国土的理论原则；国土资源利用的规划和措施（包括经济区划和生产力配置的理论和政策）；国家管理国土的内容、原理、政策和方法；等等。从国民经济各个部门看，也都迫切需要着手建立国土经济学这门科学。以农业而论，当前土地利用和管理中存在严重问题，如土地资源底细不清，土地利用的无规划状态，土地资源的浪费和生态平衡的破坏，土地关系的混乱等等，已经阻碍农业现代化的进展。从市地利用来看，城市发展缺乏规划，市地的利用、开发、管理均缺乏系统研究

与原则措施，造成建筑布局混乱，人口密集，住宅拥挤，污染问题长久不能解决。在林地利用方面，由于缺乏有力的政策措施，造成有些地区滥采滥伐，迹地更新迟缓，资源日益枯竭，影响水土保持。在矿业方面，缺乏对矿产资源形势的科学分析以及对能源开发、利用、保护、价格政策和立法管理的研究。从基本建设方面看，基建占地和土地征用办法已成为急待解决的迫切问题。

从学科建设方面说，国土经济学的建立和研究也将促进人口学、经济地理学、农业经济学、林业经济学、畜牧经济学、水产经济学、矿业经济学、技术经济学、经济管理学等学科的发展。但是，国土经济学这门学科，不能凭空地建立，一方面要总结我国有关国土经济的各方面的实践经验，另一方面也要参考、批判吸收和借鉴外国这门学问的研究历史和文献资料，对世界各国有关这门学科的研究进行比较分析。因此，这本土地经济学译本的问世，可能对此起一定的作用。

译者对美国土地经济学的知识有限，译文难免有缺点和错误，请读者不吝指正。

滕维藻

# 目　　录

# 自　序

“土地经济学丛书”中所包括的著作，目的在于探索经济学中 vii
过去未曾加以充分研究过的一个领域。这些著作大致可以分为两
类：第一类是那些**把土地作为一个经济因素**，对它的各个不同的方
面加以讨论的著作；第二类是那些**把土地当作一种商品**，用各种不
同的观点对它加以讨论的著作。本书是对作为一个经济因素的土
地的初步研究，它在丛书出版的时间顺序上虽然是位居第二，但它
却对整套丛书提供了一个导论。已出版的丛书的第一部，即费希尔
的《不动产业务原理》，对第二类著作做了一个一般的导论，该书主
要目的在于为代表不动产商会全国协会、基督教青年会联合学校和
土地经济学与公用事业研究院这三个团体的联合委员会所设置的
有关不动产的基础课程，提供一部分教材。同时，伟大的不动产教
育运动的发起人也认为：不动产掮客和经营者所关心的虽然主要只
是作为一种商品的土地，但若他们也懂得作为一个经济因素的土地
所起的作用，他们就能够更有效地克尽厥职。这样就把两类著作结
合在一起而成为一整套的“土地经济学丛书”。因此，本书意在达
到双重目的：第一，像讨论所有经济因素的那些一般经济学的入门
著作那样，用一种科学的但却是浅显的方法把土地当作一个经济因 viii
素来加以讨论；第二，是为把土地当作商品来进行的研究提供一个

经济原理上的基础。

为了补充这头两部书，按照上述方向的其他著作正在准备中。一方面，目前正在进行的，还有一部具有一般性质并可以称之为高级土地经济学的较大著作。而且，对于把土地当作一个经济因素来讨论的每一专题，都可以分别作为单独论述的篇目。例如，我们土地经济学与公用事业研究院的同事赫伯特·B. 杜劳先生正在写作一本论市地经济学的书；另外的同事希巴德教授和乔治·S. 韦尔温博士正在从事农地所有权和租佃制度的研究；马丁·G. 格莱泽教授已着手进行公用事业的全面研究，以期阐明土地与公用事业的密切关系。另一方面，关于作为一种商品的土地的各方面的讨论，即将出版的有内森·威廉·麦克切斯尼将军的《论不动产法》、哈罗德·L. 里夫的《论不动产的转让》、莫菲特的《论不动产的投资》，以及弗兰克·A. 蔡斯与克拉克合著的《论建筑与贷款协会》等各种著述。实际上，已在研究甚至已在从事写作的著述并非已尽于此，不过我们所列举的篇目已足供说明包括在**土地经济学**一词以内的经济活动的这个特殊领域。

和货币银行学、劳动学或企业组织学等领域不同，土地经济学这门科学，已被人们忽视到惊人的程度。很少有人充分了解土地经济学中各种问题的性质和范围。今天我们大体上所熟悉的就是那
ix 些日常称之为“土地问题”的问题，即住房所有权、山林管理、农贷、租佃制度等。这些都是我们最基本的经济问题当中的一部分，然而人们大都易于接受以那种多半是似是而非的办法来解决这些问题，因为对于土地在我们经济生活中所占的地位，对于土地所做出的贡献，或对于有关支配土地利用的那些原理，还没有人做过足够系统

和科学的研究。

本书的领衔作者（senior author）多年来曾从各种不同的角度研究土地问题，得出的结论是：土地问题是那些比通常所认识到的还要多得多的经济活动的基础。我们研究院的格言“土地是万物的基础”就是这个结论的总结。这个思想在后面的附图里有进一步的阐明，这个图说明了土地经济学的范围并提示了公私土地利用政策与劳动力、资本和管理等其他经济政策的关系。这个简略的图揭示了在本书中和在整个“土地经济学丛书”中所讨论的那些问题的广阔范围。

要开辟一个经济研究的新领域，就需要进行一些初步的研究，这种研究和像物理、化学或普通经济学那样历史既久、根底又好的领域的研究在性质上稍有差别。在新的领域中进行研究就得从头做起，把人们利用土地所积累的经验搜集起来，加以分析、分类、验证和解释，把它综合起来成为一个统一的和协调的整体，最后用尽可能清晰和通顺的文字把研究结果公之于世。现在许多机构都在从事这些资料的搜集工作，并且像美国农业部农业经济局这样的一些机构，在分析、验证与分类工作方面已取得了若干进展。由私 x
人努力所组成和支援的本研究院，正在设法把各个互不联系的机构所做的研究结果综合起来，并进行必要的和可能的进一步研究。这部书主要就是许多年来进行这种性质的研究的成果。

此外，关于本书的写作，我们在威斯康星州麦迪逊市举行的两次不动产教育会议上，得到了教益与鼓励。出席这两次会议的有不动产商会全国协会、基督教青年会联合学校、本研究院和许多专科学校与大学的代表。在这些会议上，讨论并且通过了一个为各青年会学校及不动产商会制定的两年专修的不动产基础课程，并且为专科学院和大学的一个四年制课程制订了计划。在这些会议中，我们从下面几位人士的讨论中获得了许多教益：青年会教育委员会的T. H. 纳尔逊先生，不动产商会全国协会执行秘书赫伯特·U. 纳尔逊先生，西北大学商学院院长拉尔夫·E. 海尔曼，密歇根大学教授埃德蒙·E. 戴，全国协会的费希尔先生，以及芝加哥青年会商业学校教务长阿特金森。在别的场合里，赫伯特·U. 纳尔逊和费希尔两位先生也对作者提出了有益的建议。

对于我们研究院的各位同事在准备和修改这本书的各方面所给予我们的极其宝贵的帮助，我们表示非常感激。韦尔温博士帮助我们整理了全部的内容，尤其是第七章、第十二章和第十三章的内容。夏因博士不辞辛劳地帮助我们校阅了全部手稿并在每章的末
xi 尾写了小结。在各方面都给予我们助力的，还有希巴德、杜劳、辛普森、格莱泽、默茨克、博尔曼、沃斯凯和沃尔特诸位先生。希巴德博士校阅过全部手稿并对我们提供了有益的意见；格莱泽博士和辛普森先生也是这样，他们特别帮助我们完成了第十五章；杜劳先生对第四、第六、第十二、第十三和第十五章尤其做出了不少贡献；而博尔曼先生对于第十章、默茨克先生对于第十二章、沃尔特先生对于第十一章也特别出过力。



理查德·T. 伊利

爱德华·W. 莫尔豪斯

1924年3月31日

威斯康星大学

斯特林学院

**附图：**

## 土地经济学的范围

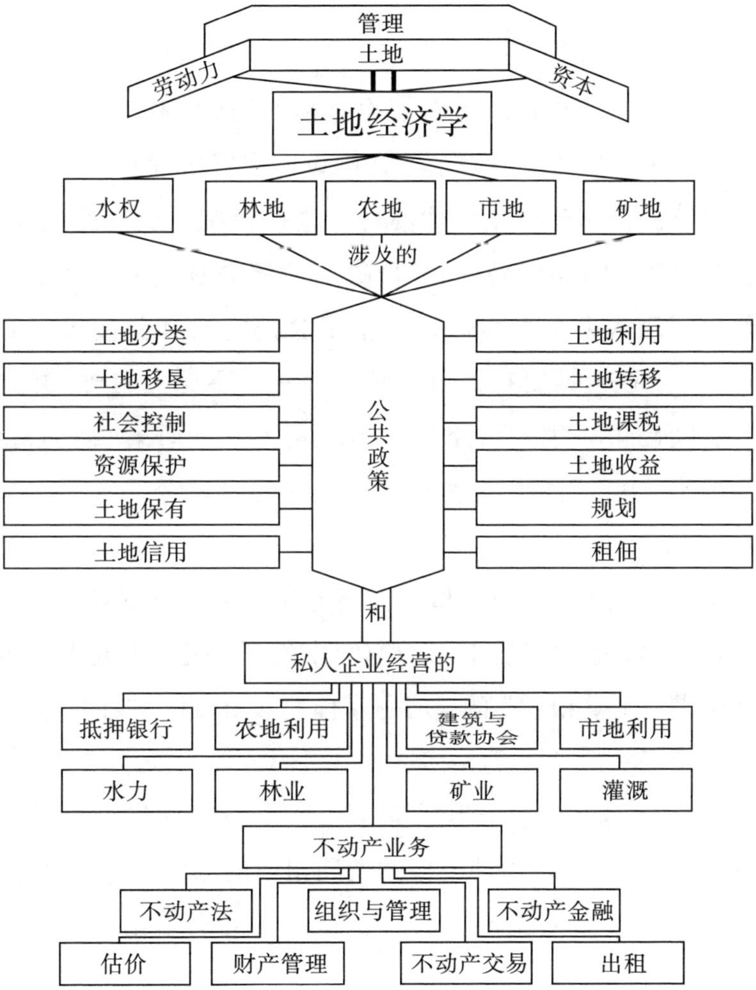

管理
土地
劳动力
资本

土地经济学

水权　林地　农地　市地　矿地

涉及的

公共政策

土地分类　土地利用
土地移垦　土地转移
社会控制　土地课税
资源保护　土地收益
土地保有　规划
土地信用　租佃

和

私人企业经营的

抵押银行　农地利用　建筑与贷款协会　市地利用
水力　林业　矿业　灌溉

不动产业务

不动产法　组织与管理　不动产金融
估价　财产管理　不动产交易　出租

# 第一章　土地经济学的各种问题

1 土地利用。在美国俄亥俄州克利夫兰市，有一个大工会，租下了一座二十层的办公大楼，除在内设立自己的总办公处以外，它把其余的办公楼房转租给其他商行。这一投机事业获得很大的成功，以致同一产业部门的另一工会决定仿照办理，在该市的另一地点建了一座高大办公大楼。第一个工会把它的办公楼房全部转租出去之后，正在设计要在街对面转角处建一座更大的楼，并且其中的办公房间已由一家大铁路公司预约租下了。而第二个工会所建的办公楼房，其“招租”的牌子尚未从它的窗口全部取下。这是什么原因？

在同一城市里，一个私人投资者兴建了一座既坚实又防火的五层办公大楼，他把楼房上面的空间出租了，租期为九十九年。取得这个所谓“天空租权”的，是一家体育俱乐部，它在这座建筑物上面又增建了一座八层的楼房，其中一部分作为俱乐部自用，其余部分作为办公用房。这个俱乐部租用这个空间的代价是每年付出租金一万五千美金。[①] 这种罕见的长期租约的原因又是什么？

从这座城市的中心出发，沿着一条大街走出去，首先就要经

---

① 斯坦利·L. 麦克迈克尔（Stanley L. McMichael）：《长短期租佃》，作者于1922年在克利夫兰市出版，第11页。

过一些十层到二十层的办公大楼。其临街地皮的售价是每英尺
一万五千美元和两万美元。在同一条街上，离市中心几个街区，就 2
是一些五层建筑的地区，其临街地皮的售价为每英尺两千美元。再往前走就可以发现一些店铺与住家的混合建筑物，其临街的地皮每英尺售价为五百美元。继续往前走，就可以看到一些住宅，它们是建筑在每英尺价值为二百美元的临街地皮上。然后，在距离市中心区颇远的地方，忽然出现一些五层楼大厦，里面开设杂货铺、药房、纺织品商店以及银行分行，这些临街的地皮每英尺售价为五千美元。这是为什么？

何以把一个都市地势较高的地段用来建筑合意的住宅，而把地势较低的地段用来建筑工厂？何以一列火车开进像芝加哥这样的城市时，其经过的地方，工厂多而住宅少呢？

这些并不是什么谜而是土地经济学的课题。以上所举的例子说明利用都市土地的各种不同的方法，有些成功了，有些失败了。成功与失败都各有其原因，而这些原因都具有经济性质，因为都与地产以及地产的特性、用途和价值有关。我们试就两个工会从事不动产事业的例子来比较一下，就不难看出其成败的原因。成功的那个工会看准那块地皮的经济特性，因而充分利用它的这种潜能。另一个工会则未认识到一块地皮究竟需要何种条件才能使建造办公大楼有利可图，所以它就失败了。

现在再讨论土地的农业用途。在怀俄明州，火车沿途所过之处，是一英里又一英里的牧放牛羊的地方，很少看到房子。在堪萨斯州，旅客们所看到的只是漫长的、绵延不断的麦田而没有任何其他的东西。在艾奥瓦州，给农民带来最大收入的乃是玉米和养猪。

在新英格兰诸州，有着星罗棋布的小市镇，这些市镇的四周都有很
3 多大型的避暑房舍环绕着它们。马萨诸塞州的康涅狄格河谷里，有种植洋葱、烟草和商品蔬菜的土地，每英亩价值二百到三百美元；而在十五英里以外的山顶上，却有许多农田荒芜着，无人过问。这些事实又如何解释？

在威斯康星州的东南部，农场抵押借款的利率是全国最低的，而蒙大拿州则为全国最高。在新英格兰诸州，农业土地平均每英亩价值十九美元；在得克萨斯州，每英亩价值二十八美元；在艾奥瓦州，每英亩价值二百美元。北达科他州的农业土地在 1910 年只有百分之十四由佃农经营，而现在则已超过百分之二十五。南达科他州的农业土地从前有百分之二十五为佃户所租用，而现在则有百分之三十五。新英格兰各州由佃农经营的农场数目已经减少了。



德国中部的农村面貌和美国新英格兰诸州农村的面貌大不相同。前者位于山谷之中，其四周的农田都伸展到邻近的半山之上，山顶上则冠以树木。而后者则恰恰相反，那里的农村都在不毛的山顶上，因为当年殖民到这里的清教徒的最重要的考量，就是避免印第安人的骚扰而不是水源的保障。有些新英格兰的乡村，其人口在过去五十年中并未有所增加；并且那些乡镇里的不动产的价值还降低了。

关于这一点，还可以进一步加以说明：在澳大利亚，有一个小小的铜矿市镇，在那里游客可以走遍它的市政厅、图书馆、店铺或者任何一所房舍而碰不到一个人。所有这些设施连同地皮，只要一申请就可以得到。它们的价值几乎等于零。

4 这些现象是和农业、森林或矿山的土地利用有关系的。其中

有些例子是典型的，有些是异乎寻常的，但每一个例子都包含着经济学的原理。研究土地经济学就可以阐明土地利用的原理。并且这些经济学的原理能使我们明了为什么新英格兰诸州的农业土地每英亩平均价值为十九美元，而艾奥瓦的则为二百美元。如果农村土地的价值跟都市土地的价值一样，都以其位置优劣为基本要素的话，那么新英格兰诸州的农业土地就应居于优势，因为它和人口的中心区更为接近。这就说明了决定农业土地价值的因素跟决定都市土地价值的因素不同。分析土地估价中的这些不同因素，乃是研究土地经济学的主要部分。

显然，还有一个人们不曾充分体会到的事实，那就是农业、森林或矿山与城市居民的关系。乡村供应都市的有食物，有修建房屋的木料，有建筑物构架所需的原铁，有取暖的煤炭。而由城市各种工业部门供应乡村居民的则有衣服、经营农业所需的机器和其他许多重要的制成品。城乡的相互依赖这一事实，明显地反映在以往数年的国家政治中。农民感到愤懑不平的是存在两种价格水平：他们卖出的产品价格低，而他们买进的商品价格高。他们的愤懑表现在他们在国会里组织了一个所谓“农业集团”和选举了一些过激的议员来代表位于中西部的几个州。这乃是根源于土地利用的经济学的一个政治运动。

土地政策。政策就是为了达到预期目标的一种具体的行动计划。因此要讨论政策就必须讨论行动计划所根据的那些原理。如 5
果回溯“政策”这个词的来源，我们就会发现它和“政治”这个词是同出一源的，指的是公共的或政府机构的计划。譬如说，当种小麦的农民抱怨他们无法按照有利的价格出售其产品的时候，或者抱怨

州政府和地方政府的税收政策的时候，联邦政府就会救济他们，这就是联邦政府的政策。现在“政策”这个词也用以指私人机构的计划，要想把“政策”二字只限于用到公共行动方面，虽然是适宜的，但在今天已办不到了。我们时常听人谈到个人的政策，他们用的是我的政策、你的政策以及某某公司（例如铁路公司）的政策这一类的词句。在本书里，“政策”二字一般是用来指公共机构的计划，而用另外的字眼来指私人为了要达到某些目标所采取的计划。为了使意义明了，必要时当采用像“私人的”和“公共的”这一类形容词来加以区别。公共政策是约束个人利用土地时的活动的限界；例如，个人计划就应当在公共政策（例如像城市规划政策）所规定的界限以内做出。

有些土地利用的政策和计划是好的，有些是不好的，但一切政策都遵循着某些原理，这些原理正如前面已经说过的那样，是利用土地的依据。



土地经济学的职能之一，就是分析那些政策和它们所依据的那些原理，以便发现它们是否是达到目标的良好的计划。此外，还有一个更重要的任务，就是确定所要达到的目标是否适合于公共福利。

在美国中西部某一城市的郊外，人们可以看到，在一块规划好
6 的土地上，布置有街道、水泥人行道、下水道，甚至还有正在成长起来准备用以荫蔽邻近住宅的幼树。不过这里的住宅却很少，其相互间的距离又远。这些设施已经为时五年，有的已达十年了。有些地方人行道上差不多已长满了野草。今后两年甚至五年之内，这里住房的数目可能还是和从前一样不会增加。这种土地重分（subdivision）——还有很多类似的重分——证明了政策的错误，或

者说原则是正确的，但没有看到全面，因而它的运用是不正确的。这块土地的某些部分也许是个人所有，他们所付出的地价税已超过土地的现价。这就为社会带来了损失。这段重分出来的地皮或许原是一块肥沃的农田，而现在已无法耕种——这又造成了另一种社会损失。

与这种土地重分形成对比的另一个例子，在本书后面将要提到，说明它是一个成功的土地重分。这块土地先用低价买进，然后加以分级、分块；在上面铺设街道和下水道；重分土地的人又修了一条电车路线，然后把它移交给电车公司；按照令人赏心悦目的建筑风格建造了住宅，就连在这块地上的小小的一个商业区里的店铺的设计，也都是和总的建筑设计相协调的。这块土地自从重分之后，它的价值就已经上涨了。这样的一种土地开发不但增加了社会的物质财富，而且更理想的是使各住宅主人都很满意。



要从社会的观点看出哪一种土地开发是更有利的，这并不需要很高的辨别力。但如果要**事先**看清楚究竟是这一个还是那一个土地开发计划将会造福于社会，这的确需要很大的鉴别力和科学的分析。

但“土地”一词的含义，就经济学的术语来讲，不仅限于土地的表面，它包含一切天然的资源——森林、矿藏、水源等等。建造城市住房的人都深知木料的价钱很高。但他们在从事建筑的时候，7
却好像深信我们的林木是取之不尽、用之不竭的似的；实际的情况是，在美国原来的五万亿板英尺*的木材估计供应量中，实际只余下

* 每板英尺等于一百四十四立方英寸。——译者

一万六千亿板英尺，外加约计六千亿板英尺的次生林和伐后余木。[①]目前每年要砍伐六百亿板英尺的林木，而每年由森林更新得到补充的只有一百五十亿板英尺。[②]生产林木的中心地区是在美国的南部和最西部，而消费林木的中心地区则在东部和中西部。因此，木料昂贵的主要因素在于供应日减、运费过巨以及与供应来源地相去甚远——由于比较大批的供应必须由东部的运输商运送，这个因素就更加重了固定费用。

情况就是这样，现在怎么办呢？目前几乎有五分之四的林地被掌握在私人手里。他们为了个人的利润而经营。他们的林地按一般财产税课税，税率和农业土地相同，而林地的收获却要每隔三十年到六十年才能轮到一次。诚然，有不少的州对林地课税时的估价要比它的十足售价（full selling price）低些，这样就降低了税负的总额，甚至还有几个州对林木完全不课税，要一直等到采伐的时候才课一次税。尽管得到这些照顾，但私营林木业主还是时常发现他们付出的税款会超过采伐的林木的价值。种种理由都促使他们想趁早采伐他们的林木，以免积累税负。结果是我国的森林日渐消失，而这就引发了保护森林资源的运动。

8 有关土地政策的例证很多，不胜枚举。从中得出的教训是：个人的福利和个人所属的那个社会的福利，是同关于土地利用的科学政策的制定与实施紧密相关的，而这种科学的政策，必须以经过经

① 格里利等（W. B. Creeley, and others）："林木：是属于采伐性的还是属于抚育性的"，《美国农业部1922年年鉴》，第84页。

② 同上书，第109、138页。

验检验过的健全原理为依据。

土地的特性和分类。我们每每听见眼光锐敏的地产经纪人对他的顾客建议说，某块地皮用来建店铺比建住宅强，或者用来建工厂比建货栈强。还有一些经营农业移垦的人授给移民以土壤地图，指明哪些土壤以种哪些农作物为最宜。这些专家们的任务是根据土地的特性加以分类，找出它最好的和最高使用率的用途。这种分析土地的特性并进行分类的过程，是规划土地利用的一个重要的必经步骤。忽视这个过程就会遭遇很多麻烦，而遵循这个过程就会带来成功。

数年前，芝加哥一个规模很大的工厂的所有者们，在离该市的商业和金融中心几个街区的地方，建造了一座高大、堂皇、壮观的办公大楼。当时人们都说这些人大概是发疯了，这座大楼是不会有
赚钱的希望的。而现在呢？这座建筑的所有者们又在距离这座大 9
楼一两个街区的地方，添造了两座高楼。在这条街上再往前走，就可以看见一座二十一层楼房的大公寓正在修建中，并且在这条街的对面，又有一座高大的办公大楼将要落成。这一系列的发展证明了首先这样行动的工厂老板们是具有生意眼光的。



有一位妇女，花了一千美元买下纽约州的伊萨卡城东南方山顶上的一个农场。她原先是在城里做洗衣工的，把积攒下来的钱全部投资在这块土地上。她付了这笔钱后，就再没有足够的钱来开销一部福特汽车的牌照费了，这部汽车是那个农场装备的一部分。1923年8月初，人们去参观这个农场的时候，看见除了供应家用的蔬菜以外，唯一的庄稼就是还不足六英寸高的玉米。其所缴付的税款达到四十七美元，接近原投资的百分之五。

这位妇女受了骗，或许是由于她误信了农地商人的话，认为那种土壤适合于耕作。而上述那些建造办公大楼的人，对于那块土地的特性，比普通人有更好的了解，因为普通人都认为那块地不适宜于那种用途。山顶上那块农地并不具有良好农地的特点，原应把它加以分类，列为适宜于栽植白松林的土地。那个妇女试图把不宜于农作的土地当作农田来利用，结果遭受了损失。而上面所说的那座办公大楼的业主们，预先看准了那块地的最有利的用途，分类正确并抢先把它买下来。以上两个例子都是土地分类的问题；在一个例子里，这个问题得到了正确的解决，而在另一个例子里则没有得到正确的解决。一个例子是获利甚丰，而另一个例子则是损失惨重。



作为一门社会科学的土地经济学。所谓自然资源就是指人们用以建设我们在其中生活的那个社会的东西。因此，在今天土地也是我们当前社会繁荣和目前生活方式的基本要素。在现存的复杂的经济生活机构里，人们按照多种多样的方法、遵循各种不同的原理来利用自然资源。土地方面的人与人之间的关系和其他任何经济关系一样重要。鉴于土地对人们相互关系的重要作用，土地利
10 用的政策和计划就应当——如果还没有这样的话——集中于一个共同目标。那个目标就是**改善社会的生活条件**。这是应当用来衡量有关土地利用的一切原理和政策的一个检验标准或准绳。由于土地经济学是研究如何通过调整由于土地利用而发生的人与人之间的关系来实现这个目标的，因而称之为一门社会科学，是比较合适的。

## 小　　结

土地（都市的、农业的、矿山的、森林的土地等等）利用成功或者失败的原因，可以从土地经济学的原理中找到。为了达到土地利用的某些目标而制订的计划，就是土地政策，这个名词特别地但不是唯一地专用于公共机构的计划方面。制定健全的土地政策的一个最重要的前提就是土地分类，即考察土地的特性以便确定它最适宜的用途。检验一个土地政策是否健全的标准，就是看执行这一政策的后果是不是对社会生活有所改进。因此，土地经济学就是研究由土地利用所引起的人与人之间关系的一门社会科学。

# 第二章　土地的特性

11　如果读者对于分析土地特性的必要性还不理解，那就请他解释：何以半英里半径范围以内的都市临街的地皮价值有每英尺一万二千美元和二百美元这样大的差别。又何以在马萨诸塞州二十五英里半径范围以内的农业土地上有每英亩价值十五美元到二百五十美元这样大的差别。人们很容易回答说，有人愿出一万二千美元去买都市的一英尺地皮，是因为他们出得起这笔价钱，并且还能够从中牟利。其他较便宜的土地是可能有更多的买主的，但是只有冒着丧失全部净利的风险时，他们才愿出比二百美元还多的价钱去买一英尺临街的土地。除非对于使土地具有价值的那些一般的和特殊的特性有所了解，否则这些土地利润率的变化是无法解释的。



仅仅在一章的篇幅里，要想说明使任何一块地产值那么多价钱的一切特性，是办不到的，如果要那样做，就意味着把土地经济学的内容都压缩到一章里去。代替这个办不到的任务的方法是把下面的篇幅用来描写与其他形式的财产有别的地产的一般特性，而把它的特殊性质留待以后最适宜的章节去讲。这些一般特性有以下四大类：法律的、自然的、经济的和社会的。

12　土地的法律特性。一切财产都由立法当局分为两大类，即动产和不动产。不动产的重要特点是它的不动性或位置的恒久性。一切没有这种恒久性的财产就是动产。但是对于作为法律概念的不动性，还得对它加以界说。其实，可动性只是移动的程度问题，实际上几乎我们所有经济的和法律的差异和区别都是程度的问题。一所房子是可以移动的，但它被视为是它所附着的那块土地的一部分，有它位置上的恒久性。地皮出卖时，房子也连带出卖，尽管在转让产业的地契上没有提到房子的事。不过有时也有疑难的情况发生，类如房子内外的附着物等问题。于是就由法律来解决这些疑难问题，但这些法律的裁决又并不都是一致的；在一个州被认为是动产的，也许在另一州就会被当作不动产来看待。经济学家所使用的"土地"这个词，指的是自然的各种力量，或自然资源。它的意义不仅是指土地的表面，因为它还包含地面上下的东西。水本身就被看作是土地，因为它是一种自然资源。经济学上的土地是侧重于大自然所赋予的东西。这一点表现在英国经济学家马歇尔对土地所下的定义中，即：

> "土地的含义指的是大自然在土地和水，在空气、光和热方面无偿地资助人们的物质和力量。"[1]

把以上马歇尔的定义跟肯特在《评述》一书中所给出的土地定义对照一下，就能够很好地看出法律概念与经济概念之间的差别：

> "按照科克勋爵的解释，土地不仅包括地面或土壤，而且也 13
> 包括附着于大地的任何东西，不管是自然长成的，如树、草和水，

① 马歇尔(Alfred Marshall)：《经济学原理》第五版，伦敦，1907年，第4编，第1章，第135页。

还是人工建成的，如房屋以及其他建筑物；它所包括的范围向上或向下是无限度的，以至可以包括地上或地下的每样东西。”[①]

不动产掮客经营土地买卖，但人们不称他们为土地商人，因为他们的买卖，不是仅限于法律意义上的土地，而只是特别以法律意义上的土地作为买卖对象而已。在经济学中，使用“不动产”这个术语，不只是因为律师们使用它，而且因为为了很多的目的，土地及其设施形成一个自然的经济的和产生收益的单位。在大多数的场合里，不动产掮客只考虑这个法律上的单位，而不在土地本身和它上面的设施之间做出经济学的分析。投资者在买进不动产时，只要全部财产的收益可观，就算作一笔好买卖。如果他在预测时事先分析一下，他就可能估计到建筑物的贬值和土地本身的升值。地产和房产收入需要合计起来，以确定投资是否合算。

估价人在土地和它上面的可以分开的设施之间做出分析，这是在都市里越来越多地采取的办法。这是在订立长期租约时，确定租金的过程的一部分。在土地和附着其上的设施的所有权是暂时地或永久地分开的时候，分别做出仔细的估价尤为重要。

14 “**不动产掮客**”是一个正确的术语，因为这个法律上的单位对掮客具有特别的意义。然而值得注意的是，我们时常谈论所谓农地商人。土地本身的重要性在农地方面比在都市不动产方面更显得突出，而当我们说不动产掮客，指的是从事都市土地交易的人，说农地商人，指的是从事农业土地买卖的经纪人的时候，不知不觉地就把

---

① 肯特（Kent）：《评述》第 3 卷，第 401 页。

这一点更加强调了，但“不动产”这个词在两种场合里都是一个适当的术语。

土地的自然特性。土地的具有经济意义的主要自然特性是不动性。正如前面已经指出的那样，这也就是不动产区别于其他类型的财产的地方。一个堪萨斯州的农场从物质上说不能把它掘起来搬到新英格兰，接近消费的中心地点去，也不能把一块值钱的商业地皮移到同城地价较低的地方去。自然会有人说，要搬动某些地皮和它上面的设施，从物质上说也是可能的，但在经济上这是不适宜的，并且一般来说在经济上是办不到的，因为土地本身不能大量地被搬动，除非花上一笔为数不赀的费用。

土地不动性的经济后果的一个鲜明例证是澳大利亚的产铜地区的一个市镇，在那个市镇里，全部设置起来的一切设施已失掉了它们所有的价值，因为当铜矿已开采尽了的时候，地皮和设备都无法搬走。像这样没落的城镇，其土地所受的损失特别严重，相反地在那些蓬勃兴起的城市，其土地无不利市三倍。纽约港的四周，具有重要用途的沿岸地带，土地经常供不应求，因而地价腾贵。如果土地能够像一张地毯那样被搬来搬去，可以从供过于求的地方被搬到奇缺的地方的话，那就不会出现这样高的地价了。

第二个重要的自然特性是土地在它的肥沃程度和位置优劣方 15
面有很大的差异。土地肥瘠程度对农地特别重要，而位置优劣之分对于市地特别重要。

土地肥瘠程度是由各种土壤成分之有无，温度、日照、地温、地形的不同，以及使土地可以产出不同产量的农作物的其他因素来决定的。在康涅狄格的河谷里，可以找到一个很好的土地肥瘠之差的例子。河谷的土地富饶而肥沃，适宜于种植像商品蔬菜这一类的高度专业化的农作物。河边平地上面山坡的土壤肥性较差，但最适合于果园之用。而山顶上的土地则以培植林木或用作牧场为宜。

有人说，这种肥瘠之差有渐趋消失之势，因为“经过适当处理，坏地可变成好地，好地使用不当也会濒于毁灭”[①]。假使这种说法是正确的，将来所有的土地都会变得一样地肥沃，而如果两者的运销条件又相同的话，也就没有买这种地比买那种地要花更多代价的理由了。不过经验证明，随着新发明的出现，以及生产技术和运输条件的种种进步，土地的差别变得越来越大而不是越来越小了。早先的新英格兰农民，不管他们的土地是在河谷里还是在山坡上，大约都种植同样的农作物。其土地的价值大都相同，并且利用土地的途径也相同。但是后来由于机器的发明和运输比较方便的缘故，人们就情愿购置平原的土地，因而新英格兰的农业就衰退了。农业机器
16 的使用不会把坏的土地提高到好的水平，而是趋于增强土壤等级的天然差别。表 1 的数字证明了这个趋势，即凡是广泛地使用机器的地方，其好的土地的价值比坏的土地要增加得快些。



表 1

土地的价值[②]

| 州名 | 1900 年 | 1910 年 | 1920 年 | 1920 年比 1900 年增加的比率(%) |
|---|---|---|---|---|
| 艾奥瓦 | $36.35 | $82.58 | $199.52 | 448 |
| 伊利诺伊 | 46.17 | 95.02 | 164.20 | 255 |
| 新罕布什尔 | 9.83 | 13.70 | 18.21 | 85 |
| 佛蒙特 | 9.70 | 12.52 | 19.58 | 101 |

① 帕顿(S. N. Patten):《政治经济学引论》，利平科特出版社，1885 年，第 27 页。

② 这些数字是从 1920 年国情普查中得来的。

**位置优劣之分**本来是由于距离市场的远近和运输便利与否所导致的。输出方便使重工业沿铁路线建设。轻工业则可以建设在离交通线较远的地方。在估计农业土地价值时，接近良好运输路线是随时都应当考虑的一个因素。如果是住宅土地，其往返零售市场的交通便利是很重要的，但若那个地点的环境宜人，则更可增加宅地的价值。**所谓环境宜人，就是说，有优美的风景，有爽心悦目的环境，有意气相投的邻里，以及其他一切增加生活愉快度和舒适度的因素。**对于商业用地来说，位置的差别尤其会反映在价值的差别上。

土地的**耐久性**是第三种重要的自然特性。早先的经济学家往往认为地力是不可磨灭的。但是经验证明，这并不是绝对正确的。如果不实行科学的轮种法或不科学施肥的话，土地肥性是可以慢慢耗费的。不过这种耗费只能达到某一程度，即可以称之为肥度的长期水平的那一点。堪萨斯州有些土地种了五十到七十年的棉花，并没有使用过轮种法，至今仍能继续生产棉花。虽然肥性能够在一定范围内有所增减，但据农业专家说，土壤的结构是不能改变的。例如，沙土不能改造成为垆土。火能烧毁一种作物或一幢房屋，但通常是不能毁灭土地生产另外一种作物或支撑另外一幢房屋的能力的。[①]

我们说土地由于能够一次又一次地被反复使用着，因而是耐久的，这是一回事；说它由于受到某些不可改变的因素，如气候、地貌、雨水等的影响，因而是耐久的，这是另一回事。像气候这样的一些因素不是用人工可以随便改变或创造出来的。这些因素促使土地的**用途**耐久而不是土地本身耐久。只要气候和地貌年年不变，土地所有者们就可以指望它的某些用途总是有效。如果新英格兰的某

① 泥炭土和腐叶土是重要的例外。

一块地今年在温带，明年又在热带的话，那就没有什么用途的耐久性可言了。

土地的经济特性。大多数的经济学家或许会说，报酬递减的规律本来是自然界的规律而不是经济范围以内的规律。基本上，它的确是以自然力量的作用为基础的，但在实际作用中，它是如此明显地与经济有关的一个问题，因而就把报酬递减的趋势归为一种经济的特性。

尽管报酬递减的规律是首先在土地方面形成的，但它并不局限于土地经济学，不过，它在土地方面的作用特别具有规律性。就
18 它最简单的形式而论，报酬递减的规律就是这样：当投入某块土地的劳动力与资本逐渐增加的时候，终至出现生产物的增加比例上低于劳动力与资本的增加。再重复一句，这个原理不仅限于土地的利用。制造商已发觉到，他们工厂的扩充起初给他们带来报酬递增和成本递减，但达到某一点后，如果再要增加生产，就会提高单位成本。这一点就是报酬递减的那个点。在这方面农业和制造业不同的地方，就是在农业方面这个点的到来要迅速得多。

超出某一点以外就要引起报酬递减的趋势，已经见之于办公大楼的建造。在美国中西部某城市所进行的这样一项研究，证明在一块（160×172英尺）价值一百五十万美元的地面上，一座五层大楼的投资利润是百分之四点三六；一座十层大楼的投资利润是百分之六；十五层的是百分之六点八二；二十层的是百分之七点〇五；二十五层的是百分之六点七二；三十层的是百分之五点六五。[①] 这

① 乔治·C. 尼蒙斯（George C. Nimmons）：“办公大楼的经济高度”，《全国不动产杂志》，1922年9月11日，第33页。

种办公大楼的报酬递减点就是在刚超过二十层的那一点。换言之，二十层楼是这座大厦最为经济的高度，因为进一步增加劳动力和资本支出所带来的报酬将会相对减少。

在处理农业生产时，报酬递减律显得特别重要。对一块棉花产地上增施肥料的效果所做的研究得出了很有趣的结果（见表2）：①

表2 19

| 肥料成本 | 每英亩产棉数量 | 增加肥料后的新增产量 | 每磅生产成本 |
|---|---|---|---|
| 3.00美元以下 | 200磅 | — | 0.1142美元 |
| 3.00—5.00美元 | 221磅 | 21磅 | 0.1140美元 |
| 5.00—7.00美元 | 272磅 | 51磅 | 0.1028美元 |
| 7.00美元以上 | 276磅 | 4磅 | 0.1217美元 |

从表2可以看出这块地的特点是每次增加肥料后，报酬递增，一直到肥料成本超过每英亩七美元时为止。以后的产量就相对地下降，而生产成本也急剧上涨。

这个报酬递减律具有很深远的重要性。如果土地集约利用的结果不是报酬递减，而是报酬递增，那么，农民将只选用最好的土地来耕种，而在都市里也会只建造较高的办公大楼。也用不着为人口增加发愁，或为急需使用的土地供不应求而担忧。一句话，我们就没有节约使用土地的必要。但是，由于报酬递减已成了规律，因而就发生了节省用地的问题、找出边际利润所在的问题、在选择土地用途时区别对待的问题以及保护自然资源的问题。

① 这些数字是从史密斯（A. S. Smith）的“在南卡罗来纳州安德森县一个农场管理的研究”中所列各表里面搜集来的，《美国农业部公报》，651号第14页。

土地的第二个经济特性是**供给稀缺**。我们使用“稀缺”这个词，并不是说现在的自然资源是**绝对稀少的**。也许在许多世代过去之前，人们并不需要有土地的物质供给不足以满足我们的需求之虑。

在今天确实存在的是，**土地的经济供给的稀缺**。所谓经济的稀缺指的是适合急需的土地的相对缺乏。要在怀俄明州的夏延城建设
20 一座二十层的办公大楼，在物质上是可能的。但是，建成之后，也许并没有足够的人去租用，那么其投资就等于打了水漂儿。然而在大城市的中心区，办公处所需要正殷，所以需要在那里建设高楼大厦。都市土地的作用是为城市居民提供安身之处，因此，凡是人烟稠密的地方就有住房缺乏、供不应求的现象。市中心区土地的相对缺乏，是房屋之所以越变越高和商业用地之所以涨价的主要原因。同样地，相对缺乏也发生在某几种农业土地中。例如，特别适合种植细纤维**烟草**的土地，需求量极大，但它的面积极少，这就把它的价格抬高了。

土地的有限经济供给，如果没有土地的不动性，没有性质上肥瘠之分和位置上的优劣之异，没有报酬递减律的作用把它加强了的话，它绝没有那样重要。如果能够把土地从多的地方搬到少的地方，如果没有好坏之差，如果以报酬递增的规律来代替报酬递减的规律的话，土地就没有缺乏的问题——甚至是连经济上的缺乏问题也没有了。但事实如此，因而土地的经济缺乏乃是一个成本和利润的问题。在任何时候，如果不是因为运输不便、土质贫瘠、气候和地貌条件差这些重大障碍，使耕种某种土地无利可图的话，则随时都有些土地可供使用。有了这些障碍的土地，在经济上可以把它看作是废物，把它从可供使用的土地中勾销掉。它属于潜在的土地供

应的一部分，即只有在它提供的产品或劳务的价值提高到足以抵偿必要的改良费用而有余利的时候，才有人去问津那种土地。

土地的第三个经济特性是，土地利用适应物价变动的缓慢性。21
这表现在 1923 年不动产商会全国协会向农地商人发出的关于农地市场问题的征询调查里。其中很多答案的内容大致如下：市场情况不佳，因为农产品的价格和农民必须购买的制成品的价格之间差度很大。换句话说，农业生产不能容易地和快速地适应物价的变动。当都市土地从一种用途转变为另一种用途时，也有同样的趋势。

1923 年夏天的情况很好地说明了农业生产的固定性。正值小麦生长季节的中期，麦价跌落到一蒲式耳一美元以下。农民怎么办呢？他们不能把麦子铲掉再种其他作物。许多农民在收割麦子之后，找不着地方把它存储起来以待市价的好转。他们大抵只好忍受损失，把麦子低价出售，在没有多种生产的地方，损失尤其严重。这种固定性一半是因为土地的不动性，一半是因为生产方法所造成的。如果能够把土地从本国一个地区随意地搬到另一地区，则或许可以不受物价下跌的影响。还有，如果生长季节没有这样长，则农民适应物价涨落的速度可能快一些。对于工厂来说，遇有这种事件发生，经理可以命令半数工人停工，把生产减少一半，这确是事实；但农作物一经栽种，农民就无法予以停止。

土地的社会特性。在美国革命以前的那些年代里，在大多数的 22
殖民地中，只有地主才有投票权。在其他国家，特别是英国，地主也有某些政治特权以及社会地位，这些地位，就是在今天，也只有拥有土地的人才能享有。人们普遍认为地主阶级对政府的稳定有莫大的贡献。新近的一个例子，是参加世界大战的法国兵士——其

中百分之六十是地主——的勇气大大地感动了堪萨斯州的州长艾伦，他所讲的下面这一段话，是一个有趣的评论并带有几分真实性：“德国最巧妙的宣传所推动的反对法国地主阶级的社会主义，在为期两年中兴起了三次，也垮台了三次。”[①]1917 年俄国革命的口号，“一切土地归农民”有很大的号召力，赢得了大多数人民对更换政府的支持。

这两个不同的例子说明了伟大的**政治和社会权力是与地权相联系的**。常听人说，土地所有权有助于使平民趋向稳定和保守主义。这种信念的结果，可以在赋予土地所有者的政治特权一事上看出来。再说，上面所举的例子显示了土地所有权本身就带来了很大的经济权力。这就是许多大公司收买并控制着它们的雇员用作住宅、学校和教堂的地皮的原因。一旦发生罢工事件，公司就像某些经营煤矿的老板那样，运用它们对土地的控制来抵制罢工者，把他们从公司置有的住宅中赶出去。据统计，美国全部财富（大约
23 二千九百四十亿美元）的半数是城市和农村不动产。其中城市不动产约值八百四十亿美元，农村不动产约值六百亿美元。[②] 这些数字生动地证明了不动产所有权所具有的经济权力。

由于土地所有者们意识到他们掌握这种权力，他们往往滥用这种权力，并且，往往明目张胆地滥用着，因而，为了维护公共福利，施加某种控制是必要的。由于人口的增加，这种控制，更显得有实

---

① 亨利·艾伦（Henry S. Allen）：《堪萨斯的问题》，托皮卡城，1920 年，第 16—17 页。

② 金（W. I. King）：“美国的储蓄净额”，《美国统计学会杂志》，1922 年 9 月，第 318、322 页。

施的必要，所以现在政府对使用灌溉土地，使用矿山和水力，使用石油、天然气和矿物资源进行各种管制。旨在保护自然资源的整个运动，说明社会对土地的控制正在扩大。在土地利用最集约的大城市里，通过建筑法规、设计和区划法以及卫生条例，社会控制正在日益发展。这种趋势反映在所谓社会控制的原理中，**即土地利用越集约，社会控制就必定越有高度的发展**。在像我们这种复杂的社会中，要想达到我们每一个人面临的社会目标，土地利用的某些形式的社会控制是不可缺少的。

土地的另外一个重要的社会特性就是它对很多人起着一种储蓄银行的作用。有人说，不动产掌握在富人手里。事实上，美国的不动产，除了比较少数的家族所持有的大地产而外，其余都是属于千百万中产家庭的。人对于土地是恋恋不舍的，法国农民紧紧地依 24
附在他们的土地上，就是一个极端的例子。这一部分是因为人们喜欢那个随着地权而来的社会威望，但大部分的原因是人们对投资于土地有着安全感。土地是看得见、摸得着的东西；不像股票或债券那样，仅仅是一张纸而已。因此，人们把土地称为穷人的投资。

**土地特性与土地利用的关系。**以上所举的一般的特性，用于地产比用于其他形式的财产要更适合些。这些特性，连同各种不同土地间相互借以区别的那些特点，为利用土地的最好政策提供了解答，分析这些特性使我们便于进行土地分类，从而找出使用率最高的和最有利的用途。

为了说清楚这个关系，有必要重提一下揭示土地经济学各项问题的某些例证。使用新奇的“天空租赁”的宣传口号的这位土地所有者，知道他那块地的质量适宜于建造一座更高的大楼，但他不能够或者不愿意自己掏腰包来那样做。在商业中心区以外的地方建造办公大楼的那个工会，没有适当分析那个地块的特性。只是进行了部分开发的那个土地重分，是以那块地并不具有的特性为基础的，而那个成功的土地重分者却考虑了有利地开发那块土地所需要的一切条件。此外，康涅狄格河谷的农地的不同价值，反映了它对各种农业用途的不同程度的适应性。可以举出更多的例子来加强这一观点：成功的土地利用是以对土地特性的认识为基础的。

25

## 小　　结

土地的一般特性，也即使地产有别于其他类型的财产的那些特性，可分为四大类：法律的、自然的、经济的和社会的。土地的法律特性主要是建立在不动产（其基本特点是不动性）和动产之间法律上的区别的基础上。因此，不动产的概念包括地面上的其他耐久性附着物，类如建筑物等，而经济学家通常是不把建筑物包括在“土地”这个词里面的。土地的自然特性是：不动性，肥瘠程度和位置优劣之别，以及耐久性。土地的经济特性包括：在土地开发到某一点以外的时候，它有报酬递减的趋势；土地的经济供给的稀缺；土地适应物价变动的缓慢性。土地的社会特性包括：依附于地权的政治和社会权力；由于土地利用越来越集约，社会控制越来越有必要；地权有推动储蓄的趋势，因为它对许多人起到了储蓄银行的作用。这些特性对利用土地的最好政策提供了指南。

# 第三章　土地的分类

土地分类是许多复杂工作领域所进行的一般分类活动的一部 26
分。教育专家近来根据智力测验的结果，开始把学龄儿童按照他们的智力加以分类。劳动力专家根据劳工测验开始把职工加以分类。联邦政府有一个分类的文职系统，有一个为联邦所得税而设的收入分类制度，并且现正倡议根据移民来源把外来移民加以分类。私营企业按照销路把它们的货物分类。但是土地分类一般来说落后于其他分类活动。

分类的需要。土地分类的需要是一种现实的需要，并有公私两方面的角度。它使人们能够更好地利用自然资源。多年来，联邦政府完全没有采取合理办法来进行公有土地分类，以便对它加以有利的处理。所有公有土地被分成四十英亩一块，在我们有史以来的大部分时期中，这些地块大概都是按每四块合成一组，然后按组售出，称之为“四合一组”。每块地作为一个出售单位，很少考虑到它是否适合于农业、林业、畜牧业或采矿之用。油田按照农地出售。林业土地被当成好像是适合种植谷物的农地卖给私人。出售放牧土
地时，也未考虑到畜牧业是需要很大的面积的。沼泽地被拨给各州 27
开垦而不加以适当的测量。例如，加利福尼亚州就得到了没有任何水的一些所谓“沼泽土地”。只是在近几年内，联邦政府才按照适

合不同用途的标准，把公有土地加以分类，而这都是在大部分公地业经卖出之后才做出的一部分分类。如果在处理土地之前就依照它的特性做出更合理的分类，则过去的公地管理政策早就会为目前带来更顺利的情况。

对于土地分类的忽视，不但是公共政策的一个致命的缺点，而且也注定了土地利用方面不少私人投机的失败。在大战期间，在北达科他州的一块土地上，为了种小麦，有五十六架拖拉机不分昼夜地耕作着，这块地是完全不利于种小麦的，这个事实在麦价从不正常的战时高水平下跌时，就马上显现出来了，但损失业已造成，无可挽回。要使这块被拖拉机毁坏了的草地恢复原状，须得五十年，同时也就毁坏了它作为牧场——这是这块土地唯一适合的用途——的适宜性。为了防止这种错误的投机举动，加拿大的艾伯塔省和我们的许多州都发行了土壤地图，说明土壤的性质及其适宜于哪一类生产。如果大家都注意到这种性质的土地分类，那么，很多人就可以免蹈北达科他州土地利用者的覆辙。



伊利诺伊州库克县税务检查局的一个成员所提出的改变估税
28 方法的计划，是以财产分类为基础的。[①] 他说：“不难看出，一种不分高低的税率是不适用于很多不同种类的土地的。”把一种划一的税率用于拐角土地上也是不合宜的。他解释说：“例如，在公寓区，很明显，五十英尺的拐角地皮是比内侧的五十英尺地皮要贵得多的；因为在前者的每一层楼房有更多的临街房间，并且或许还可以设计建造更多层数。而在一个幢幢住宅分离相隔的住宅区，同样很

① 李臣吉尔（E. R. Litsinger）：《土地评价计划》，私人印行的小型印刷品。

明显，其五十英尺的拐角地皮比它内侧的地皮就贵不了多少；因为在两种情况下，都可以建造宽敞而舒适的房屋，其全部房间都是向外的，并且有同样大的场院。我们的第一个结论很可以说是：一切为课税而进行的土地估价应以一个具体制度为基础，这个制度包括各种单位价值和从这种单位价值推算地产估价的各种公式。我们的第二个结论必须是：这些从单位价值推算地产估值的各种公式应根据有关地产的分类而有所不同，对于以下几种地产，正如我们见到的那样，应该有各种不同的公式——住宅的、公寓的、商店的和工厂的地产。”在美国的许多都市中，类似这样的分类也成为区划法的基础。

就不动产业务来说，土地分类也是重要的。经营不动产业务的商人在一个都市的各个部分都持有地产，在制订开发计划之前，按照地产利用率最高的和最有利的用途来加以分类。并且，在一个日益发展的城市里，地产商人经常面临如何选择地段以便进行土地重分的问题。如果用于扩展的地段不进行适当分类，就很可能导致土地重分的失败。试举一例来说明这一点：一个工业区的外围，正好
有一块未经开发的低地，如果买它来作为高级建筑之用，那就未免 29
荒唐。也许它更适合于工业用途，或者，充其量适合于为收入少的人建造廉价的宿舍；因为工业区的一切讨人厌的因素将会毁灭那块重分土地发展成为高级住宅的价值。

还有很多例子可以说明，土地分类不但对有效的地产经营很重要，而且对公共机构有效政策的设计也很重要。从一开始就应当记着：如果不把土地利用的各种形式分别开来，不把每种用途根据它所需要的土地性质来进行计划，一个全面的土地政策是无法制定的。

良好分类的要求。根据纯粹人为的区分所随意做出的分类是没有用的。一个良好分类的第一个要求是类别明晰、便于识别并容易测量。按照平方英尺或英亩数来区分土地，固然满足这项要求，但对拟定政策的目标不起明确的作用。因此，分类的第二个要求是要成为有助于达到分类目标的手段。第三个要求是分类的区别须有经济的意义。已故的威斯康星大学校长范海斯指出了土地分类的三种方法：(1)结晶岩和沉积岩的地区；(2)平原、台地和山地；(3)按照土地上原有的覆被分类。[①] 这些分类方法对某些目标是有益的，
30 但不符合经济学家的目标，因为它们是地质学的而不是经济学的分类。

可参考的自然资源的分类法：

A. 地下部分：石油、煤气、矿物、岩石、盐等。

B. 地面部分：

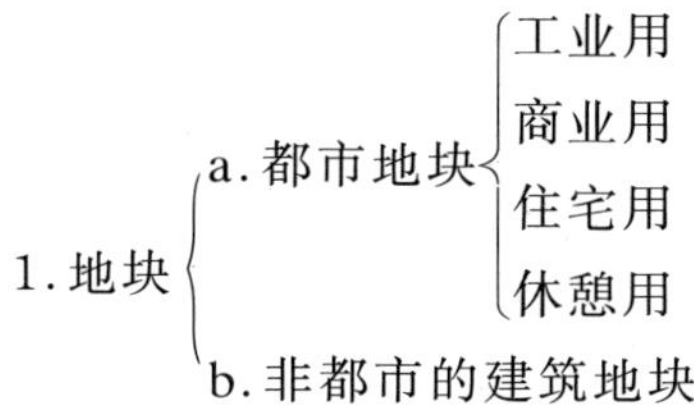


2.农用土地

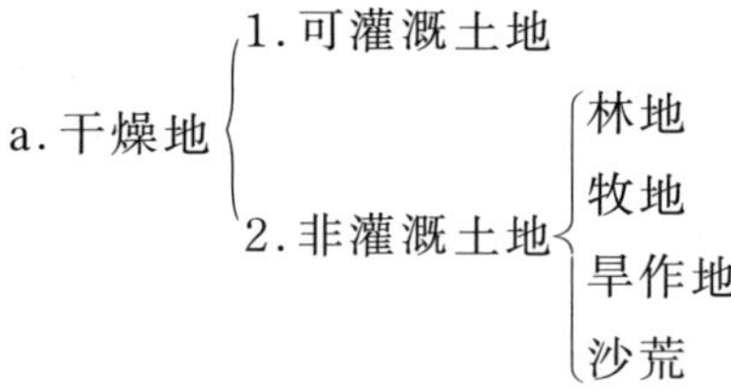


① 范海斯(C. R. Van Hise)：《美国自然资源的保护》，麦克米伦公司，1910年，第266页。

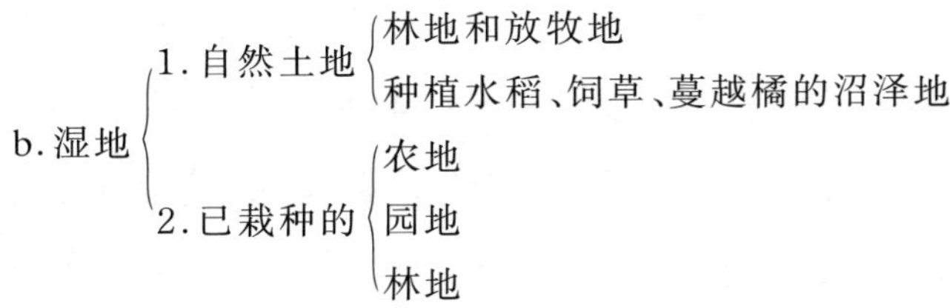


3. 交通运输用地

4. 休憩用地
- a. 天然公园
- b. 林、川
- c. 公路

C. 水及与水连接的土地：

1. 海岸地
2. 水下地
3. 河岸地
4. 灌溉用水
5. 航行用水

D. 地面以上部分：为飞机和无线电专用。

其他分类。还有很多土地分类的方法，土地可以按照地权形式分类——私有的、公有的或共有的地产。对于农业土地更重要的是按照土壤的结构和所含的矿物元素进行的分类。对于都市土地，按 31
照人口的密度分类是有用的。应特别着重指出这一点：任何一种分类都不可能适用于所有目的。所谓分类，只不过是筹划最经济地利用自然资源的一个工具而已。

## 小　　结

在许多人类活动的领域中，分类被认为是不可或缺的。无论对公私目的来说，土地分类的需要都是很大的。忽视公有土地的适当分类已使国家和个人都受到损失，而对于应予课税的地产不予分类也产生了不良的结果。对于地产行业来说，土地分类也是重要的。土地的良好的经济分类必须满足三个要求：(1)必须把土地分成清晰的、便于识别和容易测量的种类；(2)必须有助于达到分类的目标；(3)分类必须具有经济的意义。许多不同的分类方法都可以采用；至于究竟采用哪一种，则要根据分类的目标来确定。

# 第四章 经济学的若干基本原理

在这里插进来的这一章，是要把以下几章所讲述的若干土地经济学原理解释清楚。应当记住，土地经济学，正像货币银行学或劳动学一样，只不过是一般经济学的一个分支而已。它所涉及的经济学的领域，是在私有制度下，由于使用自然资源于经济商品和劳务的生产而发生的那些经济关系。这些经济关系是以某些基本原理为基础的；而这些原理并不限于因利用土地而发生的那些关系，而是对几乎一切从经济考虑出发的行动都适用。而且，这些基本原理以后要在各处出现；当土地经济学的问题以各种不同角度呈现出来的时候，同一原理还可能一再重复出现。因此，在我们研究之初，有必要把若干原理加以综述，以便在以后几章里，当我们从不同的角度探讨土地经济学内容的时候，不致忽视了它的统一性。

经济活动所涉及的，主要是财富的生产和使用，我们就是从公共经济和私人经济两方面的角度出发来研究这些活动的。在研究人们获得财富和使用财富的行为时，我们发现有几个事实一再出现
的次数是那么多，以致可以认为它们几乎是任何一种经济情况的不 33
可避免的现实。个人才能和经济活动的动机的种种差异就具有这种性质。还有，对于这些活动经常加以分类、分析和比较，会使我们发现经济过程的某些总的趋势或原理。特别是在讨论土地利用、

所有权、估价和课税等各种不同的方面时，这些原理就会不时反复出现。

*在经济分析中某些必须考虑的事实。*由于我们所讨论的是人们的活动，因此在经济分析中我们首先碰见的事物之一就是一种行动的动机或原因。一般说来，心理学家告诉我们，人的行动是本能、习惯、深思熟虑或强迫的结果。经济活动为源于这一切原因的行动提供了例证。自我保存的天性，促使他们不惜为极低的工资而工作，甚至宁愿偷窃而不愿饿死。在其他物价波动很大的同时，人们发现，风俗、习惯的作用有助于稳定某些商品或劳务的价格。在考虑各种不同的行动何去何从的时候，人们总是有各种各样的动机支配着他们。有些人想增加自己的收入或社会威望，这种希望使他们宁愿买这个农场而不愿买另一个农场，或者买这所住房而不买环境不大入时的另一所住房。

这一切行动的原因或动机都含有所谓“**人性**”这个词所表达的意义。早先的经济学家假定了一种简单方式的人性，即人们所说的那种“经济人”（economic man），这大概是因为“经济人”总是谋求个人利益，并认为他这样做也就是增加了公众利益。不过现代“经济人”的性质比这要复杂得多，因为我们要考虑到他的本能、习
34 惯、风俗、希望与恐惧、痛苦与欢乐，以及具有经济意义的深思熟虑的选择的整个范围。其他足以证明这个已经改变了的“经济人”的概念的例证，还有这样一个事实：公共机构都明确地认识到，谋求个人利益的愿望并不使人常常都是为了社会的最大利益才有所行动。因此，为了公共的福利，有时把个人行动加以限制，这反而是合理的。

关于这一点，还必须对**私有财产制度**加以讨论，因为这乃是保证个人不受侵犯地享受自己努力的果实的基本制度。由于大部分自然资源都是私人财产，关于这种私人产权对于利用土地的影响，我们必须从公私两方的经济立场去进行研究。当我们以私人产权的影响为背景来研究“经济人”的时候，就可以看出，要想解决为了公共利益而限制个人行动这个问题，与其把他的财产收归公有，还不如对私产加以限制。

还有一个必须考虑的事实是价格制度。每个人的一切必需品都由他自己单独生产的日子已经过去了。现代经济的特点是分工和为出售而生产商品与劳务，而买卖的交易是以价格为媒介来进行的。价格就是人对物品价值的估量，而以货币为共同的衡量单位。换言之，价格就是价值的共同衡量。价格制度的重要性在于价格指导着大多数具有经济意义的活动。在土地经济学里，土地应如何利用，大半是根据土地的产出物在市场上所获得的价格来确定的。价 35
格或价值和从公私双方的角度着眼的土地的有效利用之间的关系，在许多方面成了土地经济学的中心问题，要正确了解这个关系，主要有赖于对支配土地估价的原理和对土地价值的运动的认识。

土地利用的许多问题都因物价的波动而起。每一个生产者和消费者通过种种途径体会到这种物价起落的影响，从而设法适应这种变动。经济学家对于物价循环的各种原因的看法并不完全一致，但对于研究它们，甚或限制它们的重要性这一点，则丝毫没有异议。由于物价的波动影响到社会各阶层的人们，因而预测物价的变动，使土地利用的政策能够适应变动的条件，乃是一件紧要的事。在日常生活中经常做这种预测的人有各种商人（农民、不动产掮客、银

行家、投资者），也有公共机构。近年来，某些私人机构已着手预测与工商企业直接有关的物价的未来变动，这说明了对土地价格以及对由土地提供的商品和劳务的价格也同样有加以预测的必要。

商人们对于未来物价的变动之所以急欲得到正确预测的一个
理由，是准确的预测能够帮助他们增加收益，而错误的预测将带来
极大的损失。凡是利用土地的人，往往也都有同感。这又说明了土
地利用的另外一个真实的因素，即利用土地的动机是想得到收入。
36 在这里，“**收入**”这个词是按照它最广泛的意义来使用的，它不但包
括货币的收入（其中一部分通常被称为利润），而且也包括具有直接
使人满足或享受的那种形式的收入。要得到收入，需要花费时间、
精力和金钱。这种花费经济学名之曰成本。由于使我们获得收入
的各种交易都是通过价格来进行的，因此收入和成本也以价格来计
算。从这里，我们就有了货币收入与货币支出、收益与费用等概念。

在土地利用的所有问题中，那些牵涉费用与收入之间关系的问题是最关紧要的。假使土地提供的产品和劳务的流行价格是已经确定了的，那么，对于土地的用途以及利用土地的限度和形式如何选择，这就要以在这种用途中费用与收入的关系如何为转移。换言之，预期的**净收入**是多少往往是利用土地的决定因素。农民拟订他的全年经营计划时，要估计他的农产品的售价和产量将是多少，在总收入中扣除种子、肥料、设备、劳动力和其他费用，然后再凭收支相抵后的余额做出计划。同样，城市的土地所有者在规划建房时，也要计算每平方英尺建筑面积或每立方英尺的建筑费用大约是多少，房租或其他收入大概又是多少，然后根据这些估计，决定能使他获得最大净收入的那种规模和形式的建筑。这些计算当然不

以一年为限，由于土地使用的耐久性的缘故，这些计算一定要考虑
到若干年以后可能的费用和收入。在制定利用都市的、农业的、森 37
林的和矿山的土地的政策时，公私两种机构，尤其是后者，都要考
虑到费用和收入之间的关系，他们每每把这种关系作为他们计划的
决定性因素。

最后，对经济活动做一通盘考虑，即可发现一件明显的事实：人的才干和能量各有不同。有些人比其他人更适合做经理；有些人比其他人更适合做工人。有些人比其他人的储蓄能力更为突出。大家都知道这个事实：工商行业在执行它们各自的任务时，其能力之大小各不相同；我们也承认这个事实，当我们说到“普通”商人的时候，就意味着有某些商人比其他商人更能干。通常，在受到价格制度支配的私人企业制度中，个人才能之不同就表现为赚钱能力之差异。所以有人说，在同样一块土地上，最好的农民比拙劣的农民能得到更多的收入。因此，当一块地被列为“边际”农地，即“无利可图”的土地的时候，究竟这种分类是根据最优秀的农民、普通农民做出的，还是根据拙劣农民的耕作来做出的，这其间是有差别的。拙劣的农民赔了钱的那块地如果落到优秀的农民手里，或许是有钱可赚的。如果把这个事实加以进一步研究，就会发现农产品总产量的大小，是由以最有利的方法把人和地结合在一起的理想的实现程度来决定的。在讨论开发农村或都市土地和鼓励人们购置土地的政策时，这种个人才能的差别必须谨记在心。

经济学的若干基本原理。在任何经济活动领域中，凡是人们的 38
经验似乎遵循着明显的常规在进行的地方，经济学家就想从中找出
一条经济学原理。构建经济学原理并不是一种无根据的空洞理论

的研究，而是从事一种高度实际性的工作。只有把一大堆涉及经济关系的情况收集起来并把它们构成一种科学的知识体系，才能使其用于日常实际生活的指导。在经济生活中，从土地利用中所产生的那些关系，没有像财富的生产、分配和消费等其他方面的那些经济关系那样受到足够的重视。要把这些“土地”关系建立在更加科学的基础上，就得把已经构建的若干经济学原理运用到土地利用的经验上去，并使其受到土地利用经验的检验。这一点在以下各章中可以说是部分地做到了，因为在以下的几章中，它们将被作为规划土地利用的健全政策的一个基础。

要在短短的一章里，对支配着由于土地利用而产生的人与人之间关系的那些重要的经济学原理加以充分的叙述，这纵然可能，也将是无益的。不过要紧的是要注意：土地经济学的基本原理一般是可以在经济学的其他分支中找到的；并且，由于其中某些原理是被运用到土地经济学的许多不同的方面，因而在这里指出其中几个最重要的基本原理是不无好处的。



1. 稀缺原理。在经济研究的过程中，我们不断地碰见这个问题：何以土地或者其他任何商品是有价值的？为什么有人出钱去买它？经济学家通常把商品分为自由品和经济品。自由品是那些数量充裕、足敷一切需求的商品；经济品是那些供不应求的商品。因
39 此，经济品要出价去买并且要节约使用。

现在我们不妨把这个区别运用到土地上来。只要地球上还有未经使用的地面存在，如果我们说土地的供应不足，表面上看来就是不合逻辑的。但是，如果因此而认为土地是自由品，那么何以又有人愿意出钱去买来利用呢？只要我们回忆一下，土地有不同的特

性，有些土地的位置比其他土地更适宜，或者比其他土地更肥沃，并且，对于性质互异的土地，对其需求也各不相同，就可以把上面这个问题解释清楚。因此，具有合适的特性的土地供应，一经减少到不敷需求的时候，这种土地就可以说是比较稀缺，就值得花代价去购买。位于大城市中心区的土地就属于这种情形。土壤肥沃，其产品能够在市场上有利地出售的那种农地，也属于同样的情形。

那么，价格就反映了土地的经济稀缺的程度，或者换句话说，稀缺原理是影响价格的一个因素。这个原理也影响到出自土地以外的商品和劳务的估价，而在土地方面，这个原理对它的某些利用形式的影响比对其他的利用形式的影响又要大一些。况且，稀缺原理不仅在土地估价上很重要，而且在土地利用的政策上也很重要；关于这一点的一个方面，还要在后文讨论替代原理时谈到。

2. 预期原理。在谈到价格制度时，已约略提到过人们对于未来喜欢加以预测的倾向。这种倾向在确定土地或其他商品的价格时是那么重要，以至它几乎成了估价的一条通则。要充分了解许多土地问题，要紧的是时刻记住，一笔报价总是含有预期的因素在内。
一笔土地买卖成交时，其售价不但包括土地劳务的现在价值，而且 40
也包括这些劳务将来的估计价值。

也许预期在土地估价中比在其他任何种类的经济品的估价中所起的作用要大些，主要是因为土地的劳务不会在继续使用中消耗掉，也因为土地不可能被自由地再生产或制造出来。因此，土地的估价和土地的计划利用大半是与对未来情况的预期有关，即预测将来的价格、将来的需求、土地的产品和劳务的未来替代品、将来的费用和收入。

预期还有另一个重要方面，也是一切经济活动所共有的事实，即人对现在的估量高于对将来的估量，所以将来的东西就要按照“二鸟在林不如一鸟在手”这句俗语打折扣。虽然预期原理对于土地估价具有特殊的重要性，但它和土地利用的一切问题都有关系，因为土地有这样一种性质，即其利用的方式是比较固定的，因此必须在许多年以前预为计划。

3. 资本化原理。在日常谈话中，资本化通常是和得到法律许可的公司所发行的股票和债券的票面总价值联系在一起的。但在经济学中，资本化原理所指的却完全是另外一回事。在美国，我们说某块地皮的价值是每英亩一百美元。这并不是说每英亩土地每年就会给我们带来一百美元的进账。这一百美元是代表这一英亩土地的**资本价值**，这一英亩土地会产生能带来四美元、五美元或者六美元净收入的劳务。资本化原理就是联系净收入和代表地价的资本价值两者的一个环节。

41 现在可举一个具体的例子来说明这一点：有一块土地每年生产的劳务会给其所有者带来五美元的收入。这项每年五美元的收入乃是代表投入那块土地的一笔钱的利息。地主希望在今年、明年和以后的许多年中都有这样一笔收入。于是他所加于这块地的价值就等于能给他带来这种利息形式的收入的那笔钱的数目。换言之，地主把他所预期的一系列土地收入转变成一个单独的金额，这个数字就等于土地的资本价值。把那些源源而来的收入流转变为一个价值基金的过程就叫作资本化，而这对土地估价以及以土地估价为依据的很多衍生的土地问题来讲，乃是一个极为重要的原理。在以下几章里，当我们在某个地方说到土地收入而在另一个地方又说到

土地价值时，我们只要想到资本化原理是联系收入和价值的一个环节，就可以避免产生混乱。

4. 替代原理。一般人在日常生活中时常利用这个替代原理。当马铃薯价格过高的时候，它的消费就减少了，而用来替代它的就是大米这一类的商品。同样，我们用人造黄油代替真黄油，用大批上市的水果来代替时令已过的高价水果。一般说来，当两种或两种以上的商品在实质上具有同样用处，或者几乎使人同样满意的时候，低价商品就容易把高价商品排挤出去。

这种家庭部门节约的共同经验在商业部门也同样存在。日益高涨的工资促使电气化铁路公司装设一人驾驶的车辆。出于同一原因，工厂用机械动力来代替人力，农民购买机器而不雇用工人。
凡是用机器或某种其他形式的资本代替人力的地方，那就是这个替 42
代原理在起作用。

同一原理也支配着土地从一种用途转变到另一种用途。当地价上涨过高、这些土地不宜用以建造住宅的时候，就有把它转向商业用途的趋势。当农业土地涨价的时候，土地的用途就趋向于从牧场转为改种粮食，然后再改种商品蔬菜。一般来说，在经济上是不可能把每英亩价值二十五美元到三十美元的土地用来培植森林的，但是如果土地的价格降低了，则又可以把种粮食的土地或是树木砍伐后又复以丛生小树的闲散土地用来植林。在为土地利用做出计划、为土地估价和为土地开发和课税拟定政策的时候，这个替代原理是应当考虑的一个重要因素。

5. 比例原理。质量良好的土地，像其他经济品一样，既然为数不多，不能满足所有人的需要，那就非节约利用不可。节约的意义何在？家庭主妇说，当她用低价的物品来代替高价的物品时，她就是在讲究节约。大多数人忽视了这一事实：节约不过是按照比例利用可供利用的物资来达到最大的效果。一个家庭把它的支出分配到各种不同的消费品上去，使它的收入能够为它带来最大的愉快、健康以及全面的福利。同样，一个企业家把他的收入的一部分用在广告上，一部分用在劳动力上，一部分用在地产上，一部分用在其他很多事物上，但是，假使他预料他的收入的另一种不同的分配使用将使他得到更大利润的话，他就会改变他对劳动力、投资、广告等的支出。土地的节约使用意味着，把一切在经济上可供利用的土
43 地按照比例相称地使用到它的各项用途中去，务使一切需求都能得到最适当的满足。



节约原理或者说比例原理支配着土地利用的公私政策。农民每年面临的任务是决定把他的土地的百分之几用来种粮食，百分之几留作牧场，又百分之几则任其闲散，他的分配政策是参照在种植开始时他的产品的市价，也参照对收割时期价格的估量而做出的。像天气这样的许多意外情况可能会打乱他的打算，但这些打算是一定要做的，如果他不愿随从习俗墨守成规的话。同样，在都市里拥有一块适合于建造办公大楼的地皮的那位业主，也面临着这座楼房应有多么高才符合节约原理的这个问题。它应当是五层的、十层的、十五层的、二十层的，还是更高的呢？这是一个经济问题，或者说，是一个应如何按比例分配其支出才能获得最大效果的问题。通常，在私人经营企业的制度下，最好的分配比例就是能够为投资者带来最高净收益的那种比例。

从公众的角度来看，经济问题就是在各种不同的利用形式中，按

照比例来分配全部自然资源的问题。这在财产私有制度下，能够办得尽如人意吗？或者这些资源应不应该收归公有由政府来支配呢？反映在木料高价上的木材缺乏，证明需要把更多的土地用来培植林木。究竟应当用什么样的土地和用多少土地来培植林木？而且，能不能够说服私人叫他们把土地用来植林，或者这件事非由政府来办不可呢？这些都是经济问题，都要求运用比例原理来加以解决。 44

*经济生活的社会方面*。现代的潮流都趋向于对公共利益应有更多的承认。这个趋势，早在本章关于我们对“经济人”已有不同的概念的那一段里，略有提及，现在再来解释一遍，因为从利用土地中所产生的一切人与人之间的关系，差不多都或多或少受到这个趋势的影响。在立法领域里，对于公共利益的越来越重视，不仅表现在限制土地利用的各种规定方面，而且也表现在政府在限制一般的工商事业方面起了更加积极的作用。在私人企业领域内，企业经营活动标准的提高，和就整体来说，公共需要得到更多的考虑，就是这个趋势的明证。

这个“社会化运动”有时会引起一些不良的后果，这些后果，即使从公共福利的观点来看，也是不良的。因此，大多数土地经济学的问题需要经常反复分析，以期达到预期的公共经济的目标。将来当我们从各个不同角度来讨论土地经济学的主要问题的时候，这个反复分析的需要就会变得更加明显。

## 小　　结

在人与人之间的经济关系中存在着某些基本的事实和原理。

在任何一个经济分析中，必须考虑到五个事实：(1)经济活动的动机或原因，这些动机来自本能、习惯、深思熟虑或强迫；(2)私有财产
45 制度；(3)价格制度；(4)净收入与总收入之间的区别；(5)个人经济才能的差别。某些基本原理：(1)稀缺原理；(2)预期原理；(3)资本化原理；(4)替代原理；(5)比例原理。现代潮流趋向于社会化，即经济关系的公共控制，这种趋势有时可能带来不良的后果。

# 第五章　土地利用的现状与前瞻

一百二十五年前，当人们第一次把经济学称为“阴郁的科学” 46
的时候，一位英国经济学家马尔萨斯发表了人口增加的速度有超过食物供应的趋势的论点。从那时到现在，人口的增加已超过一倍，然而世界似乎尚未发生食物普遍缺乏的危险。1824年，大多数美国人都住在出产粮食的乡间。现在乡居的人口不到一半。然而还在1923年就已有人建议美国政府应该收购生产过剩的小麦并为之寻求销售市场。这似乎证实了外来移民认为美国是一个“富裕之邦”的那种看法。但是将来怎样呢？城市居民每天从乡间取得他们的口粮，他们居住的房屋按其原始形态来说都是用地里生产出来的东西制成的，其取暖的燃料也是从土地的蕴藏中得来的。他们靠乡间过日子，这样的人越来越多地在都市安了家。将来的农村能不能够统统养活他们呢？一个普通的市民是一点也不为此着想的。只要他能从市场上买到食物，他就会心满意足，认为将来总会有足够的东西供他食用。

这种看法大体上也是对的。在今天为粮食供应抱杞忧的人是
得不到大多数经济学家的支持的。有人说，现在人口的增长率已开 47
始下降。如果目前的农业和矿业的技术还是停留在百年前的那种水平，那么现在的人口也许会感到不能自给的困难。但随着技术的

日益改进和越来越趋普及，随着人口增长率的下降，目前并没有为生活资料缺乏而担忧的理由。然而，这并不是说，我们可以高枕无忧地不管自然资源的节约利用。人口集中于城市造成了运销问题和集约耕种的问题，这些问题要求现在和将来都要对土地利用做出科学的规划。

土地利用的转变。当人们研究自然资源逐年利用的情况时，会发现一个显著的事实：土地从一种用途到另一种用途的不断转变。在若干年里，种小麦的土地在增加；在其他若干年里，麦地面积变小了，因为其余一部分土地已用来种其他作物，或改作牧场，或已完全弃置不用。要了解这种转变的原因，就得从人类的需要说起。个人需要的数量和质量是时时都在改变的。汽车代替马车就是这样的一个例子。这些需要的变化产生了市场需求的变化，这些变化反过来又反映在物价的变化上，而物价是生产的有利方向的指南。人需要的是食、衣、住、娱乐和文化，土地就是用来满足这些需要的。不同的产品可以满足某种需要：蚕丝、棉花、羊毛、皮革全是用来做衣服的，钓鱼、打猎、打高尔夫球、打网球、驾驶摩托车、踢足球和打棒球全是为了满足娱乐的需要，并要求使用或多或少的土地。
48 同样，肉、五谷和蔬菜可以满足充饥的基本需要。这些商品和劳务的使用将按什么比例来满足需要，那就不单凭对衣、食、住或娱乐的需要，也要凭风俗、生活标准、习惯、宗教和家庭收入的购买力的情况来决定。由于这些决定性的因素改变了人类的需要，地面或地下矿藏的利用也起了变化。土地的任何一种用途的重要性就在于它对满足人类需要所做出的贡献。

土地从一种用途到另一种用途的转变特别涉及价格制度和比

例原理。物价是土地利用者的指南。物价的上涨鼓励工商事业的扩展，而这又转而影响土地的利用。物价的跌落则妨害土地利用的扩张。例如，在大战时期，为了鼓励生产，小麦价格被固定在某一水平上。这个价格水平实际上鼓励了农民扩大种植小麦的面积，据估计，美国每年增产了两千万蒲式耳以上的小麦。后来，小麦跌价说明了生产的失衡。1923 年麦价降落到一般认为是普通农民的平均生产成本以下的水平。许多种小麦的农民，由于没有其他进款而破了产，他们的一部分农地或者将改变用途，或者将被弃置不用。[1]

这种小麦的供应过剩，一半是因为战争停止，国外已恢复了小麦生产，一半是因为国内的小麦消费减少。这些因素通过市场价格体系起了作用，并且若是它们的影响及时地被预料到了的话，或许不致用那么多的土地去生产小麦。通过对物价循环的认识，农民大概就会知道怎样转换和按比例分配他的土地的使用，以便获得最高额的净收入。 49

不过自然资源的每一种用途，基本上是要看人类对其需要的缓急而定。这种需要的缓急程度相当准确地表现在对它的某种用途的价格支付上，因而，这个价格就成为指出分配土地利用的最好途径的路标。

土地利用的限制。有若干自然资源完全不适于某些用途。换言之，自然资源的所有者可以自由选择用途的范围是有限制的。描

① 威斯康星州市场部在 1923 年 12 月 2 日的《市场新闻通讯》里，引证了美国农业部长所说的一段话，他说在 1923 年，“那些生产小麦和玉米的十五个州，平均有百分之八点五的农民由于经济困难和歉收的缘故丧失了他们的农场”。此外，还有百分之十五以上的农民实际上已经破产，只不过由于债主的宽大尚在苟延残喘而已。

述这些限制的最生动的方法，就是设想土地的互相竞争的一切可能用途。从这个角度来看，这些限制可以分为三大类，即自然限制、经济限制和社会限制。

1. 自然限制。试想一想位于美国的土壤最好、气候和湿度条件最佳并且适合于栽种最高级作物的那些耕地。从这些最优良的地带渐往北走，就会发现作物生产越来越受到生长季节缩短和霜冻为害的阻碍。人们已经成功地把这个利用限界又往北推移了，方法就是引种成熟期短的玉米和其他谷类的品种；但最后终于到了一个地区，在那里任何作物都不能生长。

在优良的耕地上面，森林也能和种植的作物一样地繁殖，但
50 前者在经济上不能跟种植成熟得快的农作物竞争。因此，就把树木清除掉以便腾出余地供农业使用，美国原有的森林土地是八亿二千二百万英亩，其中有三亿五千万英亩已被砍伐清理作为农业使用。森林能够经受农作物不能忍受的隆冬气候，所以当你走向严寒和霜冻的边缘地带的时候，森林就逐渐取农作物的地位而代之。最后，就连森林也得向北极寸草不生的苔原让步。同一因素使科罗拉多州的人们在高达九千到一万英尺的土地上放弃农作物的种植，在一万到一万二千英尺的高地上放弃林木的培植。在那些没有树木以致肥沃的土壤被流水的侵蚀所冲刷，或者被大风刮走的土地上，人们也不得不放弃农作物的种植。

当你向西部走去的时候，就会到达一个水分不足、不宜栽种农作物的另一种边界。抗旱作物和旱作农业可以把那种边界推进到更远的去处，但到末了，又会到达一个非做牧场不可的地方。牧草只要有六英寸雨量就可以生长。而林木甚至比农作物更受湿度的

限制，因此，只适宜于牧场使用的土地（除非农业技术有了预料不到的变化）足足有六亿亩之多（等于美国全部土地的三分之一），这些土地将成为未来的放牧地区。

还有一个由地势所形成的边界；多石、陡峭、崎岖的土地大大限制了农业生产，特别是由于它限制了节省劳动力的机器的使用。这种土地的一部分可用作牧场，但是，整个说来，这种土地，像新
英格兰的山地那样，最适宜于植林。森林也应种植于沼泽多沙的地 51
区和雨量大的地区。

就土地的物质条件而论，有的只宜用作牧场，有的只宜用作林地，还有的对于两者都适宜。然而，一切农业土地既可以用作林地也可以用作牧场。下面的图1是说明美国土地利用的自然限制和物质潜能。图1说明，天然专门适宜于培植森林的土地只有一亿英亩；适合于“牧场兼森林”的土地有三亿英亩；此外还有七亿英亩适宜用于农业、牧业和林业的土地，这种土地如果经济条件许可的话，也可以用来生产林木。

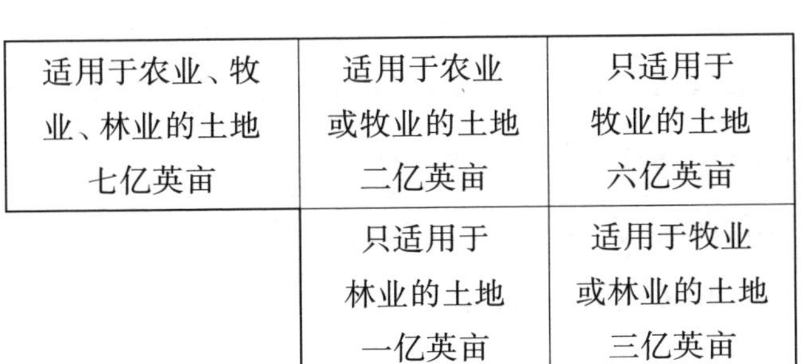


**图1　美国土地利用的自然限制和潜能的估计**

再说一遍，土地利用的最大的自然限制是气候、水分、地势和土壤的肥力。

2. 经济限制。即使在自然条件优良的地方，由于经济限制，自然资源也有不能被利用的时候。利润率是首要的经济限制。没有希望从中获得相当利润的那种土地，私人一般是不愿利用的。一种不能带来合理利润的农产品是不值得种植的，那种土地应当另作其他更有利的使用。同样，一座不能取得一定报酬的建筑物，也是城市地主无意使用他的地皮去兴建的。因此，看来要亏本，或者没有希望得到合理的利润限制了私人的使用。不过这种限制对于公共事业却不一定常常适用，因为某种用途的社会利益有时会胜过预期的金钱损失。

52

有人讲了一个关于农民的故事：有一次一个农民运了一批马铃薯给他的主顾，后来农民所得到的却只是收货人补偿运费的要求，因为运费超过了全部货物的售价。距离市场的远近在农业土地利用中是那么重要的一个因素，以致有必要说明一个普通的原理：**其他情况若不变，则距离市场越远的土地，竞相利用它的用途的数目和种类就越少**。大家都知道，商品蔬菜由于易腐，只能种植在非常接近市场的地方。卡车运输、路况良好的公路以及由铁路或海路转运物品的冷藏设备的发展，已使在经济上适合于生产专业化商品蔬菜的地区有所增加，甚至把这种地区伸展到很远的地带。虽然如此，当你走到市区以外的地方时，就可以看见越向远处走，农业方式的变化越显著。这个趋势反映在，离都市越远的地方，其地价和租金就越低。表 3 证明了这种地价下降的趋势，也说明了农场面积的增加，从中还可以看出，随着距离的增加，商品蔬菜的收入减少和牛乳业产品的收入增加。

表 3　位置对农业的影响[①]

| 距离（英里数） | 农场大小（英亩） | 每英亩价格（美元） | 地租（美元） | 来自下列行业的收入占比（%） | |
|---|---|---|---|---|---|
| | | | | 商品蔬菜业 | 乳品业 |
| 8 和 8 以下 | 102 | 313 | 11.85 | 68 | 10 |
| 9—11 | 221 | 110 | 5.50 | 35 | 12 |
| 12—14 | 256 | 106 | 5.37 | 34 | 20 |
| 15 和 15 以上 | 257 | 95 | 4.66 | 20 | 27 |

美国农业史上有充分的例证说明运输对农作物类型的影响。例如，试想一想，伊利运河的开凿对从前的西北部来说意味着什么，以 55
及铁路在使农民可以利用西部土地方面做出了什么贡献。有人说，运费表已经把加利福尼亚州的洛杉矶城搬到堪萨斯市去了。有利于加利福尼亚的运费率已使加利福尼亚州和密苏里州的生产费用趋于均衡，因此，就对于东部市场的竞争来说，两州的生产者处于同等的地位。足以说明运费对土地利用的类型的影响，再没有比这更好的例证。从经济的观点来看，距离就是一个时间和运费的问题。

3. 社会限制。土地利用的另一限制仅仅是由人口的多少所造成的，凡是人口密集的地方，土地的利用就必须极度集约，使受到自然和经济限制的土地面积能够提供极大数量的所需求的劳务。这就是说，在都市以办公房屋或商店来代替住宅，而在农业土地的利用中，则以商品蔬菜来代替谷物、小麦或家畜的饲养。换言之，在这里面有一个原理，即**土地的高价利用有排挤土地的低价利用的**

① 美国农业部第 678 期公报，《城市对耕作的影响》，第 11 页。

**农 业 地 区**

| 地区 | 土地面积（英亩） | 农 地（1920年） | | 改良农地（1920年） | | 作物地（1920年） | |
|---|---|---|---|---|---|---|---|
| | | 英 亩 | 占土地面积的% | 英 亩 | 占土地面积的% | 英 亩 | 占土地面积的% |
| 亚热带海岸各州 | 61,500,000 | 12,965,000 | 21.1 | 5,111,000 | 8.3 | 3,728,000 | 6.1 |
| 棉 产 区 | 275,760,000 | 176,213,000 | 63.9 | 92,250,000 | 33.5 | 76,755,000 | 27.8 |
| 玉米和冬小麦产区 | 201,087,000 | 156,712,000 | 77.9 | 99,239,000 | 49.4 | 69,438,000 | 34.7 |
| 玉米产区 | 145,987,000 | 135,572,000 | 92.9 | 113,166,000 | 77.5 | 89,668,000 | 61.4 |
| 干草和牧场区 | 214,209,000 | 117,001,000 | 54.1 | 68,168,000 | 81.8 | 48,365,000 | 22.6 |
| 春小麦产区 | 52,516,000 | 44,489,000 | 84.5 | 35,723,000 | 68.0 | 29,019,000 | 55.8 |
| 大草原区 | 304,837,000 | 193,369,000 | 63.4 | 52,285,000 | 17.2 | 36,006,000 | 11.8 |
| 落基山地区 | 146,101,000 | 24,159,000 | 16.5 | 6,930,000 | 4.7 | 4,465,000 | 3.1 |
| 干旱的山间高原 | 341,704,000 | 59,817,000 | 17.5 | 15,760,000 | 4.6 | 9,226,000 | 2.7 |
| 北太平洋沿岸各州 | 71,766,000 | 12,219,000 | 17.0 | 3,519,000 | 4.9 | 2,264,000 | 3.5 |
| 南太平洋沿岸各州 | 38,032,000 | 22,044,000 | 57.9 | 10,246,000 | 26.9 | 5,945,000 | 15.6 |
| 亚利桑那州-加利福尼亚州荒地 | 49,717,000 | 1,323,000 | 2.7 | 675,000 | 1.4 | 552,000 | 1.1 |
| 全 国 总 计 | 1,903,215,000 | 955,884,000 | 50.2 | 503,073,000 | 26.4 | 375,432,000 | 19.7 |

美国可以分成东部和西部面积相等的两部分。除了北太平洋沿岸各州和高山区以外，东部气候潮湿，西部大半是干旱的或半干旱的地带。这两部分的每一部分又分为六个农业区。由于气候条件不同或者受地形重大影响，农作物或种植的结构有明显区别。

趋势。所谓高价利用，就是使较小的土地面积能够带来很大收入的那种利用。这反映在土地的价值上面。市中心的土地可以值几千美元一英亩，而一块农地只值几十美元或者几百美元一英亩。为了使对市地的投资有钱可赚，就必须对它做出那种有厚利可图的利用。例如，试比较一下用以建造办公房屋的都市土地的每英亩收入和用来种麦的农村土地的每英亩收入，就不难理解这个原理。因此，即使市地是极肥沃的，不过由于其位置以及推高地价的稠密人口，它们也只限于集约的城市用途。

在确定和限制土地的利用方面，生产和消费的习惯与风俗也是强有力的因素。生产习惯的影响可以从移居到美国农村的外来移民中看出。他们倾向于栽种他们在欧洲惯种的农作物。威斯康星的牛奶业的兴起，部分是由于这种缘故。在这个例子里，其气候和经济条件是适合于这一农作物类型的，但在其他的例子里，移民们引种的、水果和农作物都长不起来。就连当地出生的老一辈的移民，他们对于惯种很久的那些老一套的农作物，也很难加以改变，哪怕许多次的农场试验都证明了改种另外一些农作物就会带来更大的利润。消费习惯，虽然对于土地利用的影响是间接的，但也是有力的因素。这在那些生活标准比美国人低得多的移民所居住的地区中可以很清楚地看出来。这也可以在那些习惯于比当地普通美国人吃肉较少的外国人当中看出，不过范围较小而已。肉食消费的减少也影响到畜牧业。

土地利用的现状。图 2 说明了各种不同用途的土地面积的大小。数字的分析和解释是很明显的。美国土地总面积（十九亿零 59
三百万英亩）中，差不多有一半（八亿六千三百万英亩）都是未改良

的放牧地和牧场。牧场再加上农场里已改良的放牧地和用作放牧的林地与林木砍伐以后的迹地，那就等于全国有一半以上的土地面积是用来饲养牲畜的。森林和林木砍伐以后的迹地所占的面积是四亿六千五百万英亩，而已经改良过的土地所占的面积是五亿零三百万英亩。

另外一种土地分类方法是以农地和非农地为依据的。美国全部土地面积中，大约有一半是农地。很奇怪，英国的土地大约也有同样的比例是农地。农地利用的状况见图 2。当然，一切改良地均被列在农地这个项目下。除了改良地之外，还有全部林地的百分之三十六和全部牧场以及未改良的放牧地的三分之一已包括在农地之内。

以上所列举的各种用途中，还有七千二百万英亩的面积未包括在内；这个面积的一部分为市镇、铁路和公路所占用，其余的四千万英亩则全系沙漠不毛之地。



可能的土地利用。图 2 的第二部分是美国土地可能利用状况的预测。改良地可望增加到八亿英亩这个总数，这个数字的一部分土地可以从林地和放牧地中得来。采用灌溉、旱作、排水的办法还可以把其他的土地改作农地。不少具有耕作潜力的土地已经包括在农地里面，这是一个重要的事实。这就是说，耕地的范围还可以扩大而不致侵犯农地以外的林地和牧场，或者，换句话说，并不需要
60 增加农地的面积。纵然每个人的林木产品消费量应予切实减少，但我们有增无已的人口所需要的木材、薪炭和其他木制产品的数量很大，将来森林需要的面积是不会减少很多的。另一方面，都市、铁路、公路所使用的土地，在未来势将不断增加。

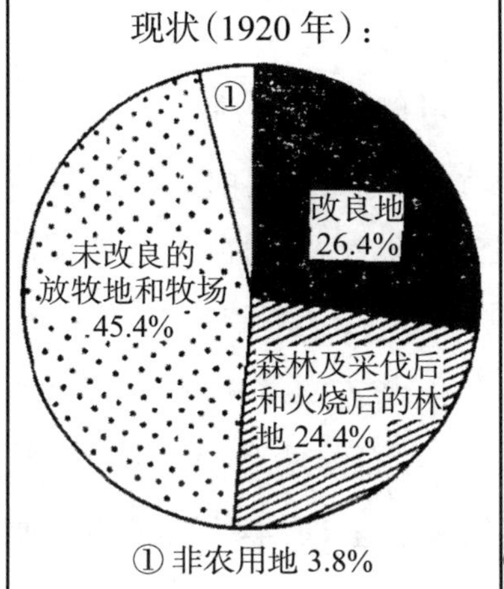


可能的状况:

①
1920 年
改良地
未改良的
放牧地和牧场
34.6%
②
③
④
⑤
林地
18.7%

① 非农用地 4.7% ② 可灌溉地 1.6%
③ 可排水地 4.8% ④ 林地 2.6%
⑤ 未改良放牧地 6.6%

美国土地总面积十九亿零三百万英亩

土地利用的现状(1920 年):

改良土地共五亿零三百万英亩:

其中,有收获的土地三亿六千五百万英亩。放牧地约七千万英亩。

休耕、小路、宅地、闲地、无收获土地等合计六千八百万英亩。

森林及采伐和火烧后的林地四亿六千五百万英亩(不包括六千万英亩矮杜松、豆科植物、橡树丛林和小槲树丛林土地在内):

其中,在农场范围内作放牧地使用的约有一亿英亩。

在农场范围内未作放牧地使用的约有六千八百万英亩。

不在农场范围内的有二亿九千七百万英亩(国有森林约占三分之一)。

未改良的放牧地和牧场八亿六千三百万英亩(包括六千万英亩矮杜松、豆科植物、橡树丛林和小槲树丛林土地在内):

其中,在农场范围内已作放牧地使用的约有一亿五千万英亩。

在农场范围内未作放牧地使用的约有一亿三千五百万英亩。

不在农场范围内的约有五亿七千八百万英亩(大多数已作放牧地使用)。

非农用地七千二百万英亩:

其中,沙漠地(未作放牧使用的)四千万英亩。

市镇土地一千万英亩。

公路一千八百万英亩。

铁路用地四百万英亩。

可能的土地利用:

改良土地八亿英亩:

其中,1920 年已有的改良土地是五亿零三百万英亩。

可灌溉而未灌溉的三千万英亩。

只需排水的湿地三千万英亩。

需要排水和清理的湿地六千万英亩。

只需清理的森林和林木砍伐后的土地五千万英亩。

未改良的放牧地和牧场一亿二千七百万英亩。

森林土地(纯粹是林地)三亿五千五百万英亩:

其中,东部各州二亿五千万英亩。

西部各州一亿零五百万英亩(不包括矮杜松、橡树丛林、豆科植物和小槲树丛林土地在内)。

未改良的放牧地和牧场六亿五千八百万英亩(包括矮杜松、橡树丛林、豆科植物和小槲树丛林土地土地在内):

其中,东部各州六千三百万英亩。

西部各州五亿九千五百万英亩。

非农业土地九千万英亩:

其中,沙漠、未灌溉地三千九百万英亩。

市镇土地二千万英亩。

公路二千五百万英亩。

铁路用地六千万英亩。

以上数据来自《美国农业部 1922 年年鉴》。

**图 2　土地的利用**

土地利用的趋势。鉴于美国人口的惊人增加，人们的第一个反应是怀疑我们的土地供应，就农场的数目、农地的亩数或改良地亩数而论，是不是按照相应的速度在增长。我们在为土地缺乏而担忧，我们忘记了面积大小只不过是土地的诸多特性之一，忘记了土地生产产品或提供劳务的那种能力在很大程度上是不以土地面积为转移的。忽视了土地经济学的这一方面的地产商人，对于将来的土地需要情况或许会做出错误的预测。上面所列举的那些原理在很多方面是既适用于市地，也适用于农地的。

把 1920 年的国情普查所揭示的那些土地利用的变化情况略加考察，就可以弄清楚这一点。由于世界大战和它的经济影响，1910—1920 年这十个年头是没有代表性的，或者说是不正常的，但这却增加了我们正在讨论的目前局势的重要性。在那个时期，粮食的需求是很大的；那时粮食在美国人民心目中的地位也是从来没有过的。在做国情普查的那个时候，人们还未曾觉察到农业破产的到来。



当我们考虑这种粮食的非常需要时，我们总是期待耕地面积的增加。然而，密西西比河以东的每一个州，除了威斯康星、密歇根和佛罗里达之外，却都发生了农场土地减少的现象。其减少的原
61 因，部分由于城市、公路、避暑房舍用地和矿山与油田的开发侵占了农地。有的农场被废弃了，因为缺乏劳动力和其他临时性的原因。更具有长期性和更为重要的一个原因是把东部农地完全改植森林和矮林。据统计，每年砍伐林木后所清理出来的上百万英亩的土地，大约正好抵消每年因改植森林所放弃的农场土地面积。[①]

① 格里利等："林木：是属于采伐性的还是抚育性的？"，《美国农业部 1922 年年鉴》，第 88 页。

在那个十年期间，全国农地增加了百分之八点八，东部损失的农地已由西部半干燥地带各州农场中所增加的面积所弥补，西部的农场固然很大，但每个农场的改良土地的数量却很小。

**改良地**比**农场土地**更重要。按照美国国情普查的解释，改良地包括“一切经常定期耕种或刈草的土地，清理过或耕耘过的放牧地，休耕土地，花园、果园、葡萄园、苗圃的土地，以及农场房屋所占用的土地”[①]。改良地亩数比1910年增加了百分之五点一，多半是在大湖区和南部诸州，在那些州，清理和开垦的工作正在进行，而且新的农场也有了增加。再有值得注意的是，“玉米地带”以及实际上整个东部的改良地面积，在1920年以前的十年中已经减少了。

农场中的林地的重要性已普遍降低，它只是在那些正在开拓新的农场的州里才有所增加。

除了提供改良地和林地的英亩数外，美国第十四次国情普查表 62
还提供了未改良地（最低级的利用形式）的数字。由于农民经常提高或改良他的农场的利用，这种未改良的土地面积也像林地那样照理是应该逐渐减少的。但是在美国全国农场中只有十个州的未改良地面积减少了。凡是新的农场有所增加的地方，未改良地当然也有增加，而这种增加大部分是在西部。在东部的若干州里，其农场中的未改良地的减少是由于完全废弃农场的普遍运动的部分结果。最为重要的是，在农场面积减少的十二个州里，这种最低级形式的土地利用反而有所增加。就整个国家来说，农场中的未改良地在1910—1920年间增加了百分之三十六。



---

① 《美国第十四次国情普查》，1920年，第6卷，第2编，第14页。

尽管发生了这一切的变化，生产却没有减少；事实上，目前我国正苦于农产品和其他产品之间的生产失衡的现象。比上面所指出的一切变化更为重要的一个事实是，**谷物土地面积**在美国已经普遍地增加了，改良过的放牧地和休耕地已翻耕和播种了。换言之，农民对他们比较肥沃的土地已经加以更为集约的利用，而对土质较劣土地的集约利用的程度则差得多。自从战事发生以来，不少土地已恢复它们旧有的用途。

在这里应当注意的一个有意义的事实是：不增加农场土地也能增加生产。我们能够利用已经在农场中的未改良地和林地来增加改良地的面积而不致增加太多固定费用，我们也能够更有利地使用改良地。

63 目前的土地市场供过于求。近来，几乎没有哪个州不推行鼓励移民的政策和牺牲其纳税人利益的推销其农业用地的政策。此外，还有铁路公司、商会、地产商人和其他私人商行也大登广告，希图招徕移民在各个闲空地定居。据估计，有上百万英亩新近排了水的土地、开垦出来的土地和有水利灌溉的土地已过早地准备好了，只待人去耕种，且不说那些日益增加的森林砍伐后的迹地。

*增加土地经济供应的方法*。扩大土地产出物的供应，大概有四种方法：(1)新开辟的自然资源的投入使用。这个方法叫作土地利用的扩张。(2)在现在使用的土地上增加劳动力和资本，这个方法叫作土地利用的集约化。(3)可用更有效的设计来消除某些妨害现有土地的充分利用的障碍，这个方法叫作土地的经济利用。(4)最后，还有消极的控制消费的方法，使人们所需要的限于土地最容易

生产的东西。[①]

1. 世界上未开发的自然资源可分为四大地区：热带、温带中目前运输未达的地区、北极和海洋。热带包括地球面积的一半左右，其中未开发的自然资源极为丰富。热带能供养大量人口，这可由以下的例子看出：波多黎各每平方英里的人口是三百人；古巴只有百 64
分之三的土地是已耕地，但它供养的人口将近三百万；爪哇只比路易斯安那州稍大一点，但它供养的人口是三千三百万。诚然，热带的天气和那些病症，白种人是吃不消的，但这不一定就会阻挠热带资源的开发，如果黑种人、棕种人和黄种人与白种人合作的话。

在温带，有待开发的面积很广。首先，必须满足两个条件，然后才能有利地利用这些资源。第一个条件是矿产品和粮食价格的提高。这些未开发的土地大都需要排水、灌溉或开垦，然后才能用于生产。排水和灌溉工作的费用很大，因此，这种土地的产品的价格必须提高，然后从这种土地的更大比例的利用中所获得的收入才足够补偿费用。

第二个条件是运输便利。在加拿大西部，农民的马和车的实际载运限度是三十英里，而在这个限度以外的土地是很肥沃的。还有一个显著的例子是西伯利亚铁路使横贯亚洲的宽约五十到一百英里的极大一片土地可供农业利用。其余的土地，在商业上则仍是无价值的，虽然在物质上有很多是富饶的。当矿产品和粮食的价格提高到足以补偿开发运输工具的费用时，这些未开发的资源就有被利

① 关于用改进消费来增加土地经济供应的那些办法的讨论，可参看已故帕顿教授的各种著作，特别是《财富的消费》（宾夕法尼亚大学，1889 年出版）一书和《经济学理论文章》[ 克诺夫（Knopf）出版社，1924 年 ] 里面的第一篇文章。

用的价值。

另外一个具有很大粮食供应潜力的地带似乎就是北极地带。前不久有一个探险家告诉我们说，那个地方并不尽是“冰山”和冻结了的不毛之地，而是一个有很多草木可作为庞大的驯鹿群的食物
65 的地带。他认为这些驯鹿和寒带的其他动物是人类未来的食物的一个巨大来源。[①]

把鱼类当作食物来利用，是具有很大的发展的可能性的。就海洋内可以利用的食物资源而论，海洋几乎未受触动。美国渔业委员会和各州的鱼类孵化所的工作是走向增加海产食物供应的一个步骤，是走向培养对各种新的鱼类以及其他海产的重视的一个步骤，是走向设计攫取这些海产的新方法的一个步骤。

2. 更加丰富的供应的第二个来源是更好地利用现在正在利用的资源。据估计，如果把我们的大宗农作物的平均产量提高到可能达到的而又不需要有关因素发生剧烈变化的标准的话，那么，只要二亿零五百万英亩土地就够种植现在需要二亿九千九百万英亩土地才能种植的农作物。这就需要因地制宜地选种作物，并要求更多的轮种、更好的耕作和合理的施肥。在农地、矿山和市地方面的资源浪费都是很大的。依照上面指出的方法不仅在同样面积土地上可以增加农产品，而且，通过改进机器和细心地保护矿藏，还可以使采矿方法更加有效。在市区的范围以内，有很多地皮都空闲着未加利用，因为土地所有者在等待城市发展到相当程度，以便产出对他们的土地的需要。不少这样的空闲地，像在大战期间那样，可以



① 斯蒂芬森(Vilhjalmur Stefansson):《可爱的北极》,麦克米伦出版公司,1921 年。

用来做菜园，那时，据估计比平时增产了价值五亿二千五百万美元的粮食产品。这些只不过是少数例证，说明有许多更集约地利用现在正在利用的资源的方法。但我们可以从中得出一条定理：**当土地** 66 **的产品价值上涨到足够抵偿所增加的费用的时候，许多农场范围以内尚未利用的土地将被用于耕作，其已经利用的土地将要更加集约地耕作**。同一定理也适用于矿地的产品和市地的劳务。

3. 与改进现有土地的利用密切相关的，是消除妨害使它得到充分利用的那些障碍。其中最主要的就是运输的缺乏。有些生产性的资源缺少同市场联系起来的适当运输条件。有的地方的运费是那样地高，使得充分利用土地无利可图；另有些土地并不完全适合生产，不过它们由于运输便利反而被利用了。同运输问题有联系的另一问题是粮食产品的合理分配。一种粮食并不因为它被生产出来了就完事大吉，必须一直把它送到消费者的饭桌上才算支尽全功，并且，在它到达消费者的过程中，如果发生任何阻滞、浪费或者损毁的事情，其影响之大就同生产那种粮食的土地减少了一般无二。运输迟缓、载运易腐食物的车辆缺少冷藏设备、生产者对市场的消息不灵通，凡此种种都表明销售系统存在缺陷，足以助长粮食分配的失当。

妨害土地的充分利用的，还有社会的障碍。土耳其和巴尔干半岛各国都具有很大的土地利用的潜力，这些潜力的利用，可能随着法律和秩序的建立而实现。即使在美国，偷窃城市郊区的水果、蔬菜和家禽的事件已导致郊区的许多农民和住户不能充分地利用他 67 们的土地。愚昧无知和不良的风俗也是目前正在逐渐加以克服的一些障碍。通过科学家、试验站和农科院校的工作，农业技术的改

进正在推广。土壤化学家、机器发明者和经济学家也发现了在目前利用的土地上增加生产和降低成本的许多方法。这些新的思想在生产者当中已开始得到某种程度的传播，但是这些思想遭到风俗顽强反抗的例子也未免太多了。那些抱住“凡是对我父亲和祖父足够好的东西，对我也是足够好的”这种保守哲学死不放手的人，实在多得惊人。

4. 最后，调整人类消费使其适应土地最宜于生产的东西，也能够增加自然资源。在这方面，在我们的家政学校中，对营养所做的科学研究是值得注意的。强调均衡的食谱，强调某些产品的营养价值，重视某些新的、比较价廉的食物的试验，是走向这方面的一些步骤。习惯和风俗以及贪图社会威望是对这方面的进展的最大障碍。不断地加强教育，大大有助于消除这些障碍，同时，使用州的课税权力，可以大大控制消费，有助于把消费纳入轨道，以便为日益增加的人口有效地增加一切可以利用的自然资源。

闲置土地的问题。美国的大量未利用的土地资源，将来应如何处置，确是一个困难问题。还有，要为现在利用中而无利可图的土地找出最适宜的用途，也是一个问题。美国的土地并不都是百分之百地在有效地利用着。东部的农地有的现正回复到矮林和森林——
68 它的合理用途。还有些排过水的、开垦出来的、有水利灌溉的土地将被迫闲置，要等到情况好转、有利可图时方能利用。

但是现在大部分的闲置土地就是那些森林砍伐以后所留下来的迹地。由于销售的缘故，木材采伐的进度是那么快，以致这种土地的面积每年增加五百万英亩，等于每天增加一万六千六百英亩。其中有的是富于潜力的，但垦殖的速度比较缓慢。根据现有的最好的判断，目前的农业已经面临一个生产过剩的时期。同时，每一个观察家都指出，一次严重的木材和林产品荒，将很快到来。一个看起来很简单，却似乎不可能实现的迫切问题，就是把所有的特别适宜于森林和不适宜于高级使用的土地一律重新用来培植森林，而把那些尚未准备做农地使用的土地暂时用来复植林木。森林砍伐后所留下来的迹地是多种多样的：有的土壤极其优良，清理就绪就可以供农业使用；也有的在目前不值得加以开垦，排水和“清除障碍”等工作，要等到农作物的价格上涨到足以保证这些费用不致亏损的时候才去进行。土地的真正合理的按比例利用，要依林产品和农产品的相对利润大小来做出决定。

娱乐土地的问题。由于都市的扩大、机动车辆的发展和生活标准的提高，用于娱乐的土地的需求日渐增加。满足这个需求，对于那些大片空地，或者，已经利用但无钱可赚的土地，可能是一个解决的途径。对于这一点目前已有某种程度的进展。

在新英格兰，有很多废弃了的农场，其中一部分已重新培植次生林，已经有人买去作为避暑别墅基地之用。事实上，把空地或利 69
用不当的土地转变成一个娱乐的中心区，在整个新英格兰都有这个趋势。公共林地也越来越多地被作为娱乐场所之用。有人提议，把威斯康星州的霍里康沼泽地改为一个联邦猎场，那块地的面积是五万英亩，人们曾经做了种种的努力想把它开垦出来，但迄今尚未成功。一个相反的趋势表现在数年前有人在坎卡基河的沼泽地带修筑排水工程。那些沼泽地带曾一度是很好的狩猎地，但现在在那里只生产一些次等的农作物。这是一个利用土地不当的例子。

不过我们所急需的是公共的而不是私人的娱乐土地。城市里喜欢打猎的人们和其他爱好娱乐的人们，当他们坐着汽车闯入乡间、东驰西骋的时候，是会受到农民的诅咒的，因为他们当中有些人对于乡间的财产和美景漫不在意，为所欲为，这便迫使农民更加坚持他们的产权不肯放弃。但是公共的娱乐场地则可以为了公共的利益而加以控制和管理。国家级、州级和市级公园就是这种趋势的例子。

在城市里，对娱乐场地的需要也同样是很迫切的。许多市区的高尔夫球场、网球场和供游览的公园已经建立起来了，而且它们大多数——如果不是全部的话——都是很拥挤的。公共的娱乐场地使一般的收入较少的人都能满足他们爱好娱乐的本能和户外生活的愿望。

土地利用和公共政策。按照比例更好地分配土地的各种用途，这显然是一个将来的实际问题。这个问题的经济的解决，不单会增加地产的价值和为土地所有者个人开辟更有利的生财之道，而且它也有助于实现那些使土地的某种用途合理化的社会目标。

70

## 小　　结

随着表现在价格变动上的人类需要的变动，土地从一种用途转变到另一种用途。物价的变动使土地的利用得到合理的按比例分配。不过土地的利用是要受到若干限制的：(1)自然限制，这主要是由温度、降水、地形和肥力所导致；(2)经济限制，这是由土地的用途不同以及运费的差别所引起的利润差异的后果；(3)社会限制，这是由人口的密度、生产与消费习惯或风俗所导致的结果。说明目前土地利用的现状和将来可能的利用状况的那些图指出了对土地利用可能做出的改变，以便在需要时可以增加生产。增加土地的经济供应有四种方法：(1)利用从前未利用过的土地——主要是在热带，在现有的运输未达的温带地区，在北极地区和在海洋里；(2)对现在已经利用的土地增加投资与劳动力；(3)消除妨害现已利用的土地的充分利用的那些障碍；(4)控制消费，使人民所需要的也就是土地最宜于生产的产品。对于目前闲置土地的用途应如何选择乃是一个迫切的问题；在某些情况下，解决这个问题的一种方法是把这种土地作为娱乐之用，特别是公共娱乐场所方面的使用。按照比例更好地分配土地的各种用途，乃是一个经济问题，这一问题的解决，无论对个人或社会的福利都很重要。

# 第六章　市地的利用

一个普通的城市居民，或许一直要等到他在为自己的车寻找一
71 个停车位，以便他可以步行到一个铺子里去买东西的时候，才想得起眼前的土地问题来。那时，他感到要找一个停车位的困难，继而又感到要找一个散步的地方也不容易，然后这个城市居民才开始认识到，最尖锐的土地问题莫过于为城市人口提供容身之地。这个认识可以说有一部分是正确的，但也只有一部分，因为城市人口要靠农地、林地和矿地的产品来养活他们，这也是同样重要的一个问题。市地经济学本身是一个课题，但又不是一个孤立的课题，因为市地利用的问题不能够完全脱离其他类型土地的利用问题。

很奇怪，一些土地问题学者对于市地经济学似乎比较忽视，这无疑是由于他们把各种不同的土地都列为一类，而把农业土地作为这一类土地的典型来看待的这种倾向所造成的。假使我们只凭 学者们对市地的看法来判断它的重要性的话，那么，它在土地经济学中所占的地位就是次要的，但这是和现代社会中都市土地的真正地位不相称的。

**现代文明社会中市地的重要性。**我们当中有多少人考虑过，居住中心从乡间转移到城市的影响是什么吗？当城市的居民自豪地
72 指出他们那个城里最近的人口数字时，当各商会生动地叙述每一

个城市的远景来鼓励它进一步的发展时，试问他们知不知道要找个容身之地的重重困难呢？美国已经把五千四百万人集中在一千万英亩的土地上。换言之，半数以上的人口都挤在占全部土地面积一百九十分之一的都市里。这意味着什么？

一方面，这意味着美国已不复是一个以乡村为特色的国家。从表 4 中可以看出城市人口已超过乡村人口，而且它在公共生活中的影响也相应地扩大了：

表 4

1880—1920 年间每十年城市与乡村人口对照表①

| 年份 | 城市人口 | 乡村人口 | 占人口总数的 % | |
|---|---|---|---|---|
| | | | 城市人口 | 乡村人口 |
| 1880 | 14,358,167 | 35,797,616 | 28.6 | 71.4 |
| 1890 | 22,298,359 | 40,649,355 | 35.4 | 64.6 |
| 1900 | 30,380,433 | 45,614,142 | 40.0 | 60.0 |
| 1910 | 42,166,120 | 49,806,146 | 45.8 | 54.2 |
| 1920 | 54,304,603 | 51,406,017 | 51.4 | 48.6 |

另一方面，这意味着庞大的财产价值都集中在城市里。关于土地的估价，有一个历时已久的粗略的并不经常准确的规律，那就是人口最稠密处地价也最高。美国的全部财富中几乎有一半是城乡不动产。城市不动产的价值估计是八百四十亿美元。农村的是六百亿美元。而各种财富的总和是二千九百四十亿美元。② 73

① 《美国第十四次国情普查》，1920 年，第 1 卷，第 43 页。一切聚居地区（以及在马萨诸塞、罗得岛和新罕布什尔的一切城镇），居民在二千五百人以上者都算是城市，其余的则算是乡村。

② 金（W. T. King）："美国储蓄的净量"，《美国统计学会杂志》，1922 年 9 月，第 322 页。

还有，城市是制造业的中心。由于在社会的全部劳动力中，用在制造业方面的那一部分逐渐增加，乡村的过剩人口就被吸引到城市的劳动力供应中来。同时，城市也是金融、商业和居住中心。

*市地与农地的关系。*城市人口比乡村人口多也加重了城市人口对农地、林地和矿山产品的依赖性，这种依赖性有两个方面。第一，城市是乡村的市场。城市不能自给，它们不能生产自己的粮食，种植自己的林木或开采自己的矿产。这就是农民的机会。他们在城市居民中找到他们产品的逐渐扩大的销路。第二，城市要靠乡村供给粮食和原料，这就使商品的分配和在那种分配中的运输因素更加重要。任何一个相当大的城市一旦同乡村断绝交通，则仅在短短的几天之内就会出现粮食缺乏和与之俱来的真正的物质上的困苦。这是常被大雪所封锁的纽约市最了解不过的一件事。愈近城市农地价值就愈上涨的那种趋势反映了运输的重要性。农民离市场越近，他花的运费就越少，并且，如果其他情况相同的话，他的农场获利的机会也就越大。简单来说，土地价值就是获利能力的资本化。那么，通过运费的减少使利用某块土地的利润增加，
74 自然会引起那块土地的价值上涨，并且也许会引起其他土地的价值下跌。

就地理和经济两方面来讲，市地要依靠农地。城市面积的扩张，须取之于农地。由于人口的愈益集中以及城市的日益发达，对土地的需要也有了增加。有两种方法可以满足这个日益增加的需要：扩充市地的面积，或者在同一块土地上把建筑物加高。一个正在发展的城市首先是把它的面积从市中心向市外农业地区扩展。同时，市中心区的土地变得对商业更有利，因而也更值钱。在这个

发展阶段，新来者就得做出选择：是出高价买进离市中心区很近的土地，还是出较低的价格买进离市中心区较远因而也就要忍受不方便的土地。当距离远比高地价相对更易让人接受时，城市的边缘就会继续推进到更远的农业地区去。像这样波浪式地持续发展下去，农地就变成了市地，而在市中心区的建筑物也造得越来越高了。因此，农地是市地的潜在来源。

在一种意义上，农地虽然是市地的补充，但在另一方面，两者的利用又是互相竞争的。一般说来，适于市用的土地并不完全都适于农用。当然，这种说法是有例外的。建造房屋的土地通常是很肥沃、能够生产农作物的，但是由于其他用途的需要，它的价格被抬得很高，如果用作农地是不划算的。在市区里我们每每看见有种蔬菜的园地，但我们很难把这说成是严格的农业利用，除非是为了牟利而把它的产品当作商品去出售。我们间或也会看见在市区里有
种商品蔬菜的园地，但在大多数情况下，这些都是多年存在的菜园 75
农场，城市就是围绕着它们而成长起来的。有时，也有按照城市的规格，事先把土地分成区段，准备供应城市将来发展的需要，但后来由于所预期的发展没有实现，那块土地就又恢复了原来的农业利用。农地利用和市地利用起着互相竞争的作用，这大概是正确的，原因是市地的价格高，把它当作农地来利用，成本未免过高，殊不合算。

*市地的特点*。市地的第一个特点就是它的位置的极端重要性。做生意的人在商业区寻觅办公地址的时候，就懂得这一点。的确，位置也是决定农地价值的要素之一，但对于市地来说，它是一个首要的要素。有时，相隔两三英里远的两块农地，其价值的大小是没

有多大差别的；而市地哪怕只相隔几百英尺，临街地皮的价值就有五百美元一英尺的差别。事实上，位置是市地的租金和价值的关键。经过街道转角的人要比经过该街区中心的人多一倍，因此，在前者地皮上的商店比在后者地皮上的商店的顾客也可能多一倍。两者之间的价值关系，已经在一些百分比图表里算出来了。例如，按照克利夫兰的计算表，如果边街的位置和主街的位置价值相等的话，那么一块转角地皮比主街里边的地皮要贵百分之七十二。

位置的优越反映在市地的高价里。近来有人说，芝加哥商业闹
76 市有一家大宾馆租下了与它的现址连界的一块99×90英尺的地皮，租期为九十九年。全部租金为六百二十一万六千美元，平均每年租金六万二千七百八十七美元。按百分之五年率计算（资本化），这块地的出租价值就是一百二十五万五千七百五十七美元，或者说，出租价值是一万二千五百五十七美元一英尺。[1]一个闹市区，其每英尺地皮的价值等于艾奥瓦州六十英亩普通农地的价值。

地价腾贵的第一个后果是，人们不得不高度集约利用土地。那个芝加哥宾馆所租的那块地，如果作为农地或者作为住宅或工厂使用，都不可能有什么钱赚。要应付庞大的支出，就得有一笔巨大的总收入，而这样大的总收入只有从类如办公大楼、商店或宾馆的集中性用途中才能得到。

第二，面积对市地比对农地所起的限制作用要小得多。一个农场范围日渐扩大，有效的管理就日益困难。结果到了一点，农场的

① 《芝加哥论坛报》，1923年10月10日。

面积太大成为限制管理的因素。如果是市地，就没有这种趋势，因为较小的面积往往就需大笔金钱的投资。例如，管理纽约市价值一亿美元的地产比管理价值一百万美元的农业地产还要容易。这显然是由于一笔钱所能买到的市地面积比农地面积小得多，因而也容易管理得多。

市地的第三个特点是它对交通运输的依赖性，因为交通运输不
但可以引发人员的拥塞，而且也可以减少人员的拥塞。纽约市的脊 77
柱就是一排循着第一条地铁线路而建的那些摩天大楼。甚至有人说，如果不是为了满足人口稠密地区的需要，根本就不会建造这条地铁。地铁造好之后，较高的大楼马上就利市三倍。在这里有一个恶性循环，如果不加控制，其结果就可能在纽约市的金融区看出，在那里各家公司下班的时间必须错开，以免在一天的工作完毕时，成千上万的人一涌而出把那些狭窄的街道都挤满了。对于市地价值所做的种种研究证明，同电车或公共汽车线路相隔三四个街区的距离是一个非常重要的因素；但在乡村，同电车或长途汽车相距同样的距离是不大重要的。

市地的第四个特点是市地利用的固定性。一座现代化的办公大楼可以用四十到六十年，在这一期间，要想改变地皮的现在用途从而损毁楼房的效用，由于费用庞大，事实上是办不到的。把一座住房改成商店自然比较容易而且花费较少，然而即使这样，人们还是时常发现一些旧的、建筑得好的、还可以当住宅用许多年的房屋依然存在，尽管它们四周的环境都已有所改变。而一个农民每隔两三年就可以改变他的土地的利用，如果他的土地适合于新的用途，并且他有钱废弃旧机器并购买适合于新用途的机器的话。

第五个特点是市地本身的价值很容易跟它上面建筑设施的价
78 值分别开来。在农场，其房屋、围墙以及类似这种设施的价值是包括在农场的价值里面的。还有施到土壤里的肥料和其他化学药品，它们已和土地混合在一起，不能分开。没有这些东西，它就不成为农场，只不过是一块荒地而已。然而在城市里，建筑物和地皮的价值往往是分开来讲的，这就便于把对某一种标的征税的影响分开，在讨论课税的那一章里，就可以看到这一点。[①]

市地地址的选择。市地地址的选择是试图把土地的市用和其他用途分别开来的第一个行动。我们浏览一下城市的历史，就会发现人们把城市建立在它们现在的地址上的原因，而这些原因又转而跟目前的地产业务发生关系。

在远古时代，选择城市地点的首要动机是为了得到保护。在群居的人们想要最妥善地保护自己免受野兽或敌对部族侵害的时候，他们就会建立起一个城镇。直到人类开始有了最早的记载时，又发现城镇大都位于王宫和神庙的周围。毫无疑问，得到保护是一个首要的动机，但其中还有其他的原因。神庙是宗教活动的中心，而王宫又是社会、政治和经济活动的中心。

古时希腊的城镇就是商人聚集的地方；哪里最容易得到商业上的利益，他们就在哪里形成城镇。这些商业城镇的地点是在优良的海港的沿岸，或者通向内地的商旅路线的交叉点上。随着宗教和政治动机的减退，商业动机变得越来越重要——虽然自卫的
79 动机仍旧是一个重要的因素。在那个时期，其他的城镇则在农产

① 参见本书第十五章。

中心区建立起来，它们可以叫作农业城镇，以区别于商业城镇。开拓殖民地也是许多城镇出现的原因。中世纪的城镇的起源也与商业和自卫动机有关。

美国城市不像欧洲城市那样有悠久的历史。因此，影响它们选址的动机中并不包含传统这一因素。除了以上所举的因素之外，还有两股力量使大多数的城市坐落在它们的现址上。这些力量可以称为商业的和工业的力量。在早期美国，像在古时的希腊那样，商业的力量起了很大作用。所有的城市都是建在旅行或运输的自然路线的关键地点上——沿河两岸、旧的军事要地以及两个运输路线的交叉点。铁路出现时，城市就沿着它的两旁建立起来。在铁路出现以前，芝加哥、底特律、辛辛那提和圣路易斯早就沿着那些旅行路线出现了。

美国城市的后期发展大概要归因于工业的因素。印第安纳州的加里就是这种种因素的一个很好的例子。这个地址是由炼钢业的人们挑选出来的，因为它接近原材料的来源地——产铁的密歇根和明尼苏达与产煤的俄亥俄、印第安纳和伊利诺伊。这个城市是工
厂主建立起来的。越来越多的趋势是，工厂主们从大城市迁到小村 80
镇，这些村镇由于受到这样的刺激而逐渐成长到同城市一样大小。这种情况在下述例子里特别明显：在纽约市工会所主持的历时六月之久的一次罢工之后，该市男子成衣厂迁走了。这些工厂搬到新泽西州的某些小村落去，有的又搬到哈德孙河地区，以避免劳工纠纷。纽约市的劳工可能数量较少，或者工资较高，或者是高度有组织且好斗争的；所有这一切的力量都趋向于把工厂主排挤出这个城市。地价和地方税的高昂，也趋向于迫使工业迁到小村子里去，那

些小村子最后也可能发展成城市。这些只是可以援引的许多例子中的两个例子，说明在城市选址和城市发展过程中，工业因素所起的作用。

除了商业和工业的动机而外，还有其他导致建立城市的原因（例如政治因素）。由于美国本身的发展是从一个海岸到另一个海岸的扩张，其自卫的重要性比较少，而商业、工业、农业和政治则有更重要的影响。

*受到制造业影响的城市成长。*由于制造业是现代美国城市成长的主要因素，我们不妨在这里指出城市的几种吸引制造企业的特点。这些特点就是：(1)能以较低成本收集原料；(2)有大量的劳动力供应；(3)能以合理的价格得到电力供应；(4)能够获得有弹性的信贷供应以渡过季节性和长期性的难关；(5)地租公平，税率合理；(6)运输便利，便于产品的分配。这些因素不但影响到对总的地区的选择，例如新英格兰各州，或者中西部各州，而且也影响到对某
81 一城区范围以内的某一厂址的选择。总的说来，又好又便宜的运输是最理想的条件，但地价贱、税率低也变得越来越重要，这一点可从把一般的新工厂刚好设置在大城市的外围或小村镇里这种日益增长的趋势中看出。

我们还可以看出：由于各种不同的原因，某些城市趋向于专门从事某些制造行业。例如，由于传统的或者首创的缘故，新英格兰成了纺织业的中心区；特殊的劳工条件使新泽西州和宾夕法尼亚州的丝织业中心区出现在它现在所处的位置；由于接近原料产地的缘故，西部的中部地区成了罐头业的中心区；贴近广大的消费群众，包括出口的便利在内，可以说明一般东部城市的工业性质。这一切

原因都有助于美国现代工业城市的发展。

市地的分类。市地的分类对于规划其用途是很重要的。其实分类乃是城市区划法令的核心，而且私人业主或者地产商人都是在这些法令所规定的范围以内做出自己的计划的。同样，分类也是地产商人买卖土地的基础。一般人都习惯于只想到商业的、制造业的和居住的这三类土地，忽视了土地的公共用途和市区内的水域。下面所拟议的分类，比市政规划局所使用的分类要全面些：

I. 已利用的土地；

1. 陆域。

a. 公用：(1)娱乐用地。

(2)交通运输用地。

(3)市政公用事业用地。

b. 半公用，即学校、教堂、私有市内铁路、医院等用地。 82



c. 私用：(1)商业。(a)批发区。

(b)零售区。

(2)制造业。(a)重工业区。

(b)轻工业区。

(3)住宅。(a)独家住宅区。

(b)一宅两户住区。

(c)公寓区。

(d)公寓旅馆区。

(e)平房区。

2. 水域。

a. 公用：公园、港口等。

b. 私用：水力。

II. 未利用的土地。

1. 公有。

2. 私有。

还有其他的分类有时也是有用的。人们往往把土地说成是市地和郊区地（或重划地）。不过这种分类只特别适用于较大的城市，它是市地的进一步细分。也时常有人把土地说成是汽车行驶区、戏院区或金融区。这种分类在经济分析中是有用的，并且，在必要时可以附加地作为商业区域的一个细分。

市地的各种不同用途的分配。调查市地资源所发现的若干事实，各大城市是很少注意的。市政官员和市民关于该市如何使用他们的市地，特别缺乏好奇心，这只能被解释为他们没有了解这种
83 调查的重大意义。随着市地区划法令和城市规划的发展，这种调查的重要性已越来越得到公认。然而，即使在目前，尽管多数大城市已经得到了规划，但有关市地利用情况的基本资料却很少被收集起来。土地经济学与公用事业研究院近来发出了有关市地利用的调查表，对于这些问题，就拿美国的七十个最大的城市来说，其中也只有极少数的城市能够向该院详细报告出未利用的土地的数量。

下面三个表（见表 5、表 6、表 7）所列举的是在明尼阿波利斯、旧金山和俄勒冈州的波特兰三个大城市所进行的调查的结果，主要是用以指出在对城市做出规划之前应做些什么，而不在于对市地利用做一个一般的描述：

表 5　旧金山市的市地利用，1922 年[①]

| 种　　类 | 面积（英亩） | 占总面积的 % |
|---|---|---|
| 市地总面积 | 27,000 | 100.00 |
| 公用土地 | 9,470 | 35.07 |
| 　街和巷 | 6,020 | 22.29 |
| 　公园 | 1,660 | 6.15 |
| 　其他公用地 | 1,790 | 6.63 |
| 私有地和私用地 | 17,530 | 64.93 |
| 　未改良地 | 7,200 | 26.67 |
| 　改良地 | 10,330 | 38.26 |
| 　　住宅 | 8,830 | 32.70 |
| 　　商业 | 900 | 3.33 |
| 　　工业 | 600 | 2.23 |

这个表未把该市的水域面积列入，而这在某些场合是很重要的。

表 6　俄勒冈州波特兰市的市地利用，1923 年[②]

| 种　　类 | 面积（英亩） | 总面积（英亩） | 占总面积的 % | 84 |
|---|---|---|---|---|
| 全市总面积 | | 42,617.60 | 100.00 | |
| 　陆地面积 | 40,441.60 | | 94.9 | |
| 　水域面积 | 2,176.00 | | 5.1 | |
| 公用土地面积 | | 10,166.94 | 23.80 | |
| 　街巷 | 8,400.84 | | 19.71 | |
| 　公园 | 1,119.81 | | 2.60 | |
| 　水务局 | 164.75 | | 0.386 | |

① 对土地经济学与公用事业研究院提出的调查表的答复。

② 同上。

续表

| 种　　类 | 面积(英亩) | 总面积(英亩) | 占总面积的 % |
|---|---|---|---|
| 波特兰市 | 20.14 | | 0.047 |
| 摩尔特诺马县 | 5.73 | | 0.013 |
| 公用码头 | 189.00 | | 0.443 |
| 公立学校 | 266.67 | | 0.625 |
| 私用土地面积 | | 32,450.66 | 76.1 |
| 未改良地 | 9,735.20 | | 22.8 |
| 改良地 | 22,715.46 | | 53.3 |
| 住宅用地 | 17,036.60 | | 40.0 |
| 商业用地 | 2,271.54 | | 5.3 |
| 工业用地 | 3,407.32 | | 8.0 |

根据明尼阿波利斯市政设计委员会的报告，该市土地利用的分配如下：

表 7　明尼苏达州明尼阿波利斯市的市地利用，1923 年[①]

| 种　　类 | 面积(英亩) | | 占总面积的 % |
|---|---|---|---|
| | 分类面积 | 总面积 | |
| 全市总面积 | | 34,106 | 100.00 |
| 公用土地面积 | | 10,995 | 32.3 |
| 学校 | 368 | | 1.1 |
| 公园 | 3,715 | | 10.9 |
| 街巷 | 6,912 | | 20.3 |
| 私用土地面积 | | 15,314 | 44.9 |
| 住宅 | 12,395 | | 36.2 |
| 独家住宅 | 11,593 | | 33.9 |
| 一宅两户 | 524 | | 1.5 |

① 前引书第 95 页。

续表

| 种　　类 | 面积 | | 占总面积的 % |
|---|---|---|---|
| | 分类面积 | 总面积 | |
| 四层分住 | 151 | | 0.43 |
| 公寓 | 127 | | 0.37 |
| 商业区 | 491 | | 1.6 |
| 工业区 | 2,428 | | 7.1 |
| 轻工业 | 478 | | 1.4 |
| 重工业 | 1,950 | | 5.7 |
| 未利用土地 | | 7,797 | 22.8 |
| 空地 | 6,077 | | 17.8 |
| 待用地 | 1,720 | | 5.0 |

当然，总面积的分配比例，城市与城市之间是各不相同的，并 85
且，在做出更多的调查之前，任何关于市地利用的叙述都是不全面的。不过有意义的是从以上三个表中，可以看出街道所占的市地面积都很接近百分之二十。这些百分比只不过是近似的数字，可能随着陆续的调查而有所变更。许多城市的公地面积都达到总面积的三分之一。关于住宅用地面积和工商业用地面积两者之间的关系，此刻尚不能够多谈。在俄勒冈州的波特兰市，工商业用地面积为住宅用地面积的三分之一；在明尼阿波利斯市，则不到四分之一；而在旧金山市则只有六分之一。当然，这种比例关系要依房屋是一家独住、两家合住或者几家共住的人口比例而有所差别。

市区的自然区划。由于城市是在没有区划法令或者没有全面市政规划的情况下发展起来的，因此我们从中可以看出某些地区有专门用于某些用途的趋势。我们把这种过程称为自然区划，以别于按照某一公共政策由公共机构控制的那种区划。例如，某个城市的

高地往往容易吸引人们把它用来建造住宅，低地则用来建造工厂。良好的运输条件往往把一些工厂吸引到城市的某一部分去。凡是交通路线互相交错的地方，贸易企业就会应运而生。批发商号，为了顾客的方便起见，往往依照各自经营的商品分别集中在某一个地区。

一个城市中市地某些用途自然地集合到该市某一个或某几个区域，完全是出于私人自发的举动。由于市政官员缺乏区划法令或城市规划规定所赋予的权力，因此他们在这种发展中所起的作用是
86 微不足道的。地产商人为了开发他们地产所制订的计划和铁路公司对于市内电车路线或货车停车场位置所做出的决定，可能使自然区划受到某种程度的影响。毫无疑问，还有其他有力的因素，但就全体而论，这种区划是没有受到任何统一的或全面的社会控制的。

**市地利用的社会控制。**放任一个城市“自然发展”所引起的不良后果，是市地利用需要社会控制的最好不过的证明。想从私人财产所有权中追求利润的没有节制的愿望，每每使人目光短浅。例如，城市土地所有者总是想把他们的地皮使用到建筑法令所规定的最大限度，但到十五或二十年后，他们才发现他们没有为光线和空气留出足够的空间，归根到底，你在一块地皮上把建筑物挤得满满的，而同时假如你的邻居也如法炮制，这就是一件不合算的事。其结果就是像纽约市异常拥挤的那些地区一样，到处都挤满了人。在这些地区里现正开始增设小型公园，但这笔费用极大而且工作进行得也很缓慢。

工厂生产发展方向的影响，提供了另外一个自然发展的后果的生动例证。我们不知道看见了多少次，精美的老住宅被扰人的工

厂煤烟所熏黑！在那些正在迅速发展的工业市镇里，曾经作为那个市镇的开拓者的宅第的那些豪华而高价的房子现在贬值了，在它们的周围建立起许多廉价的房屋或工厂。没有一个晓事的人会希望这种情况能被完全消除，因为，如果那个市镇真的想要获得发展的话，那就难免要牺牲某些区域；但是，假使对城市发展早就加以控制，则这些损失掉的价值的一部分是可以避免的。归根到底，把这 87
种发展放在追求利润的个人手里而不加以限制，是不合算的，因为在发展初期，他们为巨额利润打算的诱惑力是很大的，而到了以后的年份里，这种打算的结果就有造成一种不应有的贬值速度过快的趋势。

补救这种自然区划的不良后果的方法，就是土地利用的某种形式的社会控制。在德国有些城市，这种社会控制的形式，是由市政当局自己来开辟新市区；在美国则依靠私人的积极性，同时援用市政规划法规和市地区划法令来对其加以调节。换言之，美国的社会控制政策就是按照发展全部市地的预定计划来限制私人的利用。



城市的区域划分是靠通过私人和立法途径而起作用的舆论压力来完成的。曾经有人说过："你那个城市的命运和发展大抵受土地重划者的眼光的影响。"[①] 地产商人规划、兴建和重划土地能够增加土地的舒适便利度，并且，通过对地产的限制——如果没有其他办法的话——能够稳定土地的价值。事实上，地产行业的成员们处于非常有利的地位，可以通过私人努力来完成市地区划。虽然地产

① 尼科尔斯(J. C. Nichols)："地产的重划"，美国公民协会，第二系列，第五册，第6页。

商人有这种可能的并且有时是实际的能力，但私人土地所有者并不受他们这个行业准则的约束。由于这个原因以及其他原因，城市的
88 未来发展不应当完全置诸私人之手，而应当委之于一个城市规划专家委员会，这个委员会是以区划法令为后盾并且获得地产经营者所代表的舆论的积极支持。越来越多的城市已开始意识到这种市地利用的社会控制是一个明智的政策。

*受到控制的区划。*受到控制的区划就是公共机构遵照预定的城市计划，把土地的各种不同用途限定在城市的某些区域。当一个城市规定工厂只许设在某些地区，或者不许把公寓设在某些住宅区里的时候，这就是有了所谓受到控制的区划。首先，这种区划要求把土地的几种用途加以分类，并进行分级，以免产生彼此不相协调的用途发生抵触的情形。其次，这种区划要求一个城市的全面规划，其目的在于取得市地的最经济的利用和一个能够尽量稳定地价的合理开发。

稳定地价的主要因素之一，是以适当的区划来维护土地的舒适便利性。**舒适便利性意味着有美丽的景色，有赏心悦目的环境，有意气相投的邻居，以及其他有助于增加住处的愉快度和幸福感的一切事物**。任何房主都情愿为这些舒适便利的条件付出成本。在农地方面，如果农场是作为住家兼生产单位之用的话，景色也是构成它的价值的因素，但在农地价值中的这种舒适便利性的经济意义和在市地价值中的相比，就显得不大重要了。城市的不合理的区划能够把这些舒适便利性降低到几乎等于零，比如，那种区划放任工厂区的那些令人讨厌的东西存在于住宅区里。煤烟、嘈杂和污物的侵
89 害是使住宅地价迅速降低的一个主要原因。因此，在进行区划的时

候，这是一件应予提防的事，因为区划的首要作用就是稳定地价。

城市规划原理。不以一个全面的城市规划为基础的区划是注定要失败的。城市规划的第一个原理和主要的目标就是要达到城市建设的统一性。要达到这个统一性，就得把工厂建在最方便、最适宜的地方，把办公场所和商店建在对它们最有利的地区，把住宅建在风景优美的地带。这一切都是区划的含义，它也应考虑到公共房屋和公用事业的位置问题，并把公园和广场设置在群众最容易接近和最便于利用的地方，以及最迫切地需要娱乐场地、阳光与新鲜空气的地方。总之，建设的统一性就等于市地的有效率的、有利的和有吸引力的利用。

然而，如果为了达到城市建设的统一性就专断地践踏私人业主的权利，这也是不值得的。事实上，一个追溯既往的，或一个过分侵犯私人产权的区划法令是不会得到法院的批准的。这就提示了城市规划的第二个原理，即凡是在城市规划尚未确立之前已经发展起来并且具有明确用途的那些地区，应当予以保留。换句话说，凡是在一个地区已经建立起来的工厂，用不着为了严格遵守区域规划的缘故，就把它们搬到别处去。

第三个原理是城市规划不应代庖城市建设方面的工作。如果认为市地的公共发展是必要的，那么实际的房屋建筑工作和房屋基地的准备工作，通常是留待城市规划委员会以外的某种公共机构来
进行的。签订建筑房屋合同、厘定等级或铺设下水道等项任务不属 90
于规划委员会的职责范围。它的责任只限于草拟规划和提出能够保证规划实现的那些规定，至于房屋建筑的一切细节，也应该留给执行建筑法规的行政机关和私人企业去解决。一个良好的城市规

划，在管理建筑工程中所起的作用，充其量也只限于限制建筑物的高度，限定建筑物占地面积的大小，或对地面上的建筑设施做出最低价值的规定而已。不过规划委员会通过它区划土地用途的应有权力，实际上也间接地控制着建筑工程。

第四个原理是**城市规划必须始终走在土地的实际利用的前面**。还未想好任何规划之前就让一个城市发展起来的害处，在各方面都是明显不过的。即使一个城市已经决定开始对它的将来做出规划，这个规划可能也只是局部的，或许它只适用于市属的公园、运动场
91 地和公共建筑，而市地的最大部分还会受私人业主不加限制的经营的影响。如果我们说，一个城市规划应该提前三十到五十年为城市的情况着想，并不能算是过分。这并不一定需要在做规划时，为尚远在数英里以外的农地内的那些地区做出详细的规划，但至少应当把通衢大道和限制使用的那些地区列在纸面规划中，虽则在地面上无须对它们做十年或二十年的规划。

上述的第四个原理引出了城市规划的范围问题。关于这个问题，有一位专家这样说："为了保持统一，我们的规划应当尽可能包括并且协调下面这些因素，不论是公共的、半公共的还是私人的，比如带有建筑红线的街道系统，滨水区公园及其他公共空地，公共的和半公共的建筑物及其地基，本城的和远距离的运输体系及其各自的客货站点，煤气、水、电和类似的公用事业体系，建设用地的重划，以及与建筑占地大小及其上面的建筑物的用途相关的高度、面积的规定等等。"①

① 威廉姆斯（F. B. Williams）：《城市设计和区划法规》，麦克米伦公司，1923 年，第 27 页。

以上列举的那些原理与其说是城市规划的技术原理，不如说是**经济原理**。而且即此四原理也没有把问题完全说尽。当前的目标是要使市地利用效率最大而浪费最小。利用效率，还包括对维护土地的舒适便利性予以应有的注意。因此，上述四个原理的性质就是从土地的最经济利用的观点出发，把它们作为判断城市规划是否适当的标准。

市地的扩张。运用区划和城市规划问题明显地还涉及应当如何并且在什么时候扩张市用土地面积的问题。时常有人认为，一个适当的城市规划既经做出之后，扩张问题就会或多或少地自行发展起来。正相反，许多像密尔沃基这样的大城市，很难自己掌握它们的扩张，因为适于开发的土地是在另一个独立的政治单位的控制之下。恰好在城市外围许多村镇成长起来了。由于这些村镇的行政管理是独立的，因此这些村镇范围以内的土地利用并不受城市规 92
划的约束，于是依照城市规划所规定的协调的线路进行的市地扩张就会受到阻挠。克服这种困难的方法之一，是由城市当局在满足当前需要的范围之外，提前获得一大块土地的政治管辖权。如果要取得更完全的控制，就得由城市当局自己出资买进土地以备市区的开发，这是一个从前佐治亚州的萨凡纳市曾经使用过的方法，也是德国乌尔姆市仍然采用的方法。像这样的一种公共行动，特别是作为更有效地规划土地利用的一种手段是很有理由得到支持的。

然而在目前，我们是靠私人企业来扩张市地的，因而肯定地说，我们还不能不要私有制和私人的努力。不过私人的主动性有时会引起不明智的扩张，这是不能否认的。

人们当中流行着一种偏见，即用不以为然的眼光，把大多数的

土地重分都看作具有投机的性质，因为把资本投入到某些价值既不能确定又无法计算的土地上去，确实有很大的风险。这种印象在某些人当中颇为深刻，原因是有些所谓“立即致富”的地产商，以浮夸的宣传和有奖拍卖的方式，展开了土地出售的竞赛。在另外一些人中间，则不抱有这种流行的偏见，他们对于投机的看法比较正确，即能辨别好的投机与坏的投机，或者说，能够辨别具有投资性质的投机和只为个人致富而带有赌博性质的投机。地产业者所践行的高尚行业规范和管理地产业的法规中的种种法定准则，是消灭目前流行的“投机意识”的强大力量。

在一般人的观念中，投机是一个极混乱的字眼。它通常是和很
93 大的风险、损失惨重的风险和贪图厚利这些概念联系在一起的。我们有时说，对土地**投资**是对社会有好处的，而同时又警告人们，特别是妇女们，不要参与土地**投机**，此时，我们心目中所指的正是这种想法。数年前，纽约市一位著名银行家说：“在价值得到证实之后购买股票就是投资。试图猜测将来的价值如何就是投机。”[①] 把金钱投放到一个新的土地重分上面，总是涉及有关未来价值的某些猜测。只要它仅仅是一个猜测而不是以社会趋势的科学分析为基础，它就是一种坏的投机。一个市地面积的扩张，不管它是由私人机构还是由公共机构所进行的，总不能够马上在它上面盖起房子来。随时都应当保留一部分空地，这是大家都认可的，并且，只要做得不过分，那些置有土地、为它制定规划并设法及时合理地把它加以利



① 巴顿·赫伯恩（A. Barton Hepburn）：“切勿投机，切勿听信关于股票的‘秘密消息’”，《美国杂志》，1919 年 11 月。

用的人就可算是做出了一种贡献。通常，一个人由于财力不足，总不能买一块地皮让它空着，直到时机成熟时才去使用它。另外一个人的手头宽裕，他把那块地买下来后不增加任何设施，而让它空着，一直到有一个人准备利用它的时候。我们可以说这就是投机，但这种投机究竟是好的还是坏的呢？如果投机者抢在使用者之先买下了那块地皮，因而毫不费力地把那一部分原应归诸使用者的价值攫为己有，则他对社会所做的不是一种贡献而是一种损害；因为，一般说来，把这项价值归诸使用者，即农民和宅地业主，是对社会更有利的。在上面这个例子（它是市地开发的一个极普通的例子）中，
如果买下那块空地而不增加任何设施的那个投机者向使用者索价 94
之高竟至使这块地皮产生收益的能力归于乌有的话，那么，我们就可以称他是一个坏的投机者，或者说，是一个对社会无补、对合法的投资者无助的人。而如果他的索价使土地利用者仍然有理由希望从它的利用和开发中得到利润的话，我们则可以称他是一个好的投机者，或者更准确地说，一个投资者。换言之，坏的投机不仅仅是冒大风险和臆测将来的价值，它是在买卖土地或任何其他经济商品中赚取利润而没有对社会**回报以贡献**。换句话说，坏的投机是与高风险或大赔大赚、纯粹的臆测、对公众和他人没有丝毫贡献这一切联系在一起的。好的投机或者说投资是以自由买卖为依据的经济制度的必要的一部分，是与合理的风险、合理的盈亏、科学的预测、对他人做出贡献这一切分不开的。

如果市地的扩张是适应增加住房、工厂、商业用地的真正需要，那它就是合理的。在这种扩张中，经常有一个不确定的因素存在，原因是人类的判断难免发生错误和有关社区开发的信息不灵通。

但是由于对人口的增加和流动，对反映住房、工厂和商业用地市场情况的价值变动趋势进行细致的分析，这个不确定的因素有可能减少并且正在减少。只要地产商人和地产业主能够寻求并且利用这方面的更全面的消息，他们对社会需要所做的预测就会更准确，而以这些预测为基础的市地开发就会变成投资而不是坏的投机。

95 **土地的待时使用和土地利用中的待时费用。**土地脱离农业用途，不马上使用，直到有人来购买做住房或工厂用地时才开始使用，这种土地就叫作待时使用的土地，正如逐渐成熟的作物等待收割的情形一样。按照理论上的解释，待时使用，是指持有土地现时不作利用，等到能够以较高级的形式更有利地使用的时候才使用它。在目前，它可能会带来农业利用上的报酬，但它有带来市地利用上的更优厚的报酬的可能。要把一块农业土地转变成一块市用的重分土地，是需要花费时间和等待的。如果市地的重分是社会所必需的，那么，这个等待，或者说待时的过程也是社会所必需的。

关于等待时期的一个重要事实，是一般人对它的误解，和投资者没有考虑到等待时期将要付出的代价。一般人的看法是，任何一块在实际上空着没有利用的土地，就不能算是真正在利用的土地，而仅仅是把它保留下来作为投机之用。的确，今天有些被保有的土地是用来作为获得于社会无补的投机报酬的。但是，假使对于这种土地的较高级用途有真正的或者说经过合理证明的需要的话，则其待时过程就可算是市地开发的一个合宜的、正常的阶段。而且，这是一个投资的待时过程，它可以同在新企业的发展中，把所得盈余重新投入企业而不把它与当作红利分配的那个过程相提并论。在这些论述中，我们已经对实际费用做了综述并且对那个所谓土地利

用的待时费用的规律做了简略的叙述。

由于低估了待时费用而遭到失败的投资者太多了。他们把金钱投入土地中，等待较高级的和更有利可图的利用形式，并且希望 96
在短期内就把本钱连同利息与利润一并收回。有一种乐观的心理使人们低估了税款、特种估税以及如果在其他事业中投资，可能得到的利息等累积起来的费用。结果，利润表所揭示的，往往是亏本而不是赚钱，因而引起了人们的一种想法，认为诸如此类的投资完全是投机。如果我们充分地了解到，把土地的待时过程坚持到底的费用是那么大，必须要有充裕的财力和卓越的远见，才能使这种特殊的经济使用有利可图的话，那么这种想法就没有多少根据了。

## 小　　结

随着城市的迅速发展，市地在现代生活中的重要性也日益增加，但市地不能被认为是孤立存在而与其他种类的土地没有关系，因为市地面积的增加和城市人口所需要的粮食和原料都是从后者得来的。市地的特点在于：(1)位置对于确定它的价值起着很重要的作用；(2)价值很高(由于在比较小的面积上进行高度集约的利用)；(3)在很大程度上依靠交通运输条件；(4)利用方面相当大的固定性；(5)价值容易同它上面的建筑设施的价值分别开来。市地的选择取决于很多因素，例如为了自卫、商业上的利益、工业上的利益等等。工业上的利益是决定现代城市选址的最重要的因素。市内土地必须分类，以便保证它的最有利的利用。由于某些区域专用于某些特别用途的倾向，就发生了自然区划；受到限制的区划如果

是以按照健全的原则所制定的全面城市规划为基础，就会产生更好
的结果。较小的独立村镇妨碍大城市的扩张，此种障碍，有两种方
法可以消除：(1)在市区需要扩张之先，提前取得城市外围大片土地
97 的政治管辖权；(2)由政府购买那片土地作为扩张之用。不过，城市
的扩张必须主要依靠私人企业来完成。虽然大多数的土地重分都
带有投机的性质，但若获得的利润系由于对社会有所贡献的话，这
种投机就不是坏事了。

# 第七章　农地的利用

很多人把土地问题几乎完全认为是农业问题。这正如把所有 98
的土地问题都认为是市地问题的想法一样，都是不正确的。然而，毫无疑问，农业比其他任何一种土地利用方式都需要更大的土地面积，并且，就产品的价值而论，它可算是美国最大的产业。这些事实诚然都是重要的，但在我们的国民生活中，它们没有像农地提供了养活城市人口的粮食这个事实那么重要和那么有意义。

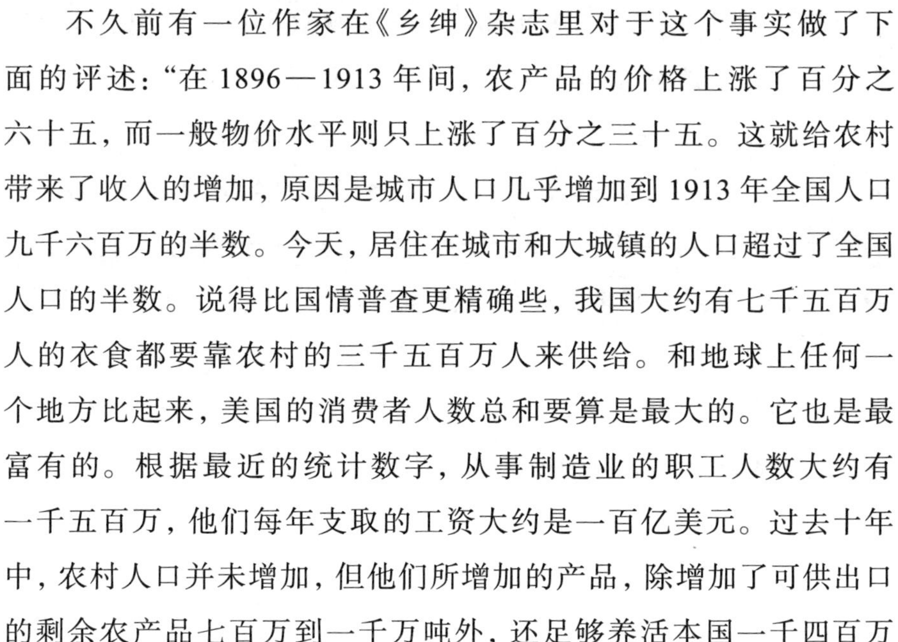

不久前有一位作家在《乡绅》杂志里对于这个事实做了下面的评述："在1896—1913年间，农产品的价格上涨了百分之六十五，而一般物价水平则只上涨了百分之三十五。这就给农村带来了收入的增加，原因是城市人口几乎增加到1913年全国人口九千六百万的半数。今天，居住在城市和大城镇的人口超过了全国人口的半数。说得比国情普查更精确些，我国大约有七千五百万人的衣食都要靠农村的三千五百万人来供给。和地球上任何一个地方比起来，美国的消费者人数总和要算是最大的。它也是最富有的。根据最近的统计数字，从事制造业的职工人数大约有一千五百万，他们每年支取的工资大约是一百亿美元。过去十年中，农村人口并未增加，但他们所增加的产品，除增加了可供出口
的剩余农产品七百万到一千万吨外，还足够养活本国一千四百万 99

人。换言之，我们以同样的农村人力现在在国内外所养活的人口比战前要多两千五百万人。”[①] 一百年前马尔萨斯宣布他的“人口定律”——人口的增加，如果没有受到节制，其速度将有超过粮食供应的趋势——时，他意识到了农业在一个国家和全世界的经济中所占的重要地位。但他没有预见到农地利用方面的巨大进步，这些进步，能够供养从那个时候以来大大增加了的人口。

在都市人口和粮食之间保持一种健全的平衡，乃是一个稳定的和进步的国民经济的重要因素。现在我们农村人口中的某些阶层正在遭受经济困难，而且一般的政治演说家们都在宣扬这一口号：“一个国家不能生存在一半繁荣一半困苦的状态中。”为了使大家了解这个根本的全国性问题，以下的篇幅将对农业土地利用的主要特点提供一个概略的叙述。

*作为一种产业的农业的性质。*农业观察家首先发现的是许多不同种类的土地都被列在“农地”这一项目下。其中有农作土地与牧地，灌溉过的与排过水的土地，改良的与未改良的土地，以及迹地与林地。在某一个农场范围内，可能有各种类型的农地，也有农场建筑和住家房屋所占用的土地。农地的多样性导致了利用的复杂性，而市地因为基本上是作为建筑地块使用的，因而它的利用就
100 没有农地这样复杂。一方面就整个国家来说，我们当前的问题是要按相应比例和市场对产品、劳务的需要分配作物土地、放牧土地、迹地、林地以及其他各种土地的面积。这种分配又转而以各个农民

① 威廉·约翰逊（William Johnson）：“农民在城市的支付账册中的地位”，《乡绅》，1924 年 1 月 5 日。

在他自己农场内对各种不同土地的分配为基础。因此，农地的多样性就使公私经济的问题变得复杂了。

1.农业是一种规模较小的产业。美国在1920年大约有六百五十万个农场。差不多每个农场都是由农民和他们的家属自己经营的一个产业单位，只有比百分之一稍多一点的农场才是在“资本主义式的”或者说“工厂式的”基础上由雇来的经理经营的。那一年，只有不到半数的农场报告有工资支出；那些雇用劳动力的人所花的钱，每人每年的平均数为四百六十九美元。这是一个小数目，说明“家庭农场”就是这一产业的单位；而且这种情况不但在美国，就是在全世界也很普遍。大多数的城市工业与这种情况形成了鲜明的对比，因为它们有大型的工厂、数量庞大的职工和大不相同的业务组织方法。

美国全国每个农场财产的平均价值大约在一万二千美元左右。在南方的某些州里，花四千五百美元就可以买一个带有设备和家畜的普通农场，而在艾奥瓦州，一个普通的农场的财产价值则几乎达到四万美元。[①] 因此，拥有这个农场的农民是一个资本家，也是一个工人兼经理。

2.农业中的家庭和农场是合而为一的。“你应该成家”这句话， 101
对一个农民来说，也意味着他应该立业。农场和家是那样密切地联系在一起，甚至有人把务农说成是一种生活方式而不是一种职业。这在城市则不然，在那里，一个在不适意的工厂里做工的劳动者，他仍可能有一个环境宜人而又舒适的家，反过来说也是一样。另一

① 《美国第十四次国情普查》，1920年，《农业》，概要第23页。参看附表9。

方面，乡村生活有很多吸引力把人们吸引到那里去从事农业而不愿从事其他职业，尽管有时候做其他工作可能多挣些钱。地产商人就每每利用这个事实。现代的移殖公司往往尽可能地把农场住宅装饰得非常吸引人且像家一样，就是为了招徕更多的能干的移民前去购置。

很少产业能像农业那样使人有机会以比较小的资本就能够成为一个独立企业的所有者、经理和经营者。免于政治和经济压力的那种独立性是农村生活具有的吸引力的一部分，虽则这种独立性有时不免被人渲染过分了。一个租佃农民，或者一个负担抵押债务很重的农民，丧失了很多所有者兼经营者所享有的那种行动上的自由。

在农场有家的农民通常可以生产和利用许多“副产品”，如燃料、水果、蔬菜、牛奶和其他食品，这些副产品，城市居住者不但不能生产，反而还得经历从生产者到消费者之间一段很长的过程后才能买到。由于这个缘故，农民比城市的工人一般更能经受得住工业衰退的打击，因为工人失业就等于他的收入全部停止。不过，只生产“一种农作物”的农民，或者高度专业化的农民所处的境况就很像城市居民的境况，并且在我们正在摆脱的那个危机里一个生产多种多样的农作物的农民比之只生产单一农作物的农民，尤其是单种小麦的农民，已更好地渡过了那个暴风雨般的危机。

102 一般说来，农业带给那些有能力的农民的是一个平稳的收入、一个家和一个差强人意的生活。另一方面，农业不提供发大财、干大事的机会，而对抱有非常才能的人也不能提供相当的活动范围。在农业里不像在工商业里那样出现过希尔·洛克菲勒、菲尔德这样的有名人物；虽然在我们早先的历史上曾经记载过那些以出身农民而感到自豪的大政治家的名字——华盛顿、麦迪逊和门罗。

诚然，有些大农场和牧场，就投入的资本和劳动力的数量而论，是接近于工业机构的，但它们为数很少并在许多情况下都不是获利的事业。许多有钱的人买下了大片的土地，建起了富丽堂皇的房子，并以优良的机器和纯种的家畜把它们装备起来。但这些常是“搞着玩的农场”。它们是不能够靠收入来维持的。维持它们的钱是从其他产业中赚来的。其中有些农场偶尔也会有盈余，但从为国家生产农产品这点来说，它们是微不足道的。

3. 农村生活是一种孤立的生活。在许多别的国家里，农民住在村庄里而他们的农场则分散在市镇的周围，往往离家有数英里之遥。美国农民的家是在各自的农场上，并且很少是挤在一起的。购置农场的城市居民，特别是妇孺，往往受不了这种孤寂；经营移垦者都知道有出息的移民通常仍然会回到城市里，因为他们的家属过不惯这种孤寂的乡村生活。

城市的人通常认为是起居饮食方面当然应有的那些便利在乡 103
间很缺乏，这也多少是由于农民家庭分散这个事实所造成的。根据1920年国情普查的数据，美国农场家庭有电话的不到百分之四十，有自来水的只有百分之十，有煤气或电灯设备的只有百分之七。

这种隔离使农民们难以行动一致。在欧洲，乡村生活无疑是一个鼓励合作的因素；而在美国，这种隔离则有使农民成为一个个人主义者的趋势。电话、乡村的免费递送、良好的道路和汽车这些比较优越的通信和交通工具已有助于农民会集在一起采取统一的行动。在过去数十年中，合作营销已有了显著的进展。

4. 农业的另一特点是农民控制生产的力量很小。农民不是按“订单”生产的。他们可以选种农作物，决定它们的播种面积，尽其所知和力所能及地培植和照管它们；但在它们进仓之前，收成的数量是不知道的。单种“一种农作物”（比如棉花或小麦）的农民，对于他们所要种的农作物，往往很少有控制力。土壤的性质和气候也许是这样：可种的唯一安全的农作物，就是他们惯种的那一种农作物。天气或害虫有可能把个别农民的收获减少百分之十、百分之五十甚至百分之一百。另一方面，一个通常的好年景可能带来一次丰收，大都市的报纸把它当作农民富足和国家繁荣的象征来加以传播。实际上，一次丰收大半会带来物价的毁灭性的低落；如果个别
104 农民的收成不好，他就会受到双重打击——收成不好且价格低落。这些特征使农业成为一种冒险事业，并且那些从事易腐农产品生产的农民比那些从事主要产品生产的农民更容易遭受这样的风险。例如，得克萨斯州的某个地区所产的番茄的市场全凭每年只有几个星期的需求情况来决定。在正常情况下，其他地区是不能够在那个特殊期间供应番茄的。但若这个地区的番茄上市太早或者太晚，它就得同其他的番茄产区互相竞争，而这个有各个地区相互竞争的市场是很容易崩溃的。



从事多种经营的农民有更多的选择产品的余地。他们不把其全部“农地投入一种产品”并且很可能“随时都有些钱赚”；另一方面，在某些幸运的年头，那“一种产品”的价格极度高涨的时候，他们也不能赚大钱。他们试图预测价格。如果认为到了秋天大麦的价格看涨，他们可能就会只种大麦而不种燕麦或小麦。农民总是喜欢凭播种时的物价来推测未来的物价，这已是司空见惯的事。如果

春天的马铃薯价上涨了，凡是能种马铃薯的人就有把播种马铃薯的面积扩大的倾向——并且若是年成好，就一定会发生生产过剩。在这种情况下，专种马铃薯的人吃亏最大，因为他们没有别的产品来弥补损失。由于前一年跌价的缘故，第二年的生产又可能是过低的。果园的产品、家畜和乳类产品不会每年都有这样大的波动，但是同样的因素还是在长期内起着使生产过多和过少的循环作用。

物价低落的时期，制造商通常会削减生产。而农民所做的可能 105
恰好与此相反，即试图以增加产量来补偿单位价格下跌的损失。自然，他们若长时期地这样做是不会成功的。

这种心理是削减种植面积运动失败的原因。每个农民都希望他的邻居减少他们的播种面积，但他自己却盼望趁着物价上涨的机会卖出大量的产品。经营某一种农产品的那些农民中，大概有百分之九十到一百都是人同此心、心同此理的，而第二年的结果仍是生产过多和价格低落。其余百分之十的真正减少种植面积的农民则受到价格低且产量少的双重损失。

这些事实对于那些想去乡间务农的城市居民是有重大意义的。他们会感到自己难以适应在周末或月终不能按时领到工资的那种情况。与此相反的是，对于看来似乎有望的农作物，一直要漫长地、不可靠地等待到将近收割的时候；那时，忽然一阵夹着冰雹而来的暴风雨可能把谷物变成一堆乱草；要不然一个大丰收又可能使产品被迫以比成本还低的市价出售。农业就是要与自然力量做斗争，而这种斗争有使农民在经营方法上趋于保守的倾向；他们不喜欢从实际试验中获得改进的方法，因此，他们对于“新流行的”农作物和家畜品种的接纳是很迟缓的，城市的人不了解他们，总觉得农民迟

钝，思想“老顽固”。另一方面，当农民发现他们的产品的价格低落到可能使其破产的时候，他们不了解这是经济力量在起作用，反而把这种局面归咎于城市人。他们憎恨并且不相信投机者、中间人、
106 垄断者和华尔街大亨；而商人则认为物价的涨落乃是一种赌胜负的趣事，也许正是发财的良机，或者认为这是应当经受得起的而不必怨天尤人。合作营销已给了组织起来的农民不少的经验教训。

作为城乡之间的中间人的农地商人，在帮助一方了解对方和对方的问题方面，是能够做出贡献的。

5. 农业是一个有高度竞争性的产业。作为一种产业，农业的另一特点——这个特点常为一般城市居民所忘记，而且也不是常为某些农民所承认——正像杂货零售业，或者其他企业那样，它是一种**竞争性的产业**。就连那些合作营销的农民，他们作为生产者也同时是竞争者。例如，营销合作社，从来没有不准任何人种梅子或苹果，也从来没有阻止一个种植者加入它们的合作社。问题倒是要叫他们参加合作社很不容易。因而限制种植面积或产量是极其困难的，如果不是不可能的话；一个更大的种植面积和收获量只能增加市场营销机构的负担，因为它必须为日益增加的供应谋出路。通过登广告、兜售和提高工作效率的办法，营销合作社有时刺激了需求，使求过于供，因而得以维持物价于一时。不过当人们不要“吃更多的”蔓越橘，不重视葡萄干中“更多的铁质”的时候，考验就来了——但这是另外一回事。

问题在于农产品的生产者是在互相竞争，不管他们是不是已经组织起来了；如果他们没有组织起来从事营销，则他们的竞争还要
107 更激烈。在像小麦、棉花、羊毛、肉类或其他主要产品这一类的东

西进入国际市场的地方，美国的农民就有印度、俄国、法国、澳大利亚、加拿大和阿根廷这些国家的农民和他们竞争。在有替代品或近似替代品的地方，竞争可能具有另外一种形式；热带的油和脂肪生产者是美国牛奶场主和养猪农民的真正敌手。

而从另一方面来讲，一个国家某一地区的农民又是那个国家其他地区的农产品的消费者。种小麦的农民要使用棉花，他作为一个消费者，正如城市的消费者一样，想买价钱便宜的棉花。种棉花的农民想要便宜的面粉、咸肉和肉类，而牛羊饲养者则要买便宜的谷物、干草和其他牛羊饲料。因此分散在广大地区的农民之间的关系是矛盾的而不是一致的——这就是使农业的垄断成为不可能的另一因素。

现代农民知道他们所处的这个行业的竞争性。现在，农民对于年轻人离开农村而到城市去这件事的抱怨比以前少些，也不像从前那样把城市的发展认为是一桩极大的坏事。都市的人口越多，对留在农村的人的产品的销路就越好；离开农村的人越多，留下来参与竞争的人就越少，争相购买其产品的消费者就越多。诚然，眼看着极其伶俐的小伙子们到都市去了，也难免不让人感到惋惜，农民们或许也感到人手缺乏，但通过改变作物或改变耕作方法的安排，这种困难早晚是能够克服的。

开辟新的垦殖地这一问题，对于农民比任何人有更为重大的利害关系，然而当倡议开辟新垦殖地时，从没有人同农民们商量过。
不消说，使用的新地越多，农民和农产品也越来越多。最了解这一 108
点的莫过于东部的农民，因为他们曾对国务卿莱恩（Lane）想把退役军人调去垦殖地并建立更多的农场的建议提出过抗议。农民报纸也不时反映农民的意见，质问政府，正当森林砍伐后的土地理应用来培植林木以降低日益高涨的林木和建筑材料价格的时候，何以反而强调这种迹地的“农业化”的需要。

我国政府各部门的政策向来是不一致的。政府增加了进口农产品的关税以保护农民免受国外竞争者的影响，而同时政府的另一部门却开辟了新的土地，加以灌溉，提倡移垦，并建议把外来移民迁到那里去住，这就使国内改良地的农民的竞争者应运而生。

读者不能从上面的讨论中得出结论，认为农民已使用了法律的或者法律以外的手段来减少竞争。由于农民没有组织，所以他们在我们的经济制度中算是最无助的群体（或许那些所谓“中产阶级”者不在此列）。与此相反，他们还时常为自己创造竞争者：试图把小伙子留在农村，帮助把更多的人弄到农村中工作，并通过对农学院、农业学校等的支持，帮助他们的邻人使其成为更有效率的农民。不过值得注意的是农民们都坚持认为：关于大量的生产方面说得和宣传得未免过多，而关于均衡的生产（即合理的价格、合理的营销和配送）则谈得和宣传得太少。

6. 农民谋求最高额的纯利润，农民和其他任何生意人一样，是
109 从同样的经济动机出发来行动的。他们像商人一样，追求最大的净利润，种地的人们不是为了使消费者有的吃，或者为了使工厂主有原料供应而种植。农民，尤其是当他们越来越变成商业体系中的一分子的时候，所追求的不是农产品本身而是从中赚取**生计与利润**。因此他们对物价比对产量更关心。推动农民种植农作物的乃是**物价**，并且他们尽可能地使其生产和物价相适应。

农业生产单位的规模。

1. 每人生产量与每英亩生产量。农民为了生产最大的利润和为自己谋生活，将利用可能利用的最大土地面积来取得那笔收益。他们对每英亩的最大生产量不如对每人的最大生产量那样关心。美国农民已利用机器到最大限度，因此他们能够耕种大片的土地，从而生产出超过自身生活所需的大量剩余。与城市居民有利害关系的就是这个余额。超过农民自己需要的余额越大，城市人口的增加才能越多。

> “美国这样庞大的农业生产，所需要的劳动力占我国有收益的受雇人口的四分之一，而俄国的农业人口占全国人口的百分之八十五，中国和印度则大约有四分之三的人口是靠务农为生的。美国的六百五十万农民，在一群数目比较小的雇农的协助下（他们的总和也许不到世界农民和雇农总和的百分之四），生产着全世界接近百分之七十的玉米、百分之六十的棉花、百 110
> 分之五十的烟叶、百分之二十五左右的燕麦和干草、百分之二十的小麦和亚麻籽、百分之十三的大麦、百分之七的马铃薯、百分之五的糖，但大约只有百分之二的黑麦和大米。如果以吨为单位把所有的谷物加总并估计中国的谷物生产比印度更多的话，那么美国的谷物生产大概占全世界的四分之一。美国从事农业的每个人的谷物生产量平均是十二吨，而世界其余各国的平均数则只有一点四吨左右。”①



① 贝克（O. E. Baker）：“美国农业的图解”，《美国农业部1921年年鉴》，第407—408页。

美国农民运到城市的剩余产品，起码等于俄国农民在满足了一个简单得多的生活方式之后所送到城市去的产品的五倍，如果不是二十倍的话。“在我们比较富裕的地区，差不多每个农民都有一辆汽车，但在东欧几乎没有一个农民买得起一辆最起码的又小又廉价的汽车。”①

2. 机器的影响。机器使美国农民耕种的面积越来越大，尤其是在拓荒者开始开辟平坦大原野以后的时期。近来，拖拉机已使某些“玉米地带”的农民把他们的农场扩大了百分之二十五到三十五。另一方面，东部的农民，由于他们的农场是在山坡上，不但面积小，而且高低不平，不能够很好地利用割草机、自动打捆机和其他马拉机械，他们发现在竞争中已落后于西部农民了。

然而在国内凡是能够使用机器的地方，农场都有扩大的趋势。
111 美国有些地区已经把小农场合并成大农场，也有把过大的农场缩小到正常规模的趋势，这说明它们已经逐渐在调整以适应新的形势。



3. 农业的类型。一个理想的农场其规模之大小随农业的类型而有所不同。在每一种农作方法中，都有决定企业规模的农场作业的最高负荷量。例如，在棉田耕作中，最关键的作业是摘棉花。需要三个人来采的棉花，只要一个人来准备和耕播那块地并“耨”（即除草和松土）棉花就够了。因此，实际植棉面积大小要根据农民在摘棉花季节能够提供的劳动力多少来决定。南部的某些地方植棉农场的规模有减小的趋势。凡是有黑人劳工迁出或有象鼻虫为害

① 达纳·杜兰德（E. Dana Durand）：“东欧的农业”，《经济学季刊》，1922 年 2 月，175 页。

使种植棉花无利可图的地方，其他作物就取而代之，而农场就越变越大。如果采摘棉花的机器能够改进成功，则棉花生产的整个制度就会发生革命。

还可以举出其他的农业类型的例子。在明尼苏达州盛产小麦的地区，农场的适当规模就是足够利用一整套农具的那种大小。牛奶场最关键的环节是挤奶，挤奶机器使一人作业就能够为较多的牛和较大的农场完成挤奶任务。

在一种农业类型的范围以内，农场规模也有适应农民的能力和其家庭的规模，或者适应在最高负荷量时劳动力供应情况的趋势。

4.“农场小，耕得好”的谬论。数年前，出现了许多著作和论文以“三英亩地和自由”这一类的动人的口号来赞赏“农场小,耕得好”这个论调。经验证明，小农场只适宜于那些进行高度集约栽培的地 112
区。这种农作的成功决定于市场。北部地区本地的商品蔬菜种植者正和西部与南部的种植者发生竞争。因而市场易呈来货充斥之势；而一切专业化种植者的生产的增加，必须与他们的市场的扩大成正比，否则就有生产过剩的危险。粮食在地里腐烂，蔬菜犁到土里去的故事，成了都市报纸的大标题，这就说明了这种生产过剩的后果。



小农场和它的覆以葡萄藤的小住宅的图景以及由绘声绘色者所描写的其他一切优点常是地产经营者用以招徕城市的人从事农业的东西。但实际上却并不是那么一回事。经营农地的地产商人，如果在他劝告顾客做这做那之前，研究一下农业生产的性质和农业的类型，是能够对他的顾客提供很大的帮助的。关于农场的合适规模这个问题，现代私营移民公司和各州移民机构均能提供一些很好的建议。

5. 农业的集中。另一方面，有些人相信，农地所有权现正趋于集中，并且有“公司式”的农场和地产。事实是：我们的确有些公司农场和少数的大地产。但从整个农业来看，它们是微不足道的。1920年，面积超过一千英亩的大农场在美国只占百分之一，而所有农场的平均面积只有一百四十八点二英亩。社会主义者认为农业
113 将步工业的后尘走向积聚和集中。在那个“发大财的大农场”时期，他们似乎有理由相信这种事。不过，那些“发大财的大农场”已经被分割了，而代替它们的，多半是些以家庭为单位的小农场。

6. 农场规模增大的影响。在一切可耕地都被农业所利用而同时又没有从砍伐森林后的迹地或从其他具有耕作潜力的土地面积上产生新农场的地方，农场规模扩大，农场数目一定随之减少，通常还会一并引起乡村人口的减少。有些作家以骇人听闻的语调来描绘这种人口运动，但照我们所说的那样来解释，就不难看出这种运动原是十分自然的，也不致阻抑农业生产。事实上，尽管农场的耕地数和农民的数目都在减少，农业生产已经增加了。



城乡人口比例相称的问题。

1. 总的说来，无论哪个国家，对于一个较多的农村人口总抱欢迎的态度，因为它是一个社会稳定因素。各国政府都发现农村人口是一个有利于私有制度和个人主义的保守阶级。特别是这个大量的农村人口，如果拥有自己居住的土地的话，它将会是政治社会的中坚。

“不但政治组织的形式，就连它的稳定，也受到农村局势的影响，一个农业国家更是如此。土地保有者是一个守法的安分成性

的保守派。他们的全部利益都寄托在已经建立起来的现行制度上面。他们的家庭和田地、农作物和家畜，在每一次动乱中都是没有保障的，都有受到危害的可能。他们不仅很少发动革命，而且还可以靠他们来反抗革命。为了他们的财产安全，他们需要和平。与此 114
相反，无产者却不在乎政治骚动，或任何现存制度的推翻。就个人来说，他们是没有什么东西可以失去的。说不定一个全新的施政反而会对他们有利。在我们大城市的工人阶级中，可以看得到这种态度，因为他们于其中工作的那些工厂里，没有长期性的利害关系把他们和工厂联系在一起。无地的雇农也抱有同样的态度。佃农或农奴通常是很少不愿意看见当局者被削弱或被推翻的。因此，一个主要由这些人组成的国家随时都处于危险之中，而一个有不少独立的地主的国家，则起码具备了国内和平的一个优越的保证。”①

人们普遍认为乡居可以强身，虽然近来的统计数据曾经指出，城市的人比乡居者少生病。德国实行农地政策的一个原因是认为最好的士兵是来自乡间的。冯·比洛说：“农业出兵，工业出钱。”关于这一点，一位印度作家讽刺地说：“许多书上都有这样一种看法，认为农村是优秀人才的产地，因为他们对于凡是战争所需要的事都全力以赴，而同时虚弱的城里人则可以留在家里做生意赚大钱。”②

这位作家继续写道：“与此有关的一种看法就是，必须在农村中保持足够多的人口，以便有**充分的男人和女人来**支持城市。”在

① 麦克布莱德（G. McC. McBride）：《墨西哥的土地制度》，美国地理学会，1923年，第3—4页。

② 卡尔弗特（H. Calvert）：《印度旁遮普人的财富与福利》，拉合尔，1922年，第41页。

每个国家里的确经常有年轻人迁到城市去。美国城市人口超过五千四百万，农村人口大约五千一百万。然而在城市人口中，大约
115 有一千九百万其年龄是在二十岁以下的，而在农村人口中，在二十岁以下的几乎有二千四百万。最近盖尔平（Galpin）用稍为不同的说法说明了这个事实。他说，整个农村人口和同数量的城市人口相较，前者十岁及十岁以下的儿童比后者要多两百万。这些儿童不是生产者，农村对他们负有养育的责任。“到了生产年龄，这些人才就转入城市去参加工业生产，他们都是现成的、完美的并且受过教育的。”①

国家和城市的领导人物来自乡村。许多农村年轻人成了城市和国家生活中的领导人物，这证明他们所受的教育是成功的。农村小孩是在大自然的环境中成长起来的。在他们的性格还未定型之前，他们一直未曾受过城市的熏染。不过，**那个尽人皆知的、从乡间教养起来的孩子的优越性，是需要加以分析和打折扣的**。如果人们还记得，美国在1860年以前主要还是一个农业国家的话，那么，很明显，农村如果仅仅按比例提供领袖人物，就应该摊到全体领袖人物的百分之七十五到八十五。自从南北战争以来，城市提供的有名人物，已超过了它们应有的比例。这部分地是由于城市中教育和卫生设备的条件比农村更为优越。



因此，农村最好有一个又大又稳定的人口的理由是多种多样的。前不久，有一位地产商人说：“农民是国家繁荣的中坚。美国

---

① 盖尔平（C. J. Galpin）：“农村与城市的悬殊”，《农业局势》，美国农业部，1923年11月1日。

的经济稳定有赖于它的农村。我们的面包和肉以及我们身上穿的
衣服——还有其他的东西——都是从农村来的。来自农村的有俭 116
朴、勤勉、效率、诚实、爱护乡土和对把我们的国家从旧世界生活标准的泥潭中提升起来的那些制度的坚决尊重。”①

2. 对扩大农村人口的诱导。农业和农村生活对国家做出了根本的贡献，但是除非自己对社会的贡献得到了回报，否则人们是不会去从事某一行业的。诱导原理在农业中正如在工业中一样地起作用。假使一个没有投资的搬运工人能够比一个灵敏的、投资二万五千美元在他的事业中的农民赚更多的钱的话，那么，人们就情愿离开农场去当搬运工人。②凡是亏本的事业，不管它是农场也好，杂货店或汽车行也好，迟早总会垮台的，并且在这种情况下，还在讲什么年轻人应该留在农场，乡村是教养儿童的地方，或者农民有留在农场的责任等等，都是白费。如果国家需要农民，就必须对他们的劳动给予补偿。时常听人说，英国把农业看作是次要的，因而它的人民都成群结队地往城市跑。当战争爆发时，英国才发觉它没有生产粮食的机会了。事实是，英国人认为他们如果成为全世界的制造厂，以低价买进南北美洲、大洋洲和非洲富饶的土地所产的粮食、原料和纺织纤维，他们就能够获得更大的财富。从各方面着想，任何个人也都会这样做的。如果一个砖瓦匠通过从事本行工作和购买蔬菜来吃赚钱更多的话，那么，他若再花时间去种菜，他
就是个傻子。当战事迫在眉睫的时候，依靠外国诚属可悲，这可能 117

① 这段话来自墨菲（M. J. Murphry）1923年10月19日在不动产商会纽约会议中的演说，私人印发。

② 同上。

也是实情；但没有任何一个国家可以期望能够仅仅用爱国心去诱导它的某些市民去做农民，并且让所有的经济利益都归于那些宁愿经营工商业的市民。

美国农民愿意响应的是价格的诱导。把人们引到农村的任何其他人为的诱导（推销、广告或舆论宣传等）都是在诱使人们离开他们比农业收入要高的工作岗位。

美国人民还在迷恋着自由土地的那个时代，那时“山姆大叔”被认为是“一位阔佬，可以给任何人一块地而不取偿”。移垦被认为是“建立一个自给自足的小小农家——国家的中坚”[①] 的好机会。因此，从国家的角度来看，那时的移垦被认为是很重要的，政府在这上面所花的钱也被认为是正当的。

我们每每想到农业的时候，还是继续以旧的眼光来看新的事物。在一个自给自足的农业制度下算是最为理想的东西，今天在我们的商业化的农业中不一定就是适宜的。一次大丰收，对于自给自足的农民来说，就意味着谷仓、地下室、储藏室都装得满满的，是很值得感谢上苍的。有更多的农民仅仅等于有更多的邻居，等于有一个更大的社会和更多的纳税人来共同支持政府。就个别的地区来看，这也仍然是对的，这就是定居到一个新国家的移民正像地产商人、银行家或商人一样，热切地欢迎新来客加入他们的社会的原因之一。

不过，自给自足的农业已成为过去的遗迹，只能在美国偏僻的
118 角落里找到它。就移垦规划中的农民而论，他们并不是自给自足的

① 纽厄尔（F. H. Newell）：“移垦的意义是什么？”，《田野》，1922 年 8 月。

农民，而是和其他农产品生产者一样，要探测市场的动向。让我们再说一遍吧：在作为生产者的农民之间，农业是一种带有竞争性的行业；而且，它在劳动力和资本方面也同其他行业发生竞争。

让我们看一下那些想继续移民到农村去的人的论证将会把我们引到什么地方去。

第一，只要有**潜在的农地**存在，增加农民就会从那里开垦出新的农场来，同旧有的农民竞争。这只有在人口增加且对粮食的需要也增加的合理情况下，才是适宜的。

第二，如果这种潜在的农地按照现行农产品价格是赔钱的（这种情形在目前很普遍），那么新的农民只有牺牲家人劳动和自己贴钱才能把这种土地付诸利用。他们唯一的指望是将来的产品销售价格和土地的涨价能够补偿现在的损失。

第三，一个**农地面积无法扩张**的国家，如果把更多的人力用到农地上去，那就意味着牺牲人均最高产量的标准。在这种情况下，就不得不把现有的农场分成更小的农场，并必须增加每英亩土地的劳动力，使其产生足够的收入。许多欧洲国家都有这种情形。人是那么多，地是那么少，以致每个人的土地面积都受到限制，而且每英亩的劳动力、肥料和其他成本都要增加。因此，土地看上去是耕种得很好的。偶尔有过路的人看见了，他所得到的印象是：“麦子跟狗背上的毛一样密。”他看见麦田也整治得很好，每一平方英尺土地都投入生产。他把这和美国农场土地的“浪费”相对比。他的结
论是美国农民“不懂得怎样耕作”，但事实上，美国农民是**正确地**懂 119
得在地贱而人力和资本都比较贵的情况下应当怎样耕作的。为此，美国农民喜欢利用机器；而欧洲的很多农民或者日本的农民，由于

他们的农场很小，使用机器是不经济的。有时在很小的农场上使用美国机器，实际上几乎是不可能的；比方说，在平均只有两英亩半的农场上——日本农民所工作的农场就这么大——就不可能使用机器。

从前只有一个农民耕作的土地，如果现在用两个农民来耕作，则每个农民的生产量长期来看一定是会减少的。有一个时期，两人共同生产的、可以拿到城市去卖的产品将有所增加——但这个过程如果持续下去，则农民个人的需要相对于每个农场逐渐减少的产量来说将显得越来越高，留供城市消费的剩余产品将越来越少。现在可把美国和俄国拿来做例子。美国在1919年全部粮食产品（燕麦除外）的收获量，按全国人口计算，是每人一千八百八十九磅；而战前的俄国是八百零四磅。如果按照农村人口计算，美国农场的生产量是每人三千八百八十五磅，而俄国农民所生产的则仅为九百三十七磅。① 这些数字说明了这一点：如果每个农民的生产除了他自己的生活需要之外所剩无几，则庞大的城市人口是无法维持的。

到目前为止，我们迁到农村的人口确实可观，或者不如说，我们保留在农村的人相当多；他们除了提供我们所需要的吃穿以外，
120 还提供相当的剩余可供出口之用。自由土地有那么大的诱导力，甚至许多人的确把他们的一生都花费在建设农场上，以只值五十美分的小麦来供养全世界，使猪肉的价格低到二到五美分一磅，使玉米价格便宜到简直可以用来当柴烧。人口和需求刚好把农业稳定下

---

① 杜兰德："东欧的农业"，《经济学季刊》，1922年2月，第173页。

来的时候，战争爆发了，它的后果又把农民投入到循环性的不景气中去了。于是土地、农民和作物在同其他产业的对比中再一次出现了供应过剩的现象。对于这种现象将持续多久，还无法做出正确的预测。

这种局势有趋于向另一方向发展的危险。现在种地的农民受到投资不能变现的束缚，只好继续生产下去以免全部损失。但下一代是否能够这样下去就是另外一回事了。现在农村的男女青年是在不安和不满的气氛中成长着。他们看见朋友们修理汽车时一个钟头的工夫所挣的钱，农民们要一天或一个星期才赚得到，因此，他们要到城里去是任何人都不能加以斥责的。有人估计，在过去的两年中，有一百二十万人离开了农村。这种现象至少部分地可以说明在上次国情普查中所显示的最好的农业地区种植面积的减少；并且，除非相对价格改变，农村人口将继续迁往城市，直到两者的经济利益达到平衡为止。[①]在平衡尚未实现之前，任何意在停止或扭转这种迁徙的人为的方法都是违反健全的经济政策的。

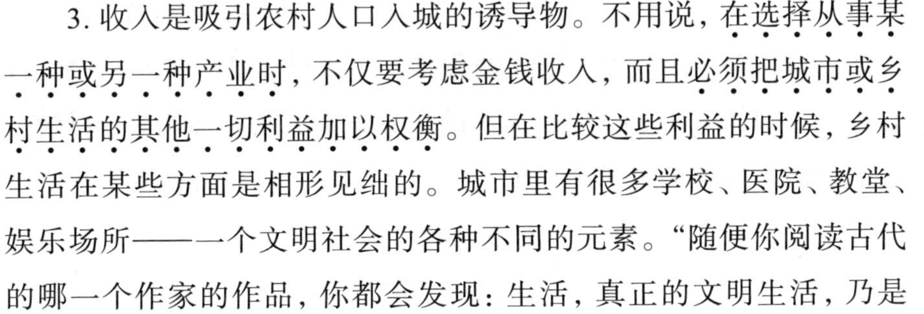

3. 收入是吸引农村人口入城的诱导物。不用说，在选择从事某一种或另一种产业时，不仅要考虑金钱收入，而且必须把城市或乡村生活的其他一切利益加以权衡。但在比较这些利益的时候，乡村 121
生活在某些方面是相形见绌的。城市里有很多学校、医院、教堂、娱乐场所——一个文明社会的各种不同的元素。“随便你阅读古代的哪一个作家的作品，你都会发现：生活，真正的文明生活，乃是

① 根据不动产商会全国协会 1923 年 10 月所做的调查，这种迁徙仍在百分之七十五的农村中进行着。

一个城市的生活。他们无法想象他们自己是住在城外的，是和城市没有密切关系的。或许你有些田园诗的情趣，向往农村生活，但这种人在古希腊和古罗马时代是不多见的。乡村的生活毕竟不是生活。生活和城市是同义语。”[①]

虽然这方面的情况已经发生改变，但尚待有更多的改变。享有年富力强的、比较多的乡村人口的好处的国家，必须使城乡生活的优点平衡起来。“你准备怎样把他们困在农场上？”这是一个含有真理比诗意更多的问题，其中的“困”字恰好反映了在乡村长大而居住在城市的人对农村所抱有的心理上的态度。

为了缓和这种情势，美国政府已开始采用协助农村**教育**、**去乡村设置县服务站**、**将县医护人员调往乡村**及其他办法。但城市和乡村仍有很大的差距：城市有令人惊叹的学校、大教堂、医院和诊所、艺术品陈列馆、剧场、歌剧院，而乡村却还存在只有一间屋子的学校、荒废的教堂，乡村医生和牧师向市镇移居，那里娱乐普遍缺乏，乡村生活在许多方面沉闷乏味……



122 这一切也许说得有些过火，但一个土地政策必须承认，在一个竞争的社会里，金钱和精神这两种诱导力能够保证一个国家城乡人口的合理平衡。目前，城市提供的机会是那么多，以致一个讨论移民问题的作家肯定地说，美国的新土地，除了只有欧洲生活水平的外来移民之外，是不会有人去耕作的。[②]

公私移民公司已开始意识到农村生活对精神和文化的需要，它

---

① 罗斯脱采夫：“古代的城市”，载于伊利等人所写的《市地经济学》，爱德华兄弟公司，安阿伯，密歇根州，1922年，第19页。

② 斯皮克（P. A. Speek）：《土地的风险》，哈帕出版公司，1921年，第8页。

们正在自觉地准备提供富有吸引力的房舍、学校、社交中心和对身心有益的娱乐活动。

农地所有权。农地是否能够生产足够的粮食来维持一个日益增加的城市人口，这在一定程度上要以土地利用的所有制为转移。地权的种类也影响到乡村人口的数量和性质。关于财产所有制对土地利用的影响，我们不能避而不谈，为了做出更清楚的解释、我们把这一问题留待第十章去讨论。

## 小　　结

农业需要比任何其他用途更大的土地面积——在各类农业生产中必须按比例分配的土地面积。农业是一种小规模的行业，它在美国是由家庭农场来经营的，是比较孤立的。个体农民很少有控制农业生产的力量，因为它是一种高度竞争性的行业。农民，像其他人一样，是追求最高额的净收益的，他的农场的规模多半取决于他 123
对获得每个人的而不是每英亩土地的最高生产量的愿望。农场的大小也受到机器使用和农业类型的影响。“农场小，耕得好”并不是农业经济的标准。只有对参与农业者给予足够的诱导，才能使城乡人口保持合理的比例，不过这些诱导并不限于金钱利润。

# 第八章　林地与矿地

建造房屋自己住的人，只有当他接到建筑材料账单时，才真的
124 相信有了木材荒。不动产商人和建筑承包商都知道他们依靠来自林地和矿地的建筑材料。房主购买冬天燃料时面临着两种选择：(1)要么是付出高价去买无烟煤，(2)要么是忍受煤烟的熏扰去买廉价的烟煤。这对将来似乎是一种不佳之兆；但是，如果对林地和矿地的利用采取适当的维护措施，则将来的远景并不一定是暗淡的。

## 林　　地

我国森林日益耗竭。当我们看见周围的水泥、砖、石和灰泥的建筑日益增多时，容易有这样一种印象：似乎在现代的经济生活中，木材的重要性已在逐渐降低。一个在报纸上讨论经济问题的作者也是这样说，但他却进一步举出了无疑是来自林产的许多日常用品来纠正这个印象——电影的胶片、油漆、地毯、衣服、煤气灯纱罩、毛刷、箱子、新闻纸以及其他东西。他的结论是：“我们
127 必须恢复我们已经耗竭了的森林，否则我们在文明的进程中就会

落后。”[①]

本来，美国原有的林木供应量是五万二千亿板英尺，但现在只有二万二千亿板英尺。现有林木占地四亿六千九百万英亩，而原有的原生林木占地八亿二千二百万英亩。现在留下来的原生林地面积只有一亿三千八百万英亩，其余二亿五千万英亩已被采伐过或部分地种上了小树，另外八千一百万英亩则已遭到毁坏而荒芜。木材的消费率是每年二百六十亿立方英尺，其中只有四分之一不到的六十亿立方英尺能由重新培植的林木来填补。[②]木材行业拥有四万九千个有机械设备的企业，雇用九十余万人。采伐和锯木工人占制造业全部职工总数的百分之十点五。这些数字说明，我们的森林现在正在降低的，不是它的重要性而是它的供应量。如果这样的生产速度继续保持下去而不采取措施来补充消耗了的木材，则我们的森林资源不久就将耗尽。其实，如果按照目前这样的速度采伐的话，纵然我们今天把一切砍伐以后的闲置迹地都重新种植起来，在这些幼树还未成长到能够出卖之前，我国原生林木的供应就会用光。

这种情况使我们有必要谨慎、科学地利用林地。首要的任务是研究世界的森林资源，然后根据这项研究的结果，规划一个经济的林业政策。美国农业部的森林管理部门已经做了这项研究，[③]它的

① 这是一个自称为“调查员”的人于1923年7月18日在《芝加哥论坛报》上所发表的文章。

② 《美国农业部1922年年鉴》，第84及91页。见下页地图。

③ 拉斐尔·佐恩和威廉·斯帕尔霍克（Raphael Zon and William N. Sparhawk）：《世界的森林资源》，麦格劳希尔，1923年。

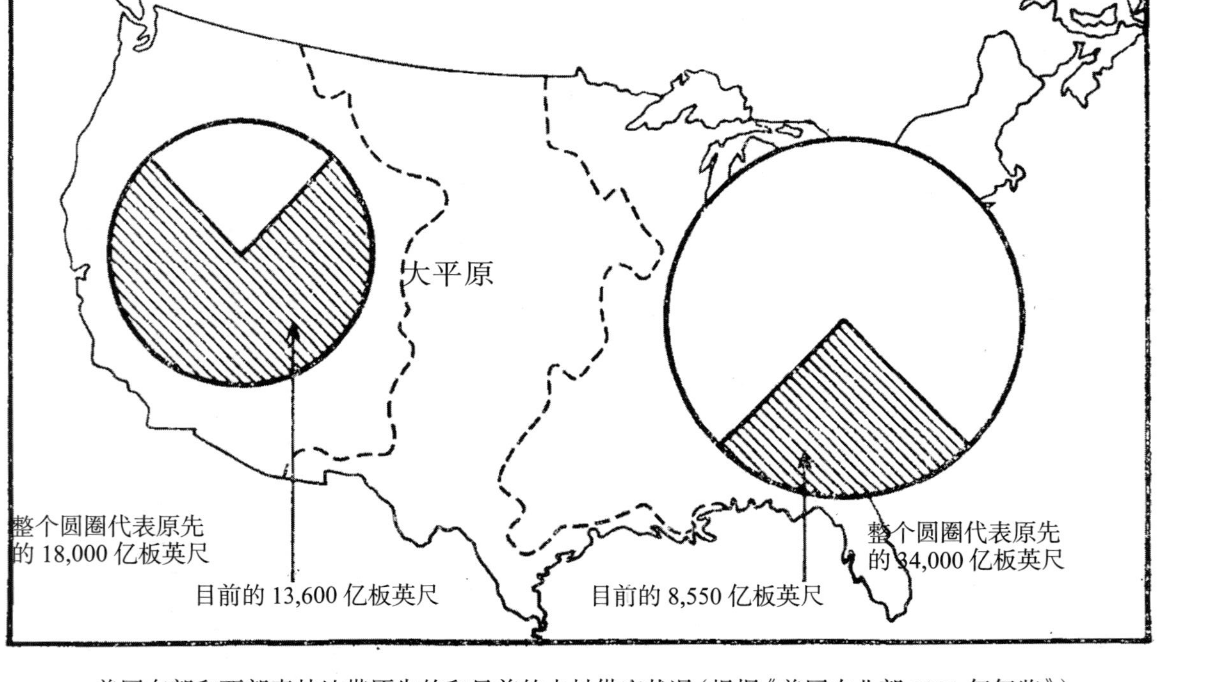


美国东部和西部森林地带原先的和目前的木材供应状况（根据《美国农业部 1921 年年鉴》）

原先的木材供应实际上恐怕远远超过了上面五万二千亿板英尺这个数字，但目前已减少到二万二千亿板英尺。这个地图并不代表各个州的情况。例如，密歇根州在 1850—1912 年这段时期，运出本州的木材差不多有一千亿板英尺，但到 1920 年它就进口了十亿板英尺木材。而内布拉斯加州从未有过大面积的森林的地面，它使用的木材大半都得从外地运来。

结论是值得在此重述的："美国是使用木材最多的国家，它所 128
使用的木材超过了世界其他国家所使用的总和的四分之三。它消费的锯木占全世界消费总量的半数，燃料木材占三分之一……显然，目前局面不能长期持续下去，因为木材产出量大大地超过了抚育量，并且对于大部分林木砍伐后的土地应如何抚育林作物，也没有做出任何准备。必须采取更适当的措施来增加林木的抚育量，其消费量也必须减少到目前消费量的一小部分，否则美国就非从国外进口庞大数量的木材不可。"[①] 许多木材生产者和一般公众对森林的态度都必须有所改变。不应当把森林看作是像矿产那样可以尽量开采的东西，而应当把它看作同其他农作物一样是一种作物，所不同的主要是成长时期较长。

美国伐木业的发展。伐木业曾经是，或者说现在也是美国每一地区工业生活的一方面。它早先在大西洋沿岸发展时还是具有地方性的工业。锯木厂建立在沿河两岸，河流可以用来运输各种木材和供应水力。运河使地方性的市场得到了拓展，而铁路则使这个产业发生了革命。自从有了铁路以来，就出现了长距离的运输、大规模的生产和林地所有权集中在公司和"木材大王"手里的情况。这种发展在大湖区尤其显著。当那些地方的林木采伐殆尽的时候，木
材生产的中心就转移到南部和西部。极西的地带现已渐次成为这 129
项工业的生产中心。表 8 系说明美国木材生产中心从一个地区到另一地区的转移。

① 拉斐尔· 佐恩和威廉·斯帕尔霍克:《世界的森林资源》，麦格劳希尔，1923 年。

表 8　1850—1914 年各地林木采伐量占总量的百分比[①]

| 年份 | 东北诸州 | 大湖区 | 南部诸州 | 太平洋沿岸诸州 |
|---|---|---|---|---|
| 1850 | 54.5 | 6.4 | 13.8 | 3.9 |
| 1860 | 36.2 | 13.6 | 16.5 | 6.2 |
| 1870 | 36.8 | 24.4 | 9.4 | 3.6 |
| 1880 | 24.8 | 33.4 | 11.9 | 3.5 |
| 1890 | 18.4 | 36.3 | 15.9 | 7.3 |
| 1900 | 16.0 | 27.4 | 25.2 | 9.6 |
| 1914 | 9.0 | 10.5 | 47.7 | 19.3 |

伐木业的展望。木材生产中心的转移已使其生产地区离开了人口和消费的中心。1850 年，纽约州是美国首要的伐木州，而它现在采伐的只等于它自己所需要的木材的十分之一。硬木的中心已由阿巴拉契亚山地和大湖区转移到南密西西比河谷地区。东北各州的软木地带实际上已砍伐一空。在新英格兰白山山坡上的森林现正在砍伐，并且正向纽约州施加压力，使其开放该州阿迪朗达克山的储备森林来接济目前制纸木材的缺乏。美国造纸厂正向加拿大购买林木，据说近十年来用美国资本在那里建立起来的新厂有二十八家。目前西北部掌握了几乎美国全部林木的一半，它的木材已打入国内各个市场，甚至新英格兰的市场也被侵入。一度曾经是
130 美国第一个伐木州的威斯康星，现在它需要的林木的百分之二十三要由西部供给，百分之十三由南部供给，百分之六十四就地取材。在未来的若干年中，西北部可望在伐木业中占据优势，等到那些地

① 格里利：《木材业某些公共的和经济的问题》，美国农业部国务卿办公室，第 114 号报告，1917 年，第 6 页。

区的木材告罄的时候，那就要仰给于国外的输入。虽然美国现时出口的木材比进口的多，但据森林专家看来，美国木材入超的日子已为期不远，那时，硬木木材的主要来源将是美洲、非洲和亚洲的热带地区，软木木材的主要来源将是加拿大、中美洲地区和墨西哥。

木材生产中心的转移带来了某些很重要的后果。首先，它使运费增加，因为到市场的拖运距离更远了。据估计，在1850年平均每一千板英尺的木材运费约计三美元；而今天已涨到十美元；若再过十年，据估计将是十五美元。[①] 其次，木材的中心地域既已陆续消失，竞争也就随之减少。运费增加和竞争减少这两个因素引起了木材价格的继续上涨。为了购买一个六居室住房的建筑材料，承包商在1924年1月所花的代价比在1913年所花的要高百分之一百零四。[②]

保护森林资源运动的发展。我国森林耗竭的可能性，在1870
和1880年代里就被某些具有眼光的森林学家和经济学家看出来了。133
大概在伐木业的中心从东北各州转移到大湖区的时候，费尔诺（B. E. Fernow）博士就开始发出警告：我们的木材供应必须得到保护。在那些年代里。经济学家也考虑到同一问题。1872年在内布拉斯加州举行了第一次植树节，后来其他各州也设立了这个节日；它的影响，总的说来虽是有益的，然而在某些方面也是有害的，因它使许多人都错误地认为杂植各种树木就算是一个真正的保护森林资源的措施。1882年美国农业部成立了一个林业组，这个组在1908年才改为林业处。



① 格里利：《木材耗竭及其原因》，美国农业部第112号通告，1920年，第5页。

② 《商情调查》，美国商业部，第30期，1924年2月，第97页。

然而，截至20世纪的头一个十年，只有科学家才关心森林资源保护运动。群众性的保护运动是从罗斯福总统执政的时候才开始的，他在吉福德·皮切特和威斯康星大学已故校长范海斯的协助下，把保护森林资源的迫切性向国内的企业家和政治家做了很清楚的解释。在这之后，某些私人社团志愿承担在森林砍伐后的土地上重新造林与研究木材代用品的工作。但是正如政府近来在一个报告中所说，“将来正像现在一样，在那些使用木材不大合适或不大经济的地方，代用品可以取而代之，并压低木材的消费增长率。另一方面，随着国内工业的发展，经常出现的木材的新用途将有增加木材消耗的趋势”[①]。尽管我们的森林保护运动有如上述，但我们尚
134 未补种的林木仍达百分之七十五之多。



**林地中的私人产权。**关于我们木材供应方面的不大乐观的局势是三种因素混合在一起所产生的结果：(1)林地的私人所有权；(2)林产生长中所需要的漫长的时间；(3)对林地的课税过重。在制定一个林地利用的经济政策时，一定要考虑到这三种因素。

目前美国林木的五分之四为私人占有。现在的私有林地曾一度是公有土地的一部分，但随后很快就被变卖了，其成为私人财产的过程是同农地落入私人业主之手的过程一般无二的。自然资源的这种从公有变私有的急剧转换，是由许多因素所造成的。想要迅速开发新的西部各州和想投机的愿望——这种愿望是每一个新区的特征，伐木业、铁路和其他商业利益的推动，边疆移民的“土地狂热”：所有这些因素连同其他因素一起促使政客们行动起来。其

① 《纽约时报》1923年7月8日所登载的美国林业局的报告。

结果是有缺陷的土地立法和对公地放松管理。早先的林地法规大半是以这样的谬论为基础的：林木可以在像农地那样的小单位土地上生产。西部的森林，由于距离交通要道和木材市场都很远，也同西部的牧场一样，需要很大的面积来实地经营。其结果也和大牧场土地的情况相同，即用欺诈和蒙混等种种手段向政府骗取面积相当大的林地所有权。

东部的林木保有地的规模一直都是比较小的；对于它们的投资
也比较保守，并且它们已经被砍伐过好几次了。一般的赋税和火灾 135
也比较少。而西部的情况则完全两样。大湖区的木材业赚钱很快和经营木材的百万富翁的例子，刺激了不少的人，他们在西部买下了大片的林地，其面积超过了他们实际的用途。在 1900—1908 年间，投机买卖使林地价格高涨到比官价贵十到二十倍，而这种上涨又因国营森林的创办而加速。结果是这些土地的投资过多；那就是说，投进去的钱超过了那些土地现在的或者将来使用时的价值。

目前必须把对这些林地的投资继续进行到木材使用时机成熟的时候。由于它们是用高价买来的，又须付出高额的税款，因此，维持这些森林的费用是与时俱增的。将来的情况将是这样：如果私人业主等到木材长成后再砍伐，他在税款和投资利息方面所受的损失将远远超过他现在就砍伐木材的损失。由于私人业主做生意是为赚钱而不是为慈善事业，因此，在这种情况下，他们现在就要砍伐他们的林木；并且鉴于保有林地的费用过高，他们将无意重新造林，因为那样做，他们一定会亏本。现在私人业主从他的投资中“取出现款”就可避免对将来的林木纳税和对他借来投资的款项付出高额的利息。

林地公有与私有的对比。“一般说来，美国私人保有林地，目的在于用尽它而不在于生产它。”① 私人业主被强迫到这种境遇的原因刚才已叙述过了。现在必须做的是改变观点。过去政策的后果
136 是：森林被砍伐殆尽；每年成千英亩的森林被毁于大火；乱砍滥伐；森林砍伐后的迹地日积月累，是否有农业价值存疑。今后的问题乃是生产问题。

生产林木所需要的时间较长，这是大大有利于林地公有的一个因素。私人业主不能等到五十到一百年或一百五十年后才得到他们投资的报偿，尤其是在利息和税款负担都很沉重的情况下。普通人在现在做出计划时，大约习惯于预测未来的二十年；林木种植者至少必须预测未来约五十年；但政府所关注的却是一个无限漫长的将来。抚育成林需要二十到一百五十年的时间。因此，政府是处在最优越的地位来维护森林，一直到它们得以使用的时候为止。政府不会因为费用大而被迫砍伐林木，因为它没有纳税这笔费用，并且它负担的利率比个人所负担的都要低。它能够采用一种有秩序的和保护性的方法来调节林木的采伐，也能够在林木砍伐后的迹地上重新植林。

不过，公有制不能保证对这类资源有足够细心的照管。在土耳其、希腊和保加利亚，其公有林地的占比都比法国或德国的大，但可惜管理得太差。据某知名权威机构说，在少数国家，经济条件对维持持久性森林很有利，用不着政府来把它收归公有。②

目前世界森林的三分之二是公有的，不过其中最大一部分出现

① 格里利，第 114 号报告，第 85 页。

② 拉斐尔·佐恩和威廉·斯帕尔霍克：《世界的森林资源》，第 19—37 页。

在新兴国家里，类如非洲、美洲、亚洲和大洋洲的热带地区，以及
北美的大部和亚洲的北部。危险的是，这些国家正处在鼓励开发的 137
阶段，它们的森林可能会跟那些经过同样阶段的古老国家的森林的命运一样，不管是公有的或私有的，都可能被砍伐一空。全世界的森林面积只有百分之十或十五是被当作抚育林木的土地在管理，其中大部分都是公有林地。

美国有五分之一多一点的木材供应，或者说六千七百九十亿板英尺木材是公有的。其中有五千四百五十亿板英尺来自国营林地，一百四十亿来自没有预为保留的公地；大约五百亿板英尺来自国有公园、印第安人保留地和军事专用公地，大约七百亿板英尺来自各州的保有地。明智的经济政策应当是为把公有土地扩大到足以生产半数木材供应量做好准备。这样一个政策就要对州有、市有和私有林地加以通盘考虑，然后把所有林地看作一个单一的单位并按照共同标准制订一个管理计划。这样一来，防火、抚育森林、防治病疫和害虫就能够成为连成一气的事业。再者，由于自然资源越来越少，有必要把私人林地加以某种形式的社会控制。

对林地的课税。林地按照一般财产税来课税是有害的，因为这会迫使业主不得不在林木尚未长成之前即加以砍伐。“一年一课正在成长的林木的税法等于迫使同一林作物付出多次的税款。如果估价等于或者接近实际价值，森林生产将会遭受打击。”[①] 森林一年
一次的课税办法忽视了这个事实：林地不是像农地那样每年都有收 138

① “林木：是属于采伐性的还是抚育性的？”，《美国农业部1922年年鉴》，第165页。

入的。采用低级林的育林方法的森林要三十到五十年才有一次收获，而采用高级林的育林方法的森林要一百五十年。在后一种情况下，林作物一次的收获要完一百五十次的税。

森林课税过重的情形并不是到处都有的。事实上有些地方的课税尚未形成一种重大的因素，但在这里面也有危险，即课税将来会对森林的过早采伐提供一个很大的引诱。私人伐木公司没有力量等到森林成熟时才去砍伐，也付不起等待期间所应付的重税。例如，西部的伐木公司总是把它们那些位于课税最重的县里的林地挑出来作为立即进行采伐作业的地区。因此不明智的课税会迫使应纳税产业遭到不经济的毁灭，而且这种毁灭重要税源的结果将使社会蒙受损失。①

现行课税的方法也有阻挠砍伐后的土地重新植林的趋势。私人业主的土地上一经种上树苗，就非马上完税不可，并且在他们还未得到任何相应的报偿之前，必须持续完税到五十到一百五十年之久。这对私人业主更新森林没有任何鼓励。然而，如果把私有森林转变成公有森林，那就将大大地减少州和县的税收，而这又常常会是一个发生倾轧和不满的根源，因为这意味着其他类别财产的税率的增加。

为了避免这些不良后果，有些州已经修改了它们的森林课税法。以低估林木或林地价值的形式来补贴业主的办法已经在二十九个州试行了。有十个州已采用了一种所谓“生产税”，其目
139 的在于鼓励私人业主保存森林资源。“生产税”就是每年征收林地

① 格里利，第114号报告，第16及86页。

税，但对林木则不年年征税，要到砍伐时才征税一次。还有，某些实行生产税的州也利用了低估地价的补贴制度的诱导作用。

虽然“生产税”大大有助于私有制度下对森林的抚育，但单靠它来达到这一目标是不可能的。在考虑了各种因素之后所得出的结论是：最好的林业政策是规定增加公有林地面积，特别是适宜于高级林的抚育的土地面积，以及和私人业主共同管理林地，以期将来在林业中能够树立保护森林而不是滥伐林木的标准。

## 矿　　地

*矿业的特性。*矿地基本上不同于农地和林地，因为从矿地取出的物资是无法补充的。采矿是一种持续不断的收获；它纯粹是抽取性的。给定足够长的时间，即使是森林也可以再生产和自行补充起来，但矿物则不然。因此，矿地的收益和其他土地的收益不同，在制定矿地利用政策时，应当承认这一事实。



此外，矿山的宝藏一般是埋藏在地下的。要找到它们，通常要通过偶然的发现或者艰苦的勘探——要在很多地方挖掘钻探，然后才能发现矿物或油的所在。只要运气好发现了某种宝藏，就常常会有发财的机会，而对矿山的投资也反映了此项事业的这一特点。有些矿山，人们对其储量已经有了一定的了解，但即使把资本投入像 140
这样已经充分开发了的矿山，如果矿坑继续深入，将来仍有出现更多丰富的矿藏的希望。用胡佛的话来说，这就唤起了那些富于冒险性的、没接受过多少教育的、头脑不清楚的群众，连同一伙想利用无知愚民图侥幸的天性，以便从中渔利的冒险家一起去从事这项事业。[1] 许多矿业投资的投机性质在金融界中是尽人皆知的。

虽则对于个人来说，矿业有一个机会的因素，对于某些投资者来说也会有大利可图，但就整个产业而论，其利润并不会超过一般的利润率。例如，在一个矿区内，有些矿山由于煤层厚、开采易、地点好或其他的原因而产生了高额利润，但在同一矿区内，那些不具备这样有利条件的矿山则刚好不赚也不亏，而有的矿山甚至还要蚀本，在这方面，矿业和其他产业是没有区别的。

不像农业那样，矿业需要大规模地进行开采。当然，也有些小型煤矿和其他小规模的矿业，但较大的矿山企业都需要重型机械、很深的竖井、大型建筑物和造价不菲的设备。这就要求很大一笔钱的投资。这样大规模的设施和资金的准备对于有效生产是那样必要，以致有人提议取消对于把矿产资源所有权集中在少数几个大公司的手里的一切限制。

采矿业的另一特色是随同这一产业发展起来的独特的劳工情况。这是因为地处荒僻地带的那些矿山，需要很多的非技术工人。专门发展起来的矿村多半是由矿主建立的，他们也控制着村中的商
141 店、娱乐场所，以前还控制着酒吧间——实际上就是控制了他们雇工的全部生活。在那里，工人不可能离开他的工作环境，除非他彻底辞工不干。在这方面，矿工的生活是和城市工厂工人的生活完全不同的。

*矿产的重要性。*矿地是一个广泛的名词，因为这种地是多种多样的产品的来源。它不但生产金属，如金、银、铁等，而且也生产煤、

---

① 赫伯特·胡佛（Herbert Hoover）：《采矿原理》，1909 年，第 180 和 184 页。

天然气、石油以及建筑石料、有价值的土层，例如漂白土、石灰、沙子等等。要使用这些东西，须剥离地层本身的一部分。这些产品对于文明生活具有极大的重要性，因此历史学家时常提到某某时期为煤的时代、铁的时代、铜的时代。现在我们似乎是从煤的时代过渡到石油的时代。家庭用烧油炉灶已在市场上出现。烧油的海船已成为司空见惯的了。

自从1890年以来，从地下开采出来的矿产特别是煤、石油和天然气，比以往任何一个时期都要多，这就说明矿产变得越来越重要了。由于这是一个史无前例的发展，因此，在确定一个处理生产这些矿藏的土地的正确政策时，我们没有先例可援，这就增加了这个问题的复杂性。

矿产资源在国际关系中也很重要。矿产的丰富或缺乏往往是战争的基本原因，并且各国的外交政策大半集中于获得这些资源的充分供应。这是目前为了控制美索不达米亚油田的国际竞争的背
景；德法两国对鲁尔区的争夺很显然是为了煤和铁；美国资本家在 142
墨西哥的石油利益成为美墨两国之间摩擦的根源，已经持续多年。这些以及其他国际纠纷的发生，是由于矿产资源在各国之间的分布很不均匀。有些国家几乎垄断了某些矿产的供应。每个国家都必须进口某些矿产品，而大多数的国家又总有其他某些过多的矿产品。因此，每个国家都采取了关税（tariff）、征税（duty）和禁运等办法来维护本国在矿产资源方面的利益。

燃料问题。和利用矿产资源有关的重要问题之一是获得满意的燃料供应。正如建筑业由于建筑材料的昂贵而深深地感到森林的耗竭一样，燃料问题也变得越来越尖锐，这倒不是因为煤和油的

实际缺乏，而是因为适合于家庭取暖的、理想的燃料的缺乏。这种燃料必须是清洁的、无烟的，必须热值高并且绝对不致给室内的人造成危险。适合这种用途的燃料有无烟煤、石油、焦炭和煤气。

自从开始使用煤一直到最近的时期，无烟煤一直是美国家庭使用的主要燃料。不过，无烟煤的储备量是有限的；据估计，到目前为止，这种资源未开采的部分按人口计算是每人一百九十吨，而已开采的部分则是每人二十八吨。未开采的烟煤是每人一万五千吨，已开采的是每人九十二吨。专门消耗这种存量少而又日益缺乏的无烟煤是不应该的，我们可用一种适当的烟煤副产品来代替它的使用。

由于地史的缘故，无烟煤实际上并不含有任何副产品。而烟煤则可分成为五种产品和副产品：焦炭、煤气、氨、苯和沥青。为炼铁工业使用而制成的焦炭，目前是在高温下用烟煤蒸馏制成的。如果把这种方法制成的焦炭拿来作为家庭燃料是有缺点的，但现在
143 正采取步骤来生产一种从低温蒸馏出来的焦炭，这种产品比较适宜于家庭使用。

当无烟煤已成为一种奢侈品的时候，市议会还在通过法令要求各家使用无烟煤，这是无效的。在这件事情上不服管的那些家庭，就一定会转而用合理的代价购买烟煤作为适当的和满意的燃料使用。在邻近焦炭制造厂的地区和在天然气的产区，用天然气来作家庭燃料是有可能的。石油也是很好的家庭燃料，虽然它的成本和煤比较孰优孰劣，至今尚未准确地算出来。但从社会观点来看，还是保存石油更为可取，因为在目前石油是润滑剂的唯一来源。

把家庭燃料由无烟煤改为烟煤，就连东部诸州也已开始了。战

争有助于加速这种改变；将来会要求更完全的改变。烟煤的优点是大家都知道的——价格比较低、分布范围很广泛、储量很丰富并有改良使用方法的可能。但它有一个严重的缺点，那就是脏。这是一个真正的缺点。这种原煤烧起来的时候，发出浓密的黑烟，会把室内和邻居洗晒的衣物弄得很脏。它把空气变得非常糟糕，成了整顿市容的障碍物并妨害市民的健康。 144

像这样的结果是不能被容许的，也并不是不可避免的。一种相当于无烟煤的代用品可以从烟煤中提炼出来。这项工作只须制定一种方法，用人造无烟煤的形式令烟煤中的固体燃料那一部分游离出来就能成功，然后还能从其余部分中制出许多产品，这些产品的价值可能足够补偿这项提炼工作的费用而有余。到目前为止，对于解决这个问题，尚少进行有组织的研究。其实，与其说这是一个技术问题，倒不如说它是一个经济问题。等到大家都体会到人造无烟煤的需要时，一个制造它的适当方法就会出现。

*私有制下矿产资源利用上的浪费。*关于矿产资源的利用，我们目前的政策是以私人经营的效率为基础的。但漫无限制的私有制往往引起经营上的浪费。石油就是说明这一点最好不过的一个例子。石油是一种流动性矿产，并且朝着压力低的方向流动。小小一块土地的业主，甚至一个租户都能够把整块油田的资源抽尽。其他每一个业主必须马上打井取油，否则就会丧失其油田的全部价值。纵然经营者愿意延缓开采，或者限制产量，他也不能这样做，因为他有一个对手就在邻近的井里采油，那个对手是会把他脚下的油取尽的。开采的人也喜欢把他们的油井打在尽可能接近他们各自油田边界的地方，以便吸取周围其他油田的油。石油的这种特性促使

开采者狂热地争取在发现石油或者认为有石油存在的每一个地区开凿尽可能多的油井。这样做的结果可以从加利福尼亚州油田的
145 异乎寻常的开发中看出，因为那里产出的石油充斥市面，大大地超过了需求，成了 1923 年原油价格下跌的主要原因。

石油的流动性，并不是它在私有制度下形成过分扩张趋势的唯一原因。另外还可以举出两个原因。首先是，财产权的现行制度认为地面所有权也包括无限制地向下延伸到地心和无限制地向上延伸到天空的所有权。石油、煤和其他矿产存在于水平的而不是垂直的地层。开采者能够从旁人的地面下吸取到自己的地面下来的任何东西都是他的财产。在某些情况下，已不讲求对地层的垂直所有权而只讲水平所有权。要紧的是把地面下的土地和适于农业使用的地面土地分别开来而予以法律的认可。这在蒙大拿州比尤特市的矿地方面已经实行了。在威斯康星州北部、密歇根州、得克萨斯州东部和加拿大出卖土地时，地下的矿权都被保留下来。美国各处不同的煤层现在都属于各个公司。近来对于水平方向矿权的承认，部分是由于政府处理公有土地的政策所造成的。政府把土地分成小块出售给个人而对地下的矿层则不加任何考虑。将土地分成小块出售，显然是认为很多私人业主的存在能导致企业上的竞争；但这却完全忽视了这个事实：有效率的矿业需要大规模的开采和很大的土地面积。

矿业过分扩张的第二个原因是，矿地在它提供使用之前需要很
146 大一笔维持费。这笔费用包含三项，第一项是投入资本的利息。无烟煤产地起初要缴每英亩二美元和四美元的特许费；在上世纪中叶，这种地的价值曾经涨到五十美元一英亩，在 1875 年是五百美

元一英亩；而在今天，一部分这样的地要卖三千美元一英亩。按照私人投资矿地每英亩三千美元计算，单是利息就要付出上亿美元。第二项是租用矿地的公司向业主支付的矿区租用费，当然只有在开采的矿地是租来的情况下，才有这笔费用。这样的租费有时竟等于煤销售价格的百分之二十七。这就是说，从每吨煤的零售价中交纳一美元给矿主。这自然是不常有的事情，但把所有的租用费加在一起，这个数目就很可观。第三项是纳税。根据所有已开采和未开采的矿床的全部售价计算的税款确是一个巨大的数目。不管矿床是否已采掘，这些税款都非缴纳不可。因此，采矿公司为了有钱支付这笔费用，只有立刻着手开矿，不管市场是不是真正能够容纳这些产品。

对矿地的课税。矿地似乎特别适宜于作为课以重税的对象。矿产资源是自然形成的，它们落到私人手里往往是由于偶然的发现。并且根据一般人的看法，它们又是能够产生高额利润的。这些高额利润应由公众来分享，难道还有比这个看法更自然的吗？事实上，总的说来，采矿业所能获得的利润并不比平均利润多，因此，重税就意味着提高价格，或者意味着浪费的经营方法，二者必居其一。

一般的矿税是从价征收。这种课税方法是以私人所有的一切
矿产资源的估计价值为基础的，不管那些资源是看得见的或是看不 147
见的，是已开采的或是未开采的。这种课税的结果是增加了维持的费用。采矿者不愿意把他们的一切矿产资源都报出来，因为那样做就意味着他们在二十年或者二十多年内还不能开采出来的那些矿产都会一律被课以同样的税。凡是征收这种税的地方，开矿的人专门致力于开采那些最容易到手的矿产，并用最快的而不是最经济的

方法来采掘。其目的是为了把他们的产品尽快供应到市场上去，以便减少作为课税基础的矿藏储量。这种做法非常类似那些受到森林课税过重困扰的木材商人所采取的做法。

而如果不按估计价值课税，那就容易助长矿主把矿藏保留起来，等到矿产短缺的时候再抬高价格出售的企图。与其说这是在采矿，倒不如说是在剥削人民。为了应对这种局面而屡次有人提议的那种税叫作吨税，就是在矿产开采出来之后按吨计税。这种税虽然有可能鼓励对矿藏的合理的保护，但它每每不能满足当地政府稳定岁入的需要，因为在经济衰退和生产低落的时期，矿产开采的数量很少，税收也因而下降。这样一来，当地政府为了保持它的经常岁入，就非对其他形式的财产加重课税不可。

矿地合理课税方法的难得，说明需要对这个问题加以极其缜密的研究。我们所需要的是把能够产生下面三种效果的税结合起来：
148 (1)鼓励采矿的经济方法；(2)维持现在和将来对矿产品的需要的合理均衡；(3)给矿床所在地的行政当局带来稳定的岁入。

*林、矿资源利用的公共政策。*来自森林和矿山的建筑材料对城市居民的关系既然如此重大，那么如果对于以上所提出的问题漠不关心，就违反了他们自己的最大利益，同时也违反了他们所在社会的利益。然而，这些问题是那么重大，如果单靠个人的主动性是远不能解决的。这就要求联邦政府、每个州或市都要采取措施。作为市民的每一个城市居住者，和其他市民联合起来，就有力量促成一个全面的林矿土地利用的公共政策的实现。这样一个公共政策应当把最大的重点放在对使用林矿土地的经济问题的研究上，放在一个保护这些资源的政策的必要性上，放在作为达到这个目标的一种

手段的公有制度上。

## 小　　结

林矿产品成本的日益增加表明，必须对于这类土地的利用制定一些合理的政策。我们的森林在很快地消失，而正在补充起来的只是少数。虽然森林私有制也有它的作用，特别是对于速生林来说是如此，但是在一般的私有制的情况下，保护资源运动是不会取得长足的和令人满意的进展的，因为要维持森林不被砍伐的费用很大。林地公有，特别是高级培育林地的公有，如果管理得好，将会带来更好的结果，因为政府可以不纳税，它借款的利率又低，因而能够把森林保存下来留待将来使用。目前的课税制度常常是打击而不是促进资源保护措施，因而应当把林地税制加以改革。矿地不同于农林土地的地方，在于矿地的产品是完全无法补充的，在于矿产是埋藏在地下的。在现代生活中，矿产，特别是燃料，越来越重要。在私有制度下，存在很大的利用方面的浪费，部分原因在于维持矿地不采掘的费用很大，而这项庞大的费用的一部分又是错误的课税政策的结果。

一个合理的林矿土地政策应当将重点放在以下这些方面：(1)研究有关林矿土地利用的经济问题；(2)保护这些资源；(3)使公有制成为达到这一目标的一种手段。

# 第九章　水的产权

150 在经济学中，“土地”一词包括一切自然资源，因而水也包括在内；由此可见，水权这个问题在土地经济学中占有一个很明显的地位。罗伯逊·史密斯曾指出，从历史上说，“水的产权比土地产权的历史更悠久，更重要”，并且掘一口井就附带着水的占有权，因为没有井，牛羊群就无法放牧。[1] 但把水权包括在土地经济学里，不仅仅具有理论上的理由；水权的利用对于土地的有效利用还有一种很实际、很具体的影响。芝加哥的排污运河就是这个事实的许多例证之一。

当芝加哥排污运河在1880年代里决定开凿的时候，没有人想到它会引起目前国内和国际的这么多纠纷。从1900年起，这条运河已开始使用，即把密歇根湖的水引到这条河道里来，将芝加哥城里的污物带到伊利诺伊州的德斯普兰斯河和密西西比河中，然后再由这些河流带到墨西哥湾去。这条运河每秒钟所引出的湖水大约是八千立方英尺，而这就引起了密歇根、威斯康星和纽约等州的反对，引起了加拿大的安大略和魁北克两省的反对，引起了加拿大自治领和美国联邦政府的反对，因为它们都说，湖水的引出大大地损害了各方面的财产利益。

---

① 库克(S. A. Cook)：《摩西的法律和汉谟拉比的法典》，亚当和布莱克出版公司，1903年，第180页。

加拿大抗议的理由是：这项引水降低了五大湖的水位，使航运遭受损失，在尼亚加拉大瀑布和圣劳伦斯河方面的水力损失是五十万马力，相当于每年五百万吨煤，价值为三千五百万美元。密歇根和威斯康星州则声称，此项引水把湖的水位降低了将近六英寸左右，使内港遭到了大约一千二百万美元的损失，并且降低了湖航船只的载运量，带来了每年三百万美元的损失。它们又说，这项引水所造成的急流对于芝加哥的河运商业及其内港的维护都是有害的，并且还造成了西部沿河地带的河水泛滥成灾。不管这些赔偿损失的要求是否合理，但很明显，芝加哥排污运河的用水问题，对于邻近财产的使用和价值，以及对于远在纽约和安大略的水力基地的价值都有深刻的影响。

我们再看看湿度不足对土地利用的影响如何。假使降水量不超过六英寸，像半干燥的西部土地那样，则那种土地将只限于放牧的 用途。不过，水权并非指的是降水量，而指的是存在于地面上和地面下的水。凡是湿度不足的地方，其地面和地下的水就成了限制因素，因而就要受到财产所有权的影响。

水的用途。水被需要是由于以下几方面原因：(1) 为了消费，例如饮用的水、家用的水和制造业所用的水；(2) 为了航运；(3) 为了水力；(4) 为了灌溉；(5) 为了它可能含有的食物和资源，如鱼、蛤、
牡蛎、海藻等。这些用途是很重要的，能够使邻近的土地价值远远 152
超过它通常的价值。船坞和码头所使用的土地往往很值钱，因为它们接近处于战略位置的可通航水域。

有时水权是完全没有价值的，因为水量很多，足以满足每个人的任何需要。但当水很稀少、无法供应上述任何一种或全部需要时，控制和利用水的权利就变得有价值，并有了价格。在这种情况

下，水就变成一种财产，就需要建立法律和制度来保护水的产权。在水的利用中所发生的冲突，使水权和水权的价格变得更为重要。水的一种利用，足以妨害它的另一种利用。例如，水力的发展，往往需要一个水闸，而水闸则会妨害或阻止航运。灌溉所需要的水是取诸河流的，但能流回到河道中去的水只有一部分。因此，有些河床较浅的河由于它们的水被灌溉的沟渠所引用，已经干涸了。因此，当灌溉计划完成时，航运和水力的用途每每就差不多被排除了。

凡是水很稀少的地方，上述那些用途甚至有可能使日常生活所需的水没有着落，于是才通过法律来建立所谓水的“优先用途”的制度。怀俄明州就有这样一种法律，在水的“优先用途”中所包括的项目依次为：(1)人畜饮用水；(2)市政用水；(3)蒸汽机及一般铁路用水；(4)厨房、浆洗房、沐浴、造冰等用水。灌溉被认为是较水力为优先的一种用途。[①]

**水权的特点**。水权的第一个显著的特点是，它是控制和利用
153 一种不稳定的、移动的物体的权利。就流动的江河来说，水是在它流过的时候被利用的，这样的利用只能消费它的一部分。只有有限量的水能被积蓄起来以备将来使用，饮用水就是一个例子。如果水流得很远，那就不可能把它的利用局限于水的产权所有者。总的说来，这个流动性的特点把水权变得很复杂。

其次，水又是特别容易受到垄断性控制的。在美国这个牧场国家里，一个水泉、水坑或者河岸的主人能够控制所有依靠他的水的供应的土地。同样，一个控制着灌溉水源的人，也控制着灌溉的土

① “怀俄明州法规大全”，1910 年，第 275 页，被引用在赫斯（R. H. Hess）的“美国干燥土地的水权”，《哥伦比亚法律评论》，1916 年 6 月，第 487 页。

地，因为没有水的土地是没有价值的。水力的发展与流动的江河是分不开的，因而一个控制着水力利用的人，能够排斥其他商业上的利用。更有甚者，美国的经验证明，水电开发几乎有可能被大的资本家集团完全垄断。

鉴于这种垄断性控制的趋势，为了公共的利益，就有对水权加以严格管理的必要。这样一种政策，对于充分保障私人财产和个人企业利用某些资源是很重要的，这些资源需要有水才能发挥效用。美国现在实行的管理财产权的两种方法是：(1)由政府委员会管理财产的使用，但财产的所有权仍属于个人——这表现在对铁路和公用事业的管理上；(2)通过公有的办法来加以管理，但经营则既可公营，也可私营。经验证明，水权公有是比较轻而易举的事。它不需要雇用大批的人力，而关于用水的技术问题，既不难解决，又不复杂。另一方面，在管理权掌握在政府委员会之手而私人所有制仍然 154
保留的情况下，要想保证一切用水的人都有均等的机会，是极其困难的。因此，我们可以树立这样一个普遍性的原则：水应当要么是一种自由取用的东西（毫无所有权可言），要么归公共所有，同时对私人经营加以限制，使其利用对社会最为有利。

*消费用水的产权*。当人们群居于村、镇和城市的时候，对于水的供应，应当严格执行公有制和公共管理，这是没有什么问题的，因为每个人饮用的水，不可能由他自己来供给。让每个人掘一口井，这不单从物质的角度来看，是办不到的，即使从公共卫生的角度来看，也是不能实行的。为了这个缘故，市中心区为数众多的人的水供应，总是公有公营的。在人烟稀少的地区，仍有可能做到人凿一井，从而建立一个私人供水制度。在一个人烟稠密的社区尚未

形成之前，公有制就不可能成为问题。等到这样的社区形成之后，为了公共利益，充足的饮用水供应的需要是那样地明显，以致公共管理的优越性似乎是无可否认的。

*海洋和海岸的产权*。世界各国，通过大家的公议，承认海洋自由。任何一个国家没有对海洋的任何所有权。虽然有些国家，如英国之于直布罗陀海峡和苏伊士运河，美国之于巴拿马运河，控制了海上交通的战略要地，并且可以对它们做出于自己有利的利用；但
155 是，总的说来，这些国家都没有滥用它们的权力，这就大大促成了海上自由的实现。

不过，海上自由有一个影响到财产关系的限制。一个国家可以控制离它的海岸线三英里以内的海面和其中一切财产，这是国际公法一般所公认的。在那个三英里范围以内行驶的外国船只，就须服从控制那些海面的国家的法律。在三英里范围以外行驶的外国船只，则服从它挂的国旗所代表的那个国家的法律。这项规定和美国禁酒修正法令的结果是：乘坐英国船只横渡大西洋的旅客，在离美国海岸三英里以外的洋面上，在船上买酒是被许可的。由于在实施防范走私的禁令方面存在困难，美国政府近来曾请求英国政府协助缉私，并在距离美国海岸线十二英里以内的海上进行搜查。美国政府所根据的是一个有四十年历史的律令，这个律令许可在离海岸十二英里范围以内的海上搜查应付关税的走私货物。英国政府已经接受了这个原则，并将其纳入一个条约中。依照这个条约，美国把它在海上对某种财产的管理权从三英里伸展到十二英里。因此，海上的自由也相应减少。

在讨论海岸土地的时候，我们会发现一种不同的情况。私人的

所有权是否可以伸展到海洋，这要由宪法和各州的法律来确定。例如，在罗得岛拥有海岸土地的个别私人，无权禁止公众在海岸边步行，但在马萨诸塞州，这种土地所有者的权利可以伸展到低潮线。不过公共权利有时也表现在对私有财产互相转让所施加的一些限 156
制方面。

*湖和湖滨的产权。*关于芝加哥排污运河用水问题所引起的纠纷，说明了湖水产权的重要性。这些产权的法律问题很复杂。一个可以通航的湖，其水面下土地的地权，是属于它所在的那个州，而不是属于毗连土地的土地所有者。水本身是公共财产，是人人都可使用的——如果航行的公共权利不受到阻挠的话。当那个州利用湖水的时候，如果没有得到土地所有者的同意，或者没有经过正当的法律程序，它不得损坏私人湖滨地产权利，并且，如果没有得到湖滨土地主人的许可，它也不能准许任何人从这个湖里放水。后一原则是威斯康星州的法律，但不是伊利诺伊州的法律，因为在那里还未发生过这样的事情。根据这个原则，并按照威斯康星州的法律而论，芝加哥卫生行政区改道引水是不合法的，因为它事先没有得到威斯康星的那些湖滨土地所有者的同意。拥护排污运河的人主张，在尼亚加拉河建造一些调整和补充工程，就会把行驶在湖水上的船舶提高到它们原来的水位，这也是实情。如果那样的话，威斯康星的湖滨土地所有者就没有控诉的理由了。

通航的湖滨土地所有者的产权，不能伸展到低潮水位以外的水面。因此，在许多州，土地所有者要把他们的产权范围伸展到湖面，企图禁止游泳和钓鱼的人，这是违法行为。湖沼开始的地方，就是湖滨土地所有者的财产终了的地方。正如伊利湖附近的某些重分

土地的情况一样，有时把接近湖滨的权利给予同湖滨土地所有者接壤的内部土地的土地所有者。这就是律师们所谓接近湖滨土地的
157 地役权，它采取的形式是限制湖滨土地所有者享有充分产权。

不能通航的湖，其湖底的土地究应属谁，要由每个州来自行决定。按照纽约、密歇根、新泽西、印第安纳和南达科他各州法院的裁决，这种湖底的土地所有权应归私人。要紧的是要注意这一点：如果一个不能通航的湖为私人所有，不管是公众还是与之毗连的土地所有者，都无权在它的上面划船或在水里钓鱼。忽视这一事实，就有可能给某些想在一个小小的湖滨建造消夏别墅的城市居民带来麻烦。

能通航的河的产权。要确定沿河土地或河水本身的最有效的利用，首先必须查明对流动水的私有权利的范围如何。而这又要根据那条河是不是能够航行来做出决定。谈到航行问题，一条河是否能通航的正确标准究竟是什么，这其中有不少的混乱。在英国早先的时代，只要潮汐流能够到达的河，往往就被认为是可通航的。后来这个概念被扩大到包括较大的、没有潮水的河流。在美国，由于许多大江大湖的存在，这个词的意义就有进一步扩大的必要。一般说来，现在一条被认为是能够航行的河道，就是它有“足够的容量，可以把矿山、森林或乡间的耕地的产品，顺着它流动的方向，带往市场去”，或者说，能够浮载大小船只、木筏或大木料。[①] 由此可见，一条能通航的河道，就是指在运输方面对于商业有用。

把一条能通航的河规定得这样仔细，是因为这样的河流是公共

① 《布维尔法律词典》，第 8 版，第 3 次修订版，“可通航的河道”，第 2301 页。

的大道，任何私人在利用它或利用和它毗连的土地时，都无权妨害 158
通行。没有政府当局的许可，私人不能把水闸或桥梁这一类妨害通行的障碍物设置在一条通航的河上。换句话说，把可通航的河流或其毗连土地作为一个公共大道来利用，应当比任何其他用途都有优先使用权。因此，通航河流的河岸土地的所有者，在利用他们的土地时，只限于那些不致妨害河道所起的公共大道的作用的用途。例如，他们不能在他们的河岸土地上修建水电站，如果这个水电站需要配备一个有碍航行的水闸的话。即使是州政府，除了通过合理的规定之外，也不能干扰航行、取冰和捕鱼这一类的公共权利。

能通航的河道，归联邦或州政府管理。如果一条河是沟通两个或两个以上州的要道，那它就由联邦政府管理。有的河流虽然完全都在一个州的范围内，但它在商业上的航运量却很大，这样的河流也由联邦政府管理。但当有些应由联邦政府管理的河道并未得到其有效管理的时候，则可由州政府管理，如果该河流全部位于那个州的范围以内的话。

对于不通航的河道，则另有一套完全不同的财产规则。不通航的河道是河岸土地所有者的私产。在这种河里捕鱼的权利，是属于私人的，因此，他可以禁止人们在他的河里捕鱼，如果他想这样做的话。一边河岸的土地所有者，也有河底土地的产权，其范围以河
床的中心线为界。如果河床及河本身归私人所有，则任何旁人都不 159
能取得对这些河的权利，除非向土地所有者支付费用。

由此可见，在河道航行方面，公共权利的范围是很广泛的。只有很小的河和体量很小的水域才能成为私人财产，而在流动的河道中，私人水权往往受到别人的水权的牵制，因为把流动的水堵起来

这种损人利己的事，是不被许可的。一个完全在土地所有者地面上的小池塘，既不受到经过其他人土地的河水的灌注，又没有把它的水注入经过其他人的土地的河流，这才可算是完全私有的财产。

水力的产权。在美国，河岸是私人财产，这就使所有者有权对河与岸做出各式各样的利用。他当然有权接近河道，也有权建造码头和防波堤，有权取冰、捕鱼，并享有经过他的土地的河流所带的一切附着物的权利。在这些权利中，最有价值的是利用河流来开发水力的权利。这个权利之所以特别重要，是因为它往往免不了要把河流变得不适宜于任何其他用途。

河岸土地所有者开发水力的权利，只有在某种合理的限制下才能行使。在这些限制包括：(1)不得把河流的水不合理地减少，也不得把河流的水平面不合理地加以改变；(2)不得不合理地阻挠航行，也不得把河水污染；(3)只许在个人土地范围以内创造水力的落差。对于河流的合理的阻断、污染或使用是被许可的。至于什么是合理的，这就要由各州的法院来负责解释，而那些法院的看法也不常常都是一致的。因此，在某个州算是完全合法的一个水力计划，往往
160 在邻近的州却是不合法的。

当建造一个开发水力的水闸时，还会碰见另外一些困难。用闸关起来的水，时常使其上面的农地遭到淹没。一个拒绝出售遭到闸水淹没的土地的人，能够使整个水力计划停顿下来而无法实现。为了打破这种僵局，某些州已通过了所谓“水力设施法案”，用州的权力来支持取得这块用于水淹的土地。这就是说，开发水力所需要的河流的利用，被看作是一个公共性的用途，因此，它比农民保留其土地，从而妨害其他河岸土地所有者的水力计划的私人权利更为重

要。其土地已被淹没的土地所有者，则由建造水力设施的人赔偿他在财产上所受的损失。使用河岸土地开发水力的计划所遭遇的困难，证明有必要由公共机构对水权加以严格限制；至于限制的方式，则可通过公有制或通过政府委员会的管制来实现。

## 灌溉用水的产权

灌溉水权的复杂性。这是产权最复杂的一个方面。这些复杂性是从这样的事实产生出来的：一个州同另一个州的个人所有权内容差别很大，以及州的权利、联邦政府的权利和从联邦政府取得土地的个人权利互相冲突。另外一个使事情复杂的情况，是从湿润地带迁到西部的人，没有体会到已经改变了的生活环境。湿润地带的水是很多的，几乎是随便可以取用的东西，其河岸土地权也是随着这种观点而发展起来的。当这些移民来到干燥的西部时，他们发现水不再是充裕的；他们还得节约用水，并承认它为财产的一种形式。实际上，对这些移民说来，水简直成了生产的另一种因素。 161

灌溉的发展。灌溉是一个古老的制度。灌溉用水的个人权利，在摩西诞生七百年前，就由《汉谟拉比法典》规定下来了。由秘鲁、墨西哥和新墨西哥的印第安人以及西班牙人所发展起来的灌溉法规，很类似英国人在同样的情况下所发展起来的法规。虽然这个制度的年代已很古老，但至今存在的这些法规，乃是从人们在半干燥的西部区域的自然环境中艰苦奋斗和总结的经验中所产生出来的。

西部在灌溉方面首先进行的尝试，是由个人开掘的把水引到他自已地里去的一些沟渠。随着人口的增加，沟渠就扩大起来，成为一种合伙事业或者协作计划。继后，又必须对工程和水的收益分配或者对计划中的权益分配订立书面合同。在早先的日子里，不但是从工程技术的角度，而且更多的是从适当的财产关系的角度来看，都犯了很多错误。

个人或合作努力的失败，导致了灌溉的第二个阶段，那时是由公司开凿水道来引水卖给农民。凡是以前水权附属于地权的地方，现在水权和沟渠连在一起，而沟渠所有者就控制了水的处理和出卖权。这就造成了不少纠纷，因为有些人买下了比用来灌溉自己田地
162 还要多的水，以高价转卖给运气差些的人。[①] 有些投机者根据《宅地法》，把一切正在开辟的新沟渠附近的公地都买下来了，这样一来，就把许多私人灌溉公司搞垮了。这些投机者买下这些公地，并不是为了去垦殖；他们只是为了把土地囤积起来，等到灌溉计划完成后，再以高价出售。同时，水也卖不出去。公司所开凿的沟渠破败了，利息的负担越积越高，经过短短的时间公司就破产了，因为没有真正的移民和用水的人来购买其服务。

灌溉的最后阶段，可以被称为大规模经营时期。那些比较容易开发的地区，已经被占用了。新的工程需要建造大型水闸和开凿费用巨大的运河与沟渠，但这种过大的费用是私人企业无力承担的。为了鼓励灌溉事业，联邦政府根据 1902 年通过的《开垦法案》，曾经提供经费，有时甚至由政府自己兴建灌溉设施。

灌溉用水的产权制度。灌溉用水所有者的权利是由以下三种途径或制度设定的，而这些途径或制度的根据是：(1) 占用原则；(2)

① 埃尔伍德·米德(Elwood Mead)：《灌溉制度》，麦克米伦出版公司，1903 年，第 82—87 页。

有限度的河岸土地权原则；(3) 民法原则。对于这些产权制度，我们将加以详细讨论，因为对于它们的充分了解，就是我们可以利用干燥地带土地的一条线索。正如在河岸土地权或占用制度下都很容易发生的情况那样，如果某一个人控制了水的供应，其他所有附近的人都将受到他的摆布，因为在干燥地区，水是异常重要的一种必需品。最经济的土地利用，要求控制水权来保证每个人都得到他应有的那一份水。这种控制权的必要性以及公共发展大规模灌溉的必要性，使怀俄明州和科罗拉多州的制度（民法理论）——从制定土地政策的观点来看——成为很理想的制度。

1. 占用原则起源于加利福尼亚州早先的采矿业。按照这个原 163
则，首先把河水或湖水引出来进行“有益的和持续不断的”利用的人，就有用水的优先权。换言之，先引水的人就有先使用灌溉水的权利，如果那种水是被持续不断地利用着的话。享有优先权的人一经停止用水，就会立即丧失这个权利。即使引出来的水要从那个地区的其他农场旁边经过，他也有利用它的优先权。有时个人难以实现这种权利，因为离河湖水源最近的人，能够把所有的水都引出来为自己所使用，尽管他是最后一个开沟引水的人。在这种情况下，为了保障首先引水的那个人的优先权，州政府就要出面予以干涉，并加以法律的规定；在 1851 年前，加利福尼亚州就是这样做的。美国在 1866 年批准矿地出卖的法案中，已承认了这个原则，而科罗拉多州还把这个原则编入了它 1876 年的宪法里。美国在《垦殖法案》中限制每个农民的用水量，只能按照他的土地亩数供给，并且在缺水的时候，用水的人只能得到可能得到的数量中他应有的那一份，这样就修改了这个原则。

2. 有限的河岸土地权原则，是试图把适合湿润地区的河岸土地权原则运用到半干燥地区的灌溉事业上去。表 9 和图 3 是这个制度和占用制度的对照。例如，依照河岸土地权原则，只有土地真正位于河边的地主，才算是合法的用水人。因此，在图 3 的 A 地居住的农民就无权用水灌溉。但采用有限河岸土地权的那些州的法院，认为
164 这项规定还可以修正。甚至在另外一个流域内的某些土地，也曾经被宣布为某一河流的河岸土地，以便使其得到灌溉。依照河岸土地权原则，必须把水返还给河流，使水量不致减少，但法院曾经宣布过，“合理的”保留和使用是被允许的。其他方法也被采用过以修改河岸土地权原则从而适应灌溉需要。1884 年，加利福尼亚州处理勒克斯－哈金一案，就采用了这一制度，尽管占用原则是那个州所首创的。

表 9

| 河岸土地权原则 | 占　用　原　则 |
| --- | --- |
| 水是它所流经的土地的附属物。<br>私人土地所有者对水的使用有独占权。 | 水是公共财产。<br>水只有经过分配，才能为人民或州专用。 |
| 水权不以它的使用与否为转移；不使用水并不等于水权的丧失。 | 如不使用，水权即丧失。 |
| 河岸土地权所有者住在河岸；不住在河岸的人没有河岸土地权。 | 所有者不一定住在河岸。<br>（1）他可以使水流转向，把水引向任何地点；<br>（2）不必一定使水全部或部分返还；<br>（3）如果需要，可以改变转向地点；<br>（4）可以改变利用水的农场地点；<br>（5）可以将水出卖给其他使用者。水权与地权分开。 |
| 河岸土地权原则规定使用水的人有义务：<br>（1）使水返还，大体上保持水量不减少；<br>（2）不得阻碍通航；<br>（3）不得污染河水。 | |

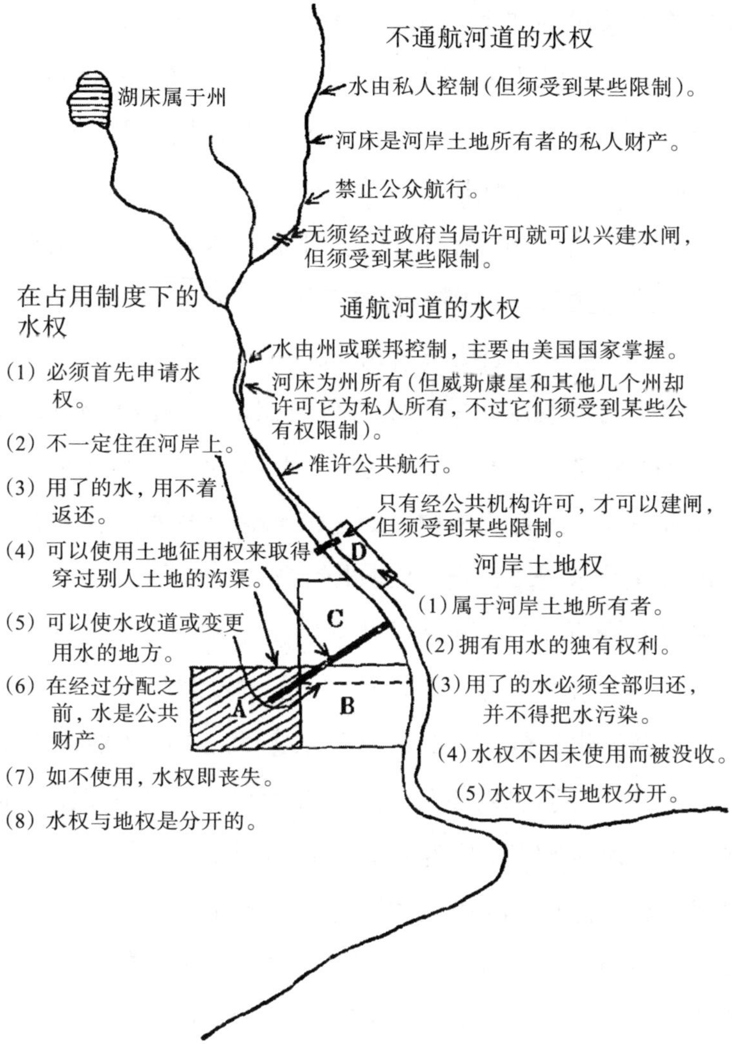

不通航河道的水权

湖床属于州

水由私人控制（但须受到某些限制）。

河床是河岸土地所有者的私人财产。

禁止公众航行。

无须经过政府当局许可就可以兴建水闸，但须受到某些限制。

在占用制度下的水权

(1) 必须首先申请水权。

(2) 不一定住在河岸上。

(3) 用了的水，用不着返还。

(4) 可以使用土地征用权来取得穿过别人土地的沟渠。

(5) 可以使水改道或变更用水的地方。

(6) 在经过分配之前，水是公共财产。

(7) 如不使用，水权即丧失。

(8) 水权与地权是分开的。

通航河道的水权

水由州或联邦控制，主要由美国国家掌握。

河床为州所有（但威斯康星和其他几个州却许可它为私人所有，不过它们须受到某些公有权限制）。

准许公共航行。

只有经公共机构许可，才可以建闸，但须受到某些限制。

D

C

A

B

河岸土地权

(1)属于河岸土地所有者。

(2)拥有用水的独有权利。

(3)用了的水必须全部归还，并不得把水污染。

(4)水权不因未使用而被没收。

(5)水权不与地权分开。

图 3

166 3. 民法原则认为水权具有双重性：它是个人的一种必需品，又由于在干燥地带水的稀少，它对大众福利也是很重要的。信奉这个概念并且首先采用的那个州就是科罗拉多州，该州的现行宪法公开宣布：至今未拨归私人专用的每一条河的水都是**公有财产**，因此，它是这个州的每一个人的财产，每个人都有权把水取来为他自己所使用，但须**依照州政府所制定的条例**——主要是根据占用原则制定的条例。水的公共控制，就这样变得比灌溉水权的任何其他制度更完整了。目前采用这个原则的有科罗拉多、爱达荷、内华达、犹他、怀俄明、亚利桑那和新墨西哥诸州。

怀俄明州的灌溉水权的制度与科罗拉多州的略有不同，但重要的是，它们都是同一类型的，因为它们都认为水不是任何个人的财产。在怀俄明州，水是州的财产，这个概念是从水属国王的那个古老的欧洲理论中得来的。既然是州的财产，那么，个人取水使用，就须得到州的许可，而这种许可就规定了个别使用者的权利。这个制度与科罗拉多州的制度不同的地方是：按照科罗拉多州的原则，任何个人，依照州的规定，都可以把水据为己用，但他的严格的权利，还要等到一个争执发生后，由法院做出的裁决来裁定；而在怀俄明州的个人用水权利，已经在原来核准时确定下来了。采用怀俄明州制度的有爱达荷、内华达和得克萨斯各州。

**灌溉的经济方面**。现在已经灌溉过的土地，在它原有的未经灌溉的状态下，是不宜于农业使用的。截至 1923 年 6 月 30 日，为了把这种土地投入生产性的利用，美国政府对灌溉工程所花费的
167 钱总共是一亿八千一百万美元。根据 1920 年的国情普查报告，在美国的二十三万一千五百四十一个农场中，公私灌溉合计面积达

一千九百一十九万一千七百一十六英亩；此外，还有三千多万英亩可以灌溉的土地。上述那一年的美国农作物产品的总和，其估计价值超过一百七十亿美元，其中受到灌溉的农场的产值是七亿六千万美元。

政府花这笔钱的用意，不仅是为了增产，而且据某位作者说，也“是为了建立小型的、自给自足的家庭农场——国家的支柱”[①]。

如果从这两个标准来判断灌溉工作的成败，我们就不妨问一下，这笔费用是不是值得花。1923 年 10 月，内政部长指派了一个委员会来重新拟制一个开垦政策。这位部长说，在这个委员会开始办公时，在政府投入灌溉事业的一亿八千一百万美元中，只归还了四千六百万美元，其余的一亿三千五百万美元尚未归还。据报道，这位部长曾说：“在收到的申诉中，有人责难地说，在许多计划中，诱使移民去从事这项工作的原有估算比实际费用要低百分之五十到一百，而实际费用是那样大，以致农民们不可能按照法律所规定的时间和方法偿还贷款……像以往一样，向政府贷款来灌溉干燥土地的这种垦殖办法已告失败，因为多数的计划都带有冒险事业的性质，从偿还政府贷款的方法和为了使移民安居乐业的角度来看，都非迅速对这种移垦办法加以调整不可。”[②] 168

如果我们更细致地调查一下灌溉土地的农民的情况，就不难看出，他们不能偿还政府垫款是不足怪的。灌溉土地的农民，除了经常的开支如税款、肥料费以及其他费用外，还要支付水价以及建筑

① 纽厄尔（F. H. Newell）：“开垦的意义？”，《农田》杂志，1922 年 8 月。

② 《垦殖纪事》，内政部移垦局月刊，1923 年 10 月，第 295—296 页。

费和维持费。当灌溉费用增加到每英亩五十到一百美元时，显然这些农场还是无利可图，哪怕在灌溉上花去了那么多的钱。现在许多使用灌溉土地的农民正在另谋出路，想不再用他们的地来种农作物而另换用途。大多数的西部各州的移民厅，目前都不鼓励新的移民去占用那些土地。较好的办法，不是用灌溉方法来扩展土地利用的边缘，而应该是在较优良的未灌溉的土地上进行集约栽培。错误的灌溉政策，一半是由于农作物市价的波动，一半是由于想把赔钱的土地变成赚钱的土地，而忽视了要达到这个目标所需花费的巨大费用。换言之，这就是没有运用净收益原理的结果。

*水下土地的产权*。在讨论产权的时候，必须区分清楚水下面的两种土地。在美国能通航的河湖的河床和湖床，一般是公有财产，并且这种地是不许出卖的，虽则它可以出租给个人。海洋下面的土地也是公共财产。



表明水下土地是公共财产的一个例子，是切萨皮克湾下面产
169 牡蛎的土地，在那里无论何人只要有一条小船和应用的工具，就可以去采捕牡蛎。这种类型的原始共产主义的优点，就是每一个人都容易成为一个牡蛎捕捉者和售卖者——简单地说，一个小小的资本家。而它的缺点，则是没有任何刺激去鼓励人们保存这种有价值的天然资源。由于没有人负有主权的责任，每一个采捕牡蛎的人都尽量地采捕，那就是说，把出产牡蛎的地层剥得精光。要重新培育这些产地，就得放养老牡蛎或设置灌木丛样的树梢，以便捉住浮在水面的牡蛎卵。但是如果有贼人趁着黑夜把这些产品都偷走的话，任何人也不愿去找这种麻烦。

采蛎业所需要的是一种不同的产权制度。初看起来，好像完全

私有制就能补救对牡蛎资源的不经济采捕。但从整体来看，出租制是比较好的一个制度。公家租给私人使用的办法，不但能够提供一个适当管理的机会，同时还可以鼓励个人的积极性，如果把租期定为二十年或四十年的话。对于这样的租借，可以加以调节，使其既可以保护公共的权利，防止垄断，也可防止对蛎产的滥加掠夺。

水权中所含有的公共利益。从本章整个的篇幅中，不难看出，水的所有权，其实是许多权利的复合物。但水对于土地尤其是需要灌溉的干燥土地的正常利用是那样重要，似乎有采用某种有秩序的制度的必要。作为制定政策者进行工作的一个最实际的准则是一个大范围的公有制度，或者至少是公共管理，其目的在于保证一切 170
个人的均等机会，鼓励水、土相互结合的最高生产。

## 小　　结



在经济学中，土地包括一切自然资源，因此，水也包括在内；水权也影响土地的生产性利用。水的用途是：(1)消费；(2)航运；(3)水力；(4)灌溉；(5)提供食物和其他物资(鱼、海藻及其他)。当水的供应受到限制时，这些用途就互相竞争。当水不能满足一切需要时，就发生了水的产权问题。水权特别容易受到垄断性的控制，因此，必须加以管理，以便维护公共利益。家庭用水的产权应归公有。通航的水通常是可以自由使用的东西，或者是公有财产。海洋的水是自由的。通航的河湖是公有财产；不通航的河湖通常是毗连土地所有者的财产。为了维护公共利益，通航河岸的土地所有者，其开发水力的权利应当受到限制。灌溉水权是按照三种不同的制度确定的，分别是：(1)占用原则；(2)有限的河岸土地权原则；(3)民法原则；其中第三个原则提供了最有效的公共控制。通航的水，其下面的地权是公有的；但是，正如牡蛎产地的例子一样，如果把这种土地租给个人，往往就会带来更有效的利用。有关水的政策，应当规定一个较大程度的公有制，其管理原则应保证个人得到均等的机会，而同时也使生产得到鼓励。

# 第十章　土地所有权

土地所有权引起了关系到土地有效利用的许多很重要的问题。171
在美国发展成为一个国家的全部过程中，它曾不可避免地面临着应如何处理它的公有土地这个问题。它起初的政策是尽可能迅速地把这种土地从公有变为私有，以便刺激这个国家的发展。为此，联邦政府发给了各个州和私营铁路公司土地许可证，又制定了优先购买公地的法律和宅地的法律。

在这个政策之下，美国虽然在物质方面进步很快，但困难也接踵而至。人们发现，在私有制度下，森林被砍伐之后没有重新培植，而从地里开采出来的煤、石油和其他矿物的数量过大，以致有危及国防之虞。于是，在罗斯福总统执政期间，普遍的保护资源运动，迫使政府对这种只图私利的利用政策做出了修正，其修正的范围是把林地的某些区域和某些矿权收归公有。国有森林和油田、煤矿的保留地多半是从那个时期开始出现的。至于农业用地，其转变为私人所有的政策，则在实质上继续不变。

当这个过程正在持续的时候，城市的发展引发了一些不同性质
的问题。大都市中，土地的集约使用引起了交通拥挤与居处狭隘的 172
现象，而这又使人们的生命、身体和健康受到威胁。同时，地价、赋税以及拥有并使用宅地的其他费用的日益增加，造成一个为数很

大的城市租户阶级和一个住房问题。

这两方面的发展说明了有关土地所有权和土地利用之间的关系的那个普遍性的问题。每逢土地的迅速开发似有必要的时候，我们就把这件事交给个人去办。而每当土地似有不给个人使用的必要(即保留土地不用)时，在某些情况下，我们就会把它收归公有。这样，公共所有权的范围，先是缩小了但后来又扩大了，这等于私人所有权的范围先是扩大了但后来又缩小了一样。

但把所有权由私有变为公有，或由公有变为私有，并不是调节土地利用的唯一方法。在保留公共所有权的同时，在适当的限制下，也可以把土地出租给私人经营，对于私有土地的使用，政府机关也可加以调节，而对其所有权则不做任何改变。后者就是所谓“私有财产的社会控制”。

**土地所有权形式的多样性。**土地所有权并不是像明显地划分为公私所表现的那样简单。例如，在私有制下，土地可以由地主使用，由向地主承租的佃户使用，或者由拥有共同所有权的多人使用。
173 而且，有些土地所有者比其他土地所有者的权利更充分。根据法令规划过的一块市地的土地所有者，不能随便建造他所喜欢的那种房屋，因为他在使用他的土地方面，要受到市地区划法令的限制；而一个未经规划过的市地的土地所有者，在选择使用他的土地的自由方面，就没有这种限制。因此，在未规划过的城市的那个土地所有者，比必须遵守区划法令的土地所有者享有更充分的产权。租用的土地的所有权，也有类似的产权问题。租用土地的人，在使用土地方面，没有土地所有者享有的自由那样大。但在使用土地方面，乡间的自耕农比城市的土地所有者有更多的自由，因此，我们发现，

从一个对土地有最广阔的活动范围的人到一个其土地或事业因“涉及公共利益”而受到严格管理的人，其私有权所受到的限制是逐渐加大的。

公有土地的所有权就没有这样多的形式。然而在公有制度下，土地可由公共机构来经营，像公园、街道、公路和国营森林就是如此，或者，由公共机构出租给个别私人来经营。在这种情况下，其土地所有权都是公有的。在公用事业中，为了种种目的而使用土地，其地权归私人所有，但受公众的管理。在这两个例子里，应当把完全公有制和由公众或社会管理的私有制之间的界线划分清楚。

在少数的个别情况下，存在着共有财产，它是旧时代的一种残余。在大多数的场合里，共有财产现正转变为公有财产。土地共同所有权的一个例子就是以往新英格兰的共同市地。这种土地为全城居民所共有，并且每个居民都可以使用它，像使用其在别处的 174
自有地产一样。城市中外来的人没有享受这个共有地的权利。对于这个共有地，每个居民都有他那一部分所有权，他也可以让外来的人享用他那一部分权利，但整个的共有地，如果没有得到大家的同意，就不能够被用来换取别的东西。这就是波士顿的共有地的起源。印第安部落所拥有的土地，大部分仍然是共有财产，由联邦政府替印第安人托管。



**财产的性质。**在街头巷尾人们时常谈到的“财产”这个词，往往是指实质的东西而言。这是不正确的。在法律上和人与人之间的日常交易中，财产所指的不是实质的东西，而是对那种东西的专有的排他的**权利**。你把地皮出租的时候，你就暂时，也就是说，在租约有效期间，放弃了对它的个人使用权。但是，如果租约没有履行，或者在租约期满的时候，你仍然有合法的权利把那块地收回来自己使用。因此，有人称财产为**一束权利**。当一个土地所有者的所有权受到某种形式的社会控制时，就像他处在实施市地区划法令的地区以内那样，他这个“权利束”内的“棒儿”就减少了。这是便于人们理解私有财产的社会方面的一个好比喻。

由此可见，财产就意味着一种控制经济物品的专有权利。私有财产意味着私人控制着一种经济物品的专有权利。公有财产意味着一个政治单位（市、州或国家）控制着一种经济物品的专有权利。共有财产意味着某种集体控制着一种经济物品的专有权利。

175 **土地公私所有权的范围**。在美国，联邦政府是最大的土地所有者。那些反对形成私有大地产趋势并主张扩大公有地产范围的人，常常忘记了这一点。并且，尽管以前政府不遗余力地把土地转让给私人，但上述这一事实仍然是正确的。

由联邦政府掌握所有权的土地，总共是三亿七千六百六十九万五千六百一十九英亩（阿拉斯加除外），等于美国全部面积的百分之十九。这个数字中有将近一亿八千二百万英亩土地是原有公地中未预留和未转拨的一部分；另外还有同样英亩数的土地是国有林场，而国有公园、纪念性使用的土地差不多有八百万英亩，保留为水力基地使用的土地有四百五十万英亩。在这个三亿七千六百六十九万五千六百一十九英亩的数字上，还可以加上阿拉斯加的三亿七千八百一十六万五千七百六十英亩，全国陆军使用的几百万英亩，政府为印第安人托管的保留地二千七百六十六万零三百一十六英亩，各个州所有的三千一百零四万九千九百五十六英亩和市有的大约三百万英亩，这样我们就可以看出，美国和阿拉斯加的公有土地总共将近八亿七千万英亩。这个数字大约等于美国和阿拉斯加土地面积总和的百分之三十八。其余百分之六十二的我们的土地则掌握在数百万私人公民的手中。

市地的所有权。大部分的市地是私有的。没有人会真的怀疑：
私人所有权的刺激促使城市的迅速发展，或者，通过私人的创造性，
从土地得来的大量劳务中，公众确实得到很多好处。同时，我们必
须承认，城市存在糟糕的设计、缺乏吸引力、生活条件不卫生、交通 176
拥堵，这其中很大一部分都是肆意追求利润的动机所造成的结果。
因此，社会群众再不愿被动地听任那些旨在牟利的个人的摆布。在
公众利益比个人利益更重要时，就要采取控制性的措施。

然而市地私有制也有些无可争辩的优点。它鼓励对财产的细心爱护；它能实现那些在其他场合里会被延搁的种种改进措施；它能导致市地的迅速发展来应付都市人口增加的需要；它可以鼓励市民的责任感。



从公众的观点来看，市地所有制的第一个突出的问题，就是保存这些优点，和避免因容许私人土地所有者为所欲为地使用他们的土地，而置其他公众的利益于不顾所产生的不良后果。为此，“私有财产的社会方面”，已经通过种种缓慢的变化而发展起来了，这些变化有可能限制土地私有权的范围。在某些场合里，对于土地利用的公共控制，已经采取把私有土地转变为公有土地的形式。关于所有权问题的这一方面，我们以后还要再谈。

1. 住宅所有权。有助于发展财产使用中的社会观点的方法之一，是提倡住宅所有权。自有住宅是大多数政府和地产公司的一种信条。有人说，住宅所有权使所有者对他那个社会有一种安全感、

稳定感和永存感，这是一个很好的说明。因此，住宅所有者更乐于
177 积极地参加社会的管理和改进。总之，住宅所有权能鼓励人们去做良好的公民。一个很好地培育起来的公民责任感，毕竟是一个唯一的最好的准则，它概括了导向社会改良的动机。

然而颇为令人惊异的是，在1920年，除农家住宅之外，自有住宅的家庭不及总数的一半，[①]并且，除在农村者外，甚至只有总数四分之一的家庭住宅是完全为居住者所有（就是说，拥有没有抵押负担的家庭住宅）。[②]差堪告慰的是，在截至1920年的那个十年的期间，自有住宅的百分比的增加，超过了其前面的两个十年的增加，虽则在另一方面，在那个十年的期间，没有抵押负担的家庭住宅的百分比，比前面两个十年下降得更多。[③]

如果把各区与各城市的资料加以分析，我们就会发现高度的都市化连同城市的迅速发展，通常是和自有住宅的百分比的降低以及有抵押负担的家庭住宅的百分比的上升是一致的。这种趋势的原因，因各个地方各自有特殊情况而有所不同。但各大城市的共同经验证明：大量增加的人口，很难被安置到除了多数人家同住的公寓式房舍以外的经济可用的地段上去。而且，由于建筑和维持一幢一家独住的房子的费用已大大增加，许多人也都宁愿住到公寓里去。

我们可以举一个例子来说明这一点。一个刚刚来到迅速发展的大城市的人，如果他想要一幢一家独住的房屋，他就得住在离市商业中心区颇远的地方，就得每天花费时间与金钱从家里去到他的

① 参看附录附表4。

② 参看附录附表5。

③ 参看附录附表4和附表5。

工作地点。除了这种不方便之外，他还发现，建筑材料贵，地价高，赋税重，因而，要想自建住宅，就需要一笔很大的资金。如果他手头不宽裕而想借款的话，他往往会发现建筑资金的贷款是很有限的。在权衡这些缺点和住得离市中心近的优点之后，就不难看出很多城市的新来者之所以加入市区的租户群体并支付给房东租金的原因。那些居住城市较久的人，鉴于拥有和维持一个独家住宅的花费过大，或长此下去麻烦太多，因而也觉得租房来住比较经济。这种需要，就把都市新来者想租用公寓的需要无形中更放大了。

那些想要自置住宅一家独住的人的未来远景，显然是未可乐观的。建筑材料的成本，似乎是注定了要增加而不是减少，因为木材供应日渐短绌，同时又没有采取足够的措施来重新植林。劳动力的成本已经足够高，而建筑工会显然有足够的力量把工人的工资保持在这样的高位。随着各地方政府经费的增加，如果不把捐税负担进一步加以分散，则减轻不动产捐税的希望是很小的。兼之，各大城市的地价已经很高，看起来很难出现普跌。

(a)鼓励自有住宅的私人努力：个别私人能够做并正在做的第一件事，是提供更多的市地面积，使其在经济上能够作为建筑基地使用。不过，大规模地发展市地重划，将是一个自杀性的政策。买
卖住宅的市场，基本上是地方性的，当地的情况是一个决定性的因 179
素。在某些城市，一次新的市地重划，从一开始就注定了要失败，因为那个城市已经过分地扩张了。但是，当对住宅用地需求很大，而同时从经济上看，又没有可供利用的土地时，通过降低运输费用和提高它的效率的办法，私人努力是能够增加可能利用的土地的。汽车已经成了鼓励把住宅建在一向被认为是“僻处乡间”的土地上

的一个重大因素。电气化铁路在这方面也有很大的运作空间，如果它们不被一个不明智的、呆板的、硬性规定的公共政策所扼杀，或者不被一个漫无节制的、由政府补贴的公共汽车运输的竞争所搞垮的话。然而，电气化铁路因为需要很大的资本作为开办费而受到限制，于是需要等到市地有所开发后，才能开办。在某些情况下，私人会发现，采用自己修建电气化铁路而暂时补贴铁路公司的经营费用的方法来开辟一个新的住宅区，有时是有利可图的。所有这些降低运输费用或提高运输效率的方法，都是在个人能够办到的范围以内，并有助于提供更多地皮作为建设住宅之用。

通过向打算自建住宅的人更多地提供财力上的支持，私人的力量能够在鼓励自有住宅方面起最大的作用。毫无疑问，在1910—1920年这个时期，不动产抵押贷款的发展，有助于自置住宅者的增加，虽则这种发展之所以可能，是由于在那个时期，人民的收入和储蓄较多，和他们不知道或者不相信其他利用他们剩余资金的方法。贷款给自建住宅者的各种机构，将来有力量做出比以往更多的
180 贡献。例如，建筑和贷款协会比其他任何一个信贷机构都更可以专门为自建住宅者的利益服务。很少有人知道，所有这些协会的资产的总和超过一切国民银行的资本。对于那些为了自建住宅不得不借款的人，这乃是可利用资金的一个重要来源，也是为了那个明确的目标而储蓄的一个大好的机会。这些协会没有理由不加强它们对社会的服务，如果它们得到适当的人员配备、有适当的管理和做出足够的广告宣传来吸收人民的储蓄存款的话。但是，假使没有人愿意自建住宅，则那些建筑和贷款协会的广告宣传将是没有用的。为了鼓励这个愿望，可靠的不动产商人在“要有你自己的家园”的

宣传运动中所做出的正当的广告宣传，是对社会的一种有价值的贡献。

通过私人的努力和通过政府的努力一样，是能够大大减少自建住宅的费用的。水泥、砖和木料的其他替代品，用于建筑上的越来越多了。不过这种木料消耗的节省，已被人们巧妙地发现的木料新用途所抵消了——用木材的纤维来做水管就是一个例子。对新的和廉价的木料替代品的经常研究以及对木料的最经济的使用是有必要的，政府也正在从事科学研究来帮助找出这种替代品。要减少建筑方面的人工费用，我们就得设法避免支付那部分高额工资——就是现在付给工人使其渡过季节性失业难关的那部分工资。如果建筑施工能够规范化运作，工资率就可以降低而又不减少每年的收入，因为每年有了更多的工作日。把季节性的失业同季节性的工作配合起来就可以做到这一点；假使私人的力量无法完成这个任务，那就有必要由公共机构采用某些刺激的办法来完成它。

（b）鼓励自有住宅的公共努力。管理运输机构的公共政策，是和从经济上可能提供更多的土地面积问题有关的。在许多场合里，对电气化铁路的管理是那样地严格，甚至使公司在吸收必需的资本来扩展这个产业的时候，尤其是在应付免税证券的竞争的时候，受到掣肘。在个别地方，特别是在纽约市，电气化铁路的票价由于政治原因被压下来，使公司连维持现有的机械和装备都感到困难，更谈不上发展了。在这种情况下，当公司的发展变得非常迫切的时候，它们就不得不用从税收或发行公债所得到的公共基金来支付这笔费用——这只不过是一种“拆东补西”来缓解燃眉之急的办法而已。

运输形势中的另一因素是“公共汽车”公司正在日趋重要。它们对城市郊区所做的贡献是收费低廉，服务周到，因此，它们也就相应地有助于使更多的土地面积能用于建造住宅。但是它们同电气化铁路的竞争，不单是在收费方面，而且也在其他方面，不应听其继续下去而不加遏止。目前，“公共汽车”实际上是得到了政府的补贴，因为它们不缴税款或特许费，而这些却是电气化铁路所要缴付的。在这些细节上，管理这些运输机构的公共政策有加以修改的必要。

供建造住宅使用的尚待开发的土地的公有制，是应予称道的，如果在它由政府加以开发之后，把住宅和地皮转归私人所有的话。[①]
182 未开发的归当地政府所有的土地，不但比归私营地产公司或私人所有的土地的维持费用要少些，而且，在其开发时机已成熟的时候，还可以完全控制土地的利用，使其与整个社会的发展协调起来。不过，一个住房所有人，对于这个从政府得来的“现成的”住房和对于他自己设计的住房，会不会感到同样自豪呢？再说，我国的公共管理，不像德国的许多城市那样，已经取得了很大的信任，因为那些城市所采用的是政府进行开发的制度。公共机构是不是有足够的主动精神，能以充分的速度加快土地的开发以满足人民的需要，这也是值得怀疑的。虽然如此，市地的公共开发这一政策还是值得考虑的。

在鼓励自有住宅这一方面，公共政策能够通过减少获得和维持一个独家住房的费用而做出一些贡献。为了减少建筑材料这笔费

① 布鲁斯·布利文(Bruce Bliven)：“工人应有住宅吗?”，《新共和杂志》，1924年3月5日。

用，政府方面采取一个更积极的森林更新的政策，至少可以在遥远的将来为压低木料价格奠定基础。联邦政府的各个部门，现已开始研究建筑材料的替代品。至于削减建筑成本这个问题，从公共管理的观点来看，主是消除季节性的失业。公共职业介绍所对于工人有某种程度的帮助，但减轻季节性的失业主要靠私人雇主。由于公共失业保险的缺点是那么大，具有这种性质的一种立法计划，目前似乎是不适宜的。但这并不一定会阻止从事这一行业的人以一种私 183
人的“企业保险”计划来调节生产的企图，如果这种计划有一个健全的保险统计制度的基础的话。在某些企业中，这样的计划已经在制订中，尤以出现在芝加哥的男装业和克利夫兰的女装业中的为最显著。最后，在我们的课税政策中，如果做出一种减轻不动产负担的改进，那就会有助于鼓励人们自置住宅的愿望。

(c)自有住宅的前景。尽管公私机构竭尽了一切力量来鼓励和增加自有住宅，但在我们的最大城市中，租屋而居的人还是一定会增加的。人口的密集和建筑用地的有限——不管是缺乏临街空间，或是由于缺乏交通的便利——都使市地利用愈趋集约，形成了形形色色的更高的公寓大楼。在拥挤的大城市里，公寓住宅的数目一定会日益增加，并且我们一定会永远存在一个数量庞大的城市租户群体，这是避免不了的事实。正如关于农地的情形一样，租房而居并不完全是不如人意的事。许多人所从事的职业，时常使他们必须由一个城市迁往另一城市。尤其是年轻人，一般不会长期地定居在一个地方，他们往往并不需要像自置住宅者那样的住所来把自己束缚在那里。再者，在中小城市里，租屋而居被看成是通向独家自有住宅的一个过渡。对于大批暂时的、迁徙不定的房客来说，公寓住

宅提供了他们迫切需要的服务，特别是鉴于在今天要完全自置一所住房就需要一大笔费用，而这是许多初入社会的年轻人所负担不起
184 的。那么，那些长期住在都市里的居民怎么办呢？他们是不是注定了一辈子都要过住公寓的生活呢？把不可避免的公寓住宅的增长和长期租屋而居的情况，同独家住宅所有制所带来的社会利益协调起来，乃是当前的一个迫切问题。在公寓住宅的合作所有制中，可能找到这个问题的一个答案。

（d）合作所有制。在讨论公寓住宅的合作所有制时，应当把两种不同的所有制仔细地区别开来。一种叫作“集体所有制”，它仅仅是一所公寓住宅的几个所有人的结合，每个人的所有权的大小，依他所持有的股份的多少而定。有所有权的人可以住或不住在那所房子里。另一种叫作“租户所有制”，它意味着每个租户都拥有他所住的那一部分面积大小的所有权。在这种情况下，所有权人通常是住在那里的。他们搬走时，就得处理他们各自那一部分所有权。合作的租户所有制是租屋制和完全所有制之间的中间形式。这样的租户兼房主免掉了拥有单独住宅的某些缺点，但保留着“地产的风险”。同时，他还得忍受公寓生活的那些不如人意的情况以及联合所有制的共同特性所带来的纠纷。

住房的合作所有制并不是什么新的概念。它在英、法、意等国已经实行了数百年之久。[①] 在美国，纽约市已采用了三十年，芝加哥已采用了十年。在纽约，单是一家公司就出售了一百多幢按照这

① 斯韦恩（A. W. Swayne）：“合作公寓住宅”，《全国不动产杂志》，1923 年 7 月 2 日，第 41 页。

个计划建造的公寓住房。[1] 这似乎是一个在其他大城市日益流行的 185
计划。

主张这种所有制的人，以节约为理由为之辩护，因为它“把住在一个适意的地方的费用几乎削减了一半”。这项节约是由于公寓租户所有制免除了以下各项费用和损失：(1) 房屋空置的损失；(2) 收不到房租的损失；(3) 管理和广告费用；(4) 房客要求太苛的装修和维修的费用；(5) 房客经常搬迁所带来的维修费；(6) 房主从他的出租房屋投资中所赚得的利润[2]—— 据说这就可以节省百分之二十到四十的房租。此外，这种合作所有的公寓住宅还能提供一个以小额存款投入一个住宅中去的机会，这个机会在其他事业中是没有的。

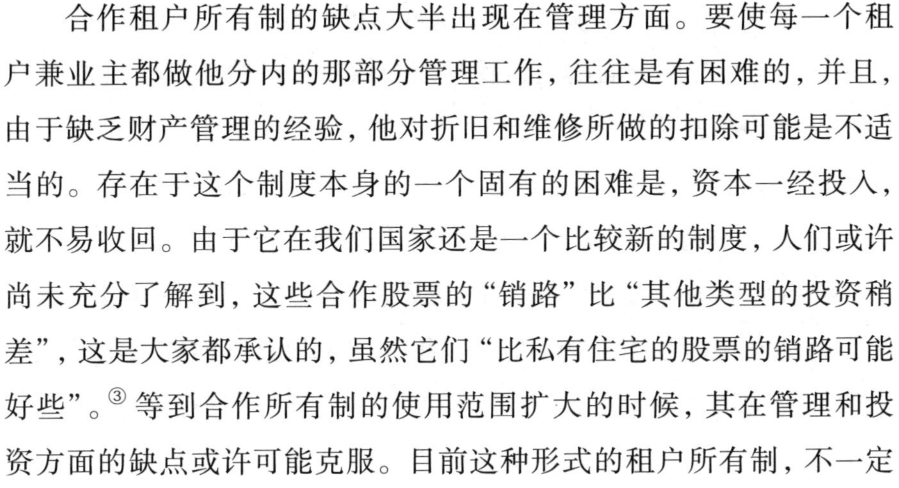

合作租户所有制的缺点大半出现在管理方面。要使每一个租户兼业主都做他分内的那部分管理工作，往往是有困难的，并且，由于缺乏财产管理的经验，他对折旧和维修所做的扣除可能是不适当的。存在于这个制度本身的一个固有的困难是，资本一经投入，就不易收回。由于它在我们国家还是一个比较新的制度，人们或许尚未充分了解到，这些合作股票的“销路”比“其他类型的投资稍差”，这是大家都承认的，虽然它们“比私有住宅的股票的销路可能好些”。[3] 等到合作所有制的使用范围扩大的时候，其在管理和投
资方面的缺点或许可能克服。目前这种形式的租户所有制，不一定 186

① 《抵押和财务部门的报告》，不动产商会全国协会，1923 年 11 月。

② 同上。

③ 埃利曼（D. L. Elliman）：《合作所有权》，纽约埃利曼公司发行的小册子，1923 年，第 13 页。

是成功或者尽如人意的，但是值得加以试验，以期找出一个合适的制度。

(e)租用制。在条件不许可拥有独家住宅的情况下，除了合作所有制而外，其他另一选择就只有租用制了。很多人，特别是房主，提倡长期租用，但这并不是一件尽如人意的事情。对于那些打算长期居住在一个地方的人，一个合理的长期租约是有些好处的。而那些预料到居住地点随时会有变动，或者希望自置住宅的租户，就不愿受到长期租约的约束。他们需要自由活动，愿到哪里，就到哪里。

有时也有人主张把私地租用制作为一个鼓励自有住宅的手段。这种性质的土地租用多半是长期租用。巴尔的摩、华盛顿和费城已经把这种私地租用制推广到宅地上去。然而在巴尔的摩，人们发现在租地上所建的住宅一般都是质量低劣的，因为当土地不属于自己的时候，人们对那上面的建筑物是不会像对自己的那样感兴趣的。

这种缺陷并不同样出现于商业土地，因此我们发现私地租用制在工商业区越来越多地发展起来了。例如，芝加哥“商业区”的商业地产大半是建在从私人那里长期租用来的土地上。在这种情况下，租用私地的好处是，一个土地所有者发现自己缺乏资本，不能最大化地利用他的土地时，他可以把地权出租给其他有资本的人来集约地开发那块土地。反之，有足够资本建造一座很高的办公大楼

187 的个人，未必有足够的资本又建高楼又买地皮。如果他们付出一笔固定的租金来租用一块为期若干年的地皮，他们就能够更好地利用他们的资金。这些就是商业之所以极广泛地在租用私地制度的基础上利用市地的主要原因。

此外，像大学这样半公半私的机构，把自有土地出租给私人使

用，已取得了相当的成功，因为它们的目的是一面保留校地的所有权，一面把不用的部分租给私人使用，直到学校将来需要扩充的时候为止。

听说华盛顿大学对于出租校地已做了良好的利用。学校的政策是基于希望把它的创造价值的能力作为资本投入社会，同时，为了维护学校将来扩充的利益而又掌握土地所有权。反对这种土地出租的人担心，唯有完全保有的地产才首先对移居者有吸引力，但这种顾虑并没有成为事实。在这个例子里的私地租用制的成功，大半是由于至少每隔十年或十五年才重新估计地产价值和调整租金一次。再说，由于学校控制着租约条款，它有权限制公寓房屋和商业建筑，隔离男女学生会所，预留小学和中学校基地，防止投机和政治干扰。而有些采用土地租用制度的大学没有获得同样的成功，这在很大程度上也许是由于对管理不够重视的结果。

2. 其他市地私有权。人口的拥挤问题和租用制及住宅所有权
的问题是完全同样地严重。鉴于人口的过分密集对生命、身体和健 188
康的威胁，人们曾对私有财产做出了很多规定，并拟议了许多其他的计划来解决这个问题。但大多数的新计划只会使目前的情况加剧。例如，有人建议，在纽约市敷设行人、铁路和汽车“三层”的街道，[①] 修建更多的跨越哈莱姆和哈得孙两河的桥，开凿更多的河下隧道，以及开辟新的林荫路或加宽现在的街道。在曼哈顿岛地下铁道建成后的经验，应当给我们这样一个教训：以上提出的那些措施不能长远地解决问题，它们只能使现在的人口暂时松动一些。人口数

① 《纽约时报》，1923 年 8 月 19 日。

量迟早是会增加的，那时很可能是一样地拥挤，或者比以往更拥挤。

照目前看来，最有可能长期地减轻人口密集的计划是对建筑物的高度加以限制。如果建筑物超过一定的高度即加以禁止，则商业中心区就会向外延展，而次等的中心区的数目和重要性都会增加。许多城市已向着这个方向在制定“大容量区划”和规定“建房缩进”的规章。[①] 然而，把建筑物的高度限制在一定范围内，使由于集约利用土地所产生的人口拥挤能够得到真正的缓和，还有很多的工作要做。许多工厂向小城镇或郊区迁移，有助于大城市人口拥挤程度的减轻。[②]

189 3. 土地私有权的公共管理。这些对商业使用私有土地的种种规定，说明了这样一个事实：在完全公有和私人专有的地权之间，存在着一个私有公管的“交界地带”。这就是有关土地利用的公私政策所引起的许多论战的“焦点”。正如本章前面的内容说过的那样，从私人土地所有者的角度来看，私人产权的这个被管制范围，构成了私人财产的社会或公共方面。从公众的角度来看，这些规定可以保护公众，防止私人对土地权利的滥用。在某些情况下，公共管理有可能成为导致完全公有的第一步，前几年底特律的市内铁路收归公有就是一个例证。



议会与法院对于私人使用土地的权利所强加的种种限制是有理由的，因为它们维护的那些利益具有公共的性质。建筑法规想要达到的保护健康的意图，无疑是限制私人权利的一个合理根据。

---

① 弗兰克·威廉姆斯(Frank B. Williams)：《城市设计和区划的法律》，麦克米伦出版公司，1923 年，第 3 编第 5 章，第 4 编第 3 章。

② 赛拉斯·本特(Silas Bent)：“乡间的工厂”，《世界工厂》，1924 年 3 月。

当我们考虑到拥挤的街道对于生命与身体的威胁，考虑到高度在一百五十英尺以上的建筑物遇火情抢救困难的时候，那些对建筑物高度的限制所包含的保护公共安全的意义就很明显了。土地区划法令通常被认为是正确的，因为它们实现了一个所谓“保存经济价值”的目标，也就是说，合理地和有秩序地发展一个城市，能够稳定并保持土地的价值。土地特许证的法律固然只是间接地影响到土地利用，但它们仍然得到支持，原因是它们起了保护公众免受蒙混与欺诈的作用。为了达到上述目标，对私人权利的合理管理，不 190
会遭到多少人的反对。

房租管理法令和市内铁路管理法令是我们对私人利用土地权利的最极端限制。这些法令的公认目标是保护公众免受经济压力，也就是说，保护这种必不可少的服务的使用者免受可能有的抬价勒索。管理的办法，是对劳务（一部分是土地提供的）规定一个固定的价格。由于我们以特许证的形式给予市内铁路以专利的特权，因此，公共机构如果不准它们对市内铁路收费过高以免公众受到剥削的话，公司是很难反对的。但是如果公共管理过严并且把车费压低到公众剥削私人财产的程度，则市内铁路公司的所有者是可以提出合理的申辩的。在收费过高（即私人剥削公众）和收费过低（即公众剥削私人）之间，应如何划清界限，这是一个复杂问题，我们在本书中不涉及。

纽约州、哥伦比亚特区和其他州所颁布的房租管理法，虽然只被认为是应急措施，但那些法令是否明智颇成问题。考察这些法令，就会提出这样的问题：对按照住房面积收取的租金加以限制，这是合理的吗？各州法院在判断这些法令的效力时的答复是：作为

一个应急措施来看，这是合理的，因为在像1920年那样严重的房荒时，对于住房这样的必需服务，不法房东有可能高抬租价。法律想要消除的经济压力具有这样的性质：租约满期时，租户要么是依
191 照房东的索价付租，要么是被房东驱逐出门，二者必居其一。房荒是那样严重，假使房客被赶出门，他绝不能够以比房东新索的价格还少的租金，在其他地方租到类似的房子。因此，他只好留下来照付租金，否则他就没有合适的栖身之处。为了保护房客，政府就插手干涉说，房东不得因房客不付更高的房租就对房客下逐客令。这实际上就等于政府对房东说："你必须继续让**原来的人**仍照原有的租金住在原住的地方。"这样一来，当房客的租约满期时，房东就被剥夺了收回他的土地自用的权利。[①] 按照目前的标准，这的确是侵犯私人权利到了极点，即使是在紧急情况下也罢；因为实质上这等于把宅地的使用改变为一种**公用事业**，并且照样加以管理。所有这些非常措施，目前差不多已被废除了或者自动地失效了，但它们说明了对土地利用的公共管制可能发展到什么地步，不管是明智的或不明智的，只要人口拥挤和住房缺乏要求采取这样的激进行动的话。

4. 市地的公有制。在讨论市地所有权的问题时，我们也必须考虑到公有土地。土地经济与公用事业研究院已经得到了关于少数城市的公有土地的一些资料，现在这些资料已被列入附表里。[②] 表

---

① 布洛克-赫希一案，41最高法院458（1921年）。德国的现行法律（1924年）甚至更进一步地禁止因不付租金而驱逐房客。英国也有类似的法律，它比美国的还要严些，但不像德国的那样过激。

② 见附录附表3。

内所列的到目前为止的数字，说明三十个大城市的全部土地中，有
略低于百分之三十的土地是公有的。在这部分公用市地中，又有半 192
数以上的土地为大街小巷所占用，其余部分则作为公园、市政建筑
物和其他用途。[①]

公有市地将来有必要做出某些扩张，这是很有可能的。汽车使用的增加，已加强了为通行和停车而使用的土地的需求。随着越来越多地认识到空气和阳光对密集人口的公共卫生的重要性，作为公园使用的土地面积也无疑地将越来越大。但就目的在于开发土地的公有化私用而论，则不如等到公共管理改进到能够保证一个合理的、充分迅速的开发的程度时再来推行。控制市地开发以维护公共利益，还有其他方法，这些方法在目前都比变私有土地为公有土地这个方法更优越。或许我们将来不得不及时地从事公有化开发，但这并不是当务之急。

有了公共财产之后，一个重要的问题是，这样的公有土地应当由公共机构自行使用，还是应当租给私人使用？经验证明，已经得到公认的公共事业，如街道、公园和学校等应由公共机构管理。有些正在被认为是公共的事务，现在是由私人公司在办，由公共机构发给它们特许证或租用证，并加以适当的限制。这就是大多数电气
化铁路系统的情形。在颁发特许证时，要特别注意，不要把条件规 193
定得太严，以免妨害电气化铁路公司为了满足社会需要的应有的发展。在某些城市，公家也保留下来一块空地，这块地可以以一定的利润短期出租给个别私人使用而加以适当的限制，使公家在需要这

① 见附录附表 1。

块地来为公众所使用时，能够收回它的专有控制权。

毫无疑问，关于由市地所有权所产生的一些问题的性质，以及它对土地利用的影响和解决这些问题的方法，我们已说得够多的了。总的说来，市地所有者的产权所受到的某些方面的公共控制，几乎比其他任何一种产权所受到的都要多。同时，我们又曾进一步说明，土地所提供的某些服务对公众是那样重要，以致提供这些服务的土地应归公有。另一方面，市地私人所有制，一般说来，对于为减轻房荒而迅速开发土地、为树立市民的优良品德标准而鼓励自有住宅来说是一个最好不过的诱导力。

*农地所有权*。土地政策的目标之一是要获得农产品的大量生产，而同时又保留相当一部分土地来用于其他形式的生产。有些作者认为，我们现行的制度阻碍生产，认为在土地收归国有并成为公共财产之前，我们不会有最好的生产。社会主义者已经提出了土地公有公用的计划，但全世界的经验证明，农地的私有制是鼓励生产的最好的诱导力。其所以如此，是农业的性质使然。自有自耕者是他自己的主人。他投入的每一小时的有益劳动都带来了他的报偿；
194 因此，在农业方面讨论八小时工作制，可算是文不对题——除非实际上一切工作都靠雇人来做的那些专门化的农业。每一小时的劳动都在增加产品——这些产品首先是用来养活农民和他的家属，其次是增加用以养活城市人口的剩余粮食。农民自己过着舒服的、享乐的现代化生活，就全靠出卖他剩余产品的收入来维持。如果他停止工作，身受其害的第一个人就是他自己。不久前，俄国进行的共产主义生产的试验就证实了这个原则。

从**财富分配**的观点来看，要保证每个农民都能够获得他自己的劳动果实，也许我们找不出像现在的家庭农场制那样好的办法——假定农民总是能得到全社会生产的财富中公平的一份的话。如果每个农民都有一个大小适度的农场，他的收入通常就会和他所付出的劳动成正比。

许多人反对这一点是因为农场地价上涨的那一部分归农民所得，他们认为这一部分价值是“社会创造出来的”，应当归诸社会。对于这个论点，我们在这里不能给出一个充分的答复。或许指出下面这一点也就够了：那些开垦土地并把它投入使用的人，往往搞了好几年而并没有得到足够的收入，并且，就是在今天也还没有获得足够的收入，因为那个农场可能还没有被全部开垦出来。一直到1900年，他们都不得不接受人们对他们的产品所支付的低得要命的价格。同时，他们牺牲了比这更有利的机会，牺牲了健康，并且，在边疆地方垦殖时，还得抛妻离子，有时垦地的先锋甚至把性命都丢掉了——在这整个过程中，他们把希望寄托在将来土地涨价可以弥补他们的损失这一点上。如果还有一个所谓“不劳而获的收入”
的话，那么，就按照开垦出来并提高其生产力的土地面积大小，把 195
这项收入分配给每个土地所有者，难道还有比这个更好的分配方法吗？农业土地分散在六百万个农民手中这一点，就证明了这种土地的所谓“自然增值”是一种公平分配。

1. 农地公有制。农地在公有公营的制度下，我们能不能获得高生产力和有效的管理，这是一个严重的问题。已往的公有财产的经验使我们确信，在一切财产中，最不适宜于公有公营的莫过于农业土地。如果建立了公有制，所有农民都将变成国家的佃农，并且我们不可能期望佃农对发展耕地有很大兴趣，因为那块地不是他们所

有的，即使加劲干活，他们也不能指望从中获得收入的大量增加。农业生产力大概率不会提高而是会下降。

农地除了由政府出租之外，其他唯一的一个选择就是由公家耕种。但这在实际中是有许多更严重的缺点的。由一个州所进行的土地耕作，怎么能够得到统一的监督呢？然而这种管理正是在集约耕作制度下，为了得到最好的收获所必需的。农场管理的经验证明，最高额的生产往往是在耕作由一个人来监督的时候才能获得的，而这就要求有面积比较小的农场。除了私有制外，其他一切选择都是难以实现的这一点，已促使某些比较温和的社会主义者，在主张自然资源公有制的时候，把农业土地作为例外。

在提出将农地私有私耕制作为政策制定者规划地权的标准形式的同时，我们并不否认，农地公有公耕制在某些方面是有它的地
196 位的。我们赞成政府为了移垦的用途而拥有为数有限的农业土地，而政府对农业试验站的土地所有权更是理所当然的。把从公共农业试验站中所得到的经验广为传播，将大大有助于提高农业生产标准。并且，加利福尼亚州已经证明，土地的公共开拓，如果管理得当，是可望成功的。虽然农地公有制有这些好处，然而为个人和社会利益着想，最好的制度还是一个私人自有自耕的制度，并且这应该作为那些制定农地利用政策的人必须争取达到的目标。

2. 农地租佃制。前面已经指出，**自有自耕**制度有助于国民生活的稳定。土地所有者与土地是利害攸关的。无产者则认为，社会的变动对他没有损失可言，并且他还可望从一个“新政”中得到好处。这对城乡的劳动者和佃户来说都是如此。一个拥有为数众多的这一类人的国家，经常处在危险之中。墨西哥就是一个例子。从一个稳定的农业的立场来看，要获得长时期的最高额生产和最优良的社会条件，自耕农就应该多，佃农就应该少，其程度则应适合于每一个国家的具体情况。因此，土地政策必须包括这样一个重要的问题，即把租佃的农地保持在一个正常的和健全的最低限度上。

近三十年来，美国的租佃农地一直在增加。在全部农地中，佃农租用土地的百分比在 1880 年是百分之二十五点五六。1890 年这个数字就上涨到百分之二十八点四，1900 年上涨到百分之三十五点三，1910 年上涨到百分之三十七，1920 年上涨到百分之三十八
点一。上涨率的下降可以被认为是一个可喜的趋势。例如，在某些 197
类似缅因州那样的州里，佃农租用的农地现在还不到百分之五；但其他州的百分比却是很高的，例如在大多数的南方州，佃农占用的土地就超过全部农地的半数。[①] 然而这些租佃农场的数字并不能说明实际情况的全貌。就整个美国来说，在 1920 年的全部改良地中，有百分之四十二是出租的。从得克萨斯州一直往北到北达科他州那一连串的各个州的农地，大约有一半改良地是出租的。[②]

把这两套数字并在一起来看，就不难洞悉作为一种地权形式的佃农制度的真正意义所在。东北各州佃农的百分比在下降，其出租的改良地的百分比也较低。中西部各州，其佃农的百分比日渐上升，其出租的改良地的百分比亦大。新英格兰各州在和土地更肥沃的中西部各州的竞争中，丧失了农业优势，这个损失给它带来的是它的土地无人耕种和地价下降，这使佃农更容易成为土地所有者，

① 见附录附表 7。
② 见附录附表 8。

因为他们现在不是租地耕种，而是以二十到三十美元一英亩的低价买进他们能够耕作的一切土地。在那所谓“国家的粮仓”的地带，农事异常兴隆，地价上涨，凡开始从事稼穑的年轻人必须充当佃农一样的学徒，以便积累资金可以尽量购买一百到二百美元一英亩的土地来“搞成”自己的农场。同样，还有许多地主，他们借助新的机器，能够耕作的土地比他们能够买得起的土地还要多，因此，他
198 们在买下改良地之前，就暂时租用它，因为地价高，需要有一笔相当大的资本才能够把它完全买下来。事实上，正如这些数字所表现的那样，佃农制乃是“农业阶梯的一级”。而且在那些地价甚高、需要投资一万五千美元或二万美元才能开始经营一个农场的地方，它乃是一个被日益使用的“梯级”。对于多数有志气的青年农民来说，佃农时期只不过是积累经验和资金的一个阶段，通过这个阶段他就可以达到完全的自耕农的地位。

从这方面来看，农地租佃制并不是一个完全不如人意的制度。但并不是所有的租佃制都具有这种性质。有些佃农现在没有、将来也绝不会有充分的能力可以自己单独办好一个农场。这种人如果同时又是拙劣的工人的话，那他们就是这个行业的负担而不是它的财富，倒不如把他们淘汰出去，安排到其他更适合于他们的才能的岗位上去。可是，还有一些其他的佃农，他们虽没有本事自办农场，但在适当的监督和指导下，他们都是一些出色的工人。属于这一类的，大多数是南方的种植园佃农，其中大半是黑人和“笨拙的白人”，这些人，如果让他们单干的话，就是不中用的工人和易受欺弄的人。不过，我们应该保护和鼓励的，乃是那些把租用土地当作是向自有土地过渡的青年农民。

在这个国家的农村里，几乎很少有哪些事情是致力于改善土地所有者与佃农之间的关系的。有些事情是非做不可的。例如，由于佃农的租约通常是为期很短的，所以，他们没有得到改良土地的鼓励，因为他们知道，租约满期时，改良的好处会变成别人的。毫无疑问，短期租约比长期租约更适合一些，因为前者的灵活性要大一些，也更能适应物价的变动。但在短期租约的条件下，如果土地所 199
有者不自己进行土地改良，则佃农也决不会进行改良，因为土地改良对别人比对他们自己更有利。这样一来，农地就得不到改善。在短期租约的情况下，为了奖励佃农进行土地的改良起见，对于未消耗完的改良成果，给予佃农以补偿的办法是有必要的。英国有一种法律强迫土地所有者在佃农离去的时候，根据估价者的判断，付给佃农对土地所做出的改良中尚未耗完的价值。英国的这个榜样是值得仿效的。格雷博士也曾提议过：佃农的租约应当科学地制定，不应当用敷衍塞责的方法草草了事；在教育方面，应当加倍努力，激励佃农更有效地进行土地的改良和提高农作效率。同时，通过教育和树立良好的土地所有者风尚的示范作用所导致的发展，将有助于减轻某些南方土地所有者对他们那些无知无识的、无依无靠的种植园佃农所施加的极其严酷的压迫与剥削。[1] 总之，农地租佃制的缺点，在许多场合中体现为它在执行方面的缺点，而不是制度本身固有的缺点。需要指出的是，一个管理得当的租佃制，在一个理想的农地所有制中是有它的地位的，主要是，把它作为一个达到自有

① 格雷（L. C. Gray）：《农业经济学引论》，麦克米伦出版公司，1924 年，第 207—311 页。

土地的手段。

3. 移民与农业信贷。其他一些帮助人们自置农场的方法也是应当采用的，这其中包括移民和一个适当的农业信贷制度；这些也包括在土地所有权的政策之内。

200 在制定移民政策时，必须记住，土地所有权，特别是农地所有权，从国家统一的立场来看，是很重要的。凡是密集地聚居在一起而其中没有美国人的移民团体，它们有可能保留它们旧大陆的风俗、语言和传统至两三代人之久。这种情况无论在城市和乡间都是一样的；但一个外国的移民团体，由于享有人口密集的农业地区的土地所有权，他们就完全控制着那个地区的政府和机构。所有的镇和县的政府、学校和教堂通通都归它们控制；而美国的理想、语言和传统渗入这样一个集团是很缓慢的。

专管安置外来移民集团的殖民公司现正设法解决这个问题。把一个波兰移民安置在完全是美国农民居住的地方，这是不适宜的。他们两者之间的差别太大了，而且新来者和那些了解并关心他的问题的朋友失掉了联系。另一方面，将波兰人、德国人或其他任何外国人移民团体的居住地安排得很近也不适宜，其理由刚才已经说过了。把外国移民团体合理地分配到其他外国人集团和美国人中间去，这就是殖民者应当自觉争取的一个目标。然后，通过适宜的公共礼堂的影响，通过和邻人的应酬，通过学校、图书馆和其他教育机构，使这些语言不同的外来移民能够逐渐地美国化。

在生活标准大相悬殊的地方，一个集团往往会把另一集团排挤出去。我们也可以把这样一些事情认为是当然的：某些种族的和国籍的群体不愿意互相混在一起和互相通婚，甚至不喜欢在教堂里一起做礼拜或在学校里一起读书。在这种情况下，生活标准低的群体购买土地大概就意味着生活标准高的群体将被排挤出去。出现这样变化的地区，其地价下跌，并且当地的社会政治生活也受到破坏。201
这种情况的最尖锐的形式发生在太平洋沿岸，因为在那里，东方人在农地方面获得了一个立足地。加利福尼亚和华盛顿两个州已通过法令，禁止东方人在那里享有土地所有权，并规定他们租地的期限不得超过三年。美国最高法院已判决这些法令符合宪法。① 这种措施看起来似乎太苛刻，但是沿太平洋岸的每一个说英语的国家都有类似的法令，而且日本也采取了限制外国人在日本拥有和租用土地的措施。

4. 外国人的土地所有权。外国人享有土地所有权不符合土地所有者是国家稳定的中坚力量的理念。只有土地所有者是本国公民的那种地方才可望得到这种稳定。也许完全禁止外国人的土地所有权是不合适的，因为我们的公民也在外国享有土地所有权。不过，外国人的所有权容易引起隔阂，特别是在土地所有者又不在美国国内的时候。

5. 土地所有权与土地登记。和鼓励土地私有制有关的最后一个应当谈到的因素，是土地所有权与土地登记制度的改善问题。如果土地的转让比较简便和明确，则人们对取得土地的愿望更有可能得到满足，而地产也会越来越有流动性。这样，就更容易使人口合理地分配在土地上，以收人尽其才、地尽其用之效。

① 波特菲尔德-韦布一案，44 最高法院 21（1923 年）；特雷斯-汤普森一案，44 最高法院 15（1923 年）。

202 关于土地所有制和农地的有效利用之间的既密切而又重要的关系，我们已做了足够的解释。在其他地方，我们也谈到城市居民是怎样依靠农业来供应粮食。如果农业没有尽到它应尽的责任，或者说，没有起到它应起的作用，则城市居民必然要降低他们的生活标准，挨饿或回到农村去。我们不断地面对各种促进农业提升效率的计划。其中有些计划和它们要解决的那些弊端，正如我们在第七章所见到的那样，是从农业的本性中产生出来的。有很多人提议改良乡间的社会状况和保持城乡人口之间的合理平衡。可是，我们可以看出，任何一个计划、建议或政策都很少——如果不是完全没有的话——提出应当对租佃与自有自耕的混合制度（以后者为主）做出根本的改变。换句话说，以自有自耕为主、以某种程度的租佃为辅的农地制度，就整体而论，是推动农民在一个国家和全世界的经济中起有效作用的最好方法。

*林地和矿地的所有权。*我们一直主张，能够满足市地的进一步开发和农地的更有效生产的公共需要的最好方法，就是土地私有并附以某些方面的私有公管这一制度。但在讨论林地的时候，情形就完全两样了。听任一个私有制下的采伐政策自由发展，其极端的后果就是目前的木材恐慌。我们曾经着重指出，我国每年补植的林木
203 不及每年砍伐的林木的四分之一。因此，当前的问题是：什么样的所有制才最能够对维护森林和林木更新提供足够的推动力呢？

根据以往的经验，我们知道私有制并不符合这个公共需要的标准。过错主要不在于私人业主方面而在于所有制和林木收获的特性。抚育一座森林需要许多年的工夫，在这个漫长的岁月里，那块林地就非由业主来维持不可，而这些业主当然是唯利是图的。当他

们看不见利润的时候，他们不会种树来更新他们所砍掉的林木。很清楚，要付出目前这样高的维持费，包括税款在内，利润是看不见的。诚然，有些森林更新方面的私人努力是有结果的；在这项工作中领先的是造纸业。但更新的总量和为了保持将来木料和林产的充分供应所需要的总数相比，就差得很远了。

如果在私有制之下缺乏足够的诱导育林的力量的话，那么，除了公有制外，是没有其他办法的。对私有森林业主加以公共管理，会有助于保持林木的现有供应，但却不能很好地强迫他们生产出新的供应。林业税的改革对于防止砍伐现存的林木，多少会有些帮助，但维持费的减少和林业税改革的程度，都还不足以刺激业主大量地从事森林更新。纸浆制造业和造纸业正在培植一些速生的次等林木为它们自己所用，但如果要等待七十五到一百年甚至一百五十年的工夫来维持林地直到高级林木成熟的时候，只有政府才办得到。因此，保护森林资源的公共需要，迫使林地所有制的政策应有所改变。最能符合公共利益的办法是把大片适宜于抚育森林的土地划归公有，而这就牵涉到私有的森林砍伐后的迹地和其他 204
土地的收归公有问题。

把保护资源的措施应用到矿地开采上去的迫切性，不如把它应用到林地上去那样大，因为我们对于矿藏是否已被全部发现尚无把握。可是矿业生产的特性就是必须对矿藏加以仔细的保护。一个重新补充林木供应的政策是可以实现的，但矿物的供应是不可能更新的。它们一经从地下掘出，就无法补充，唯一增加供应的可能办法就是新矿的发现。石油业就是一个突出的例证，说明了严格保护矿产资源的公共利益的重大需要。在某些场合里，矿地的公有公营

制是适宜的；在其他场合里，私人向公共机构租地经营则更适宜一些。不管矿地是公有或是私有，为了保护公共利益，对它加以切实的管理是很重要的。

*水权的所有制*。在西部半干燥地带，水权大抵是和林地权、矿地权属于同一类型。不过，这倒并不是因为水的供应正在日益减少和无法补充。水权的公有制一般是比较适宜的，因为相对于需求来说，水的供应是稀少的，而像水这样一种对于广大群众极其重要的资源，除了公共管理以外，再不能找到与此同样有效的管理方法。正如我们在第九章里所说的那样，水权的私有私营制已经试行过，私营公管制正在试行，并且水权公有但附以适当管理的私人专用的制度也正在试行。毫无疑问，在这三种制度中，当水很稀少、需求

205 又很大（像在我国西部某些州那样）的时候，水权公有和私人的合理使用结合起来，是最能适应保护水资源的迫切需要的。不过，当由于年深日久而发展成另一个不同的制度的时候，某些既得权利就会出现，那时，要想用转为公有的方法来消灭那些既得权利，往往是困难的和不方便的。

*私有财产的社会方面*。要制定一套支配着土地的公有制或私有制的一成不变的规则这件事，即使是适宜的，也是很困难的。这个问题基本上是一个如何提供最好的诱导，以解放或者保护土地所提供的服务的问题。一般说来，对土地所提供的服务需要越大、保护这些服务的需要越迫切的时候，就越应侧重于公有制。除了完全转为公有以外，公共利益只能通过对私人权利采取适当的管理措施来得到适当的保护。如果所有的土地所有者都持有这样的观点，即私有财产乃是社会的一种信托，而使用土地的私人权利乃是为社会

服务的一个机会的话，那就大可不必采用管制措施了。由于许多人还不情愿承认私人财产的社会方面，所以我们不得不希望将来在越来越大的程度上能够迫使他们承认公共利益。无论如何，这似乎已成为目前的一种趋势，这种趋势表现在管理私人利用土地的规章（总的包括在所谓对私人利用土地的管辖权力的范围以内）的日益增加上。

## 小　　结

土地所有权影响到土地的利用效率和自然资源的保护。土地
产权分为公有、私有、共有三类。财产本身不是一件东西，而是享
有那件东西的权利；并且，构成土地私有权的权利"束"的内容已
因公共机构的种种规定而大大改变。市地多半是私有的，而这也是 206
适宜的，因为自有住宅具有许多社会利益，又因为私人的创造性能
够导致土地有效地用于宅地以外的其他用途。但为了公共利益起
见，私有市地的利用受到越来越多的管控，而城市公有土地的面积
将来可能有很大的扩展。农地在私有制下才能获得最有效的利用；
自有自耕制通常会产生最好的社会与经济效果，然而农地的租佃
制，在理想的地权制度中，也有它的地位，主要是因为它可作为一
个向自有制过渡的手段。明智的移民计划和农贷制度将有助于在
自有制与租佃制之间保持一个适度的比例。土地所有权和土地登
记制度的改进也是一件人们所想往的事。为保护森林资源，就需要
有更多的公有林地；而在矿地方面，必须重视旨在减少自然资源浪
费的措施。水权公有和私人的有益使用相结合，看来是最能适应干

燥地带需要的制度，不过，其他通过艰辛的经验而已发展起来的那些水权所有制，也有些优点是值得我们认真考虑的。对于私人所有权的社会方面的认识，现正逐渐增加，它体现在国家管辖权力所包括的某些规章里。

# 第十一章　土地信用

在我们的现代经济中，做生意是以信用的方式来进行的。绝大 207
部分的交易——各类的商人之间每天成交的几百万笔买卖——都是信用交易。由土地的使用所引发的交易也不例外。试想一想这个事实：根据1920年的报告，农民拥有的农场中，有百分之四十一负有抵押借款债务，其总和超过了四十亿美元。佃农负债数没有发布过统计数据。1920年农场以外的自有住宅的百分之四十都用来抵押借款，这项借款债务的总和超过了六十亿美元。从这些数字中，我们已经获得一个印象，即仅仅一部分有关土地的信贷业务已达到这样大的规模。

1920年的经济萧条很好地证明了，在一个国家的经济生活中，信贷业务所起的重要作用。许多农民都不无理由地断言：农产品市场价格跌落失去了基础，因为联邦储备局向各成员银行发出命令，要它们紧缩信用的发放，同时，该局以提高再贴现率来达到紧缩信贷的目标。联邦储备局没有更早采取行动来阻止信贷膨胀的原因说来话长，此处不便细讲。我们只说明这一点就够了：根据财政部官员的看法，为上次大战筹款的公债之所以发行成功，是由于再贴现率被压低了的缘故。就我们的主题来说，应当注意的一个要点 208
是，部分地由于我国银行机构改变了信贷政策的结果，一切物价、

生产、工商企业和土地利用的趋势发生了相当大的变化。

我们仍然听到农民的“给我们更多的贷款”的呼吁。对于请求某些形式的农业贷款的几个议案，国会还未做出决定。这些都是在已经批准了的贷款以外的请求；其显著的结果是战时金融公司已经恢复，它有权核准总数不超过五亿美元的贷款，以及那个中期农业信用法案，即 1923 年通过的人们称之为“串通的”议案。农业需要贷款来输出剩余产品。同时，那些自建住宅的人需要借款来补充购房款的不足，他们并且请求授权银行贷给他们比不动产价值的百分之五十还要多的款项。

信贷与土地利用的关系。土地利用需要特殊条件的信贷，因为土地生产商品和提供服务都需要一个很长的时间。春天播种的农民要等到四到六个月后才能有收获和得到一些报酬。同样，在市地上建造房屋的人要等到房子造好之后才能从土地所提供的服务中得到一些收入。并且，用作建造房屋（或用作农场）的土地，它的作用是持久的，因此，投资者也清楚他从投资中得到报酬是分散在一个经年累月的长时期中的。生产的时间长是土地的特性，这就需要在投资者得到收入以前，给予某种财务上的支持。如果一个社会只
209 能等待农民自己攒钱来完全买下他的农场，支付种子、肥料、机具和劳动力的费用，并且设法自己维持到农作物成熟时的话，那么，那些靠农产品为生的人，恐怕就会挨饿。同样，如果许多城市居民只能等待他们自己或某个土地所有者积累了足够的资本来建造和装修房屋而不预先向人借款的话，他们将会无栖身之地。总之，对只有土地才能生产的大量商品和只有土地才能提供的那些服务的需要，以及产生那些服务所需要的漫长时间，使信贷成为土地的充

分利用所不可或缺的东西。土地的利用是要靠信贷来进行的。我们甚至可以说，假使我们从来不曾为土地利用者提供信贷的话，我们一定还处于封建时代。

信用的性质。“信用”二字有许多意思，不同的意思之间也存在一些细微区别，因为这个词是经济学从日常生活中惯用的、不准确的用语中所借用来的词汇之一。其中最普通的意思之一是：当我们说某人的信用好，或者说，他有好信用的时候，我们的意思是说，他有按时还债、有能力还债的好声誉，因此，旁人都乐意卖货给他，或者为他垫款等他日后归还。这个词的另外一个重要的意思是指交易本身的性质而不是指人的品质。把货物或款项转让于人，希望以后付款或归还，这就是信用交易。经济学上的“信用”一词就是这个意思。因此，我们可以对“信用”一词下这样的定义：**一桩信用交易就是货物或资金的转移，约定将来以等价之物偿还。**

首先应当注意的是，这种交易半指现在，半属将来，换言之，(1)信
用含有时间的因素。其次，应当留意的是，(2)这种交易含有信任 210
的意义：(a)**信任借方的品质和资力**，以及(b)**信任借方为履行诺言而提供担保的商品的充足和安全**。一个时常出现的第三种因素是(3)由借方向贷方出具的一个书面的**债务证明**，这就构成了所谓**信用工具**。

信用的基础。信用以储蓄为基础，正如土地利用以信用为基础一样。我们只需环顾一下那些提供信用的机构就会体会到这一点。它们就是银行、保险公司、建筑贷款协会以及其他经办储蓄业务的机构。但储蓄和以之为基础的信用，不是由纸面上的价值所组成的，而是由超过当前需要的实际商品或资金（购买力）所组成的。当信用只建立在票面上的时候，情况的发展就会像那些使俄国和德国遭受痛苦的情况一样，或程度轻一点，像现在使法国遭受痛苦的情况一样。但如果信用是以真正的和日益增加的财富为基础的话，那么，健全的信用扩张的第一个条件就具备了。对于将来归还借款的信心是信用的一个极为重要的因素，因此，重要的是，信用的财富基础必须是既稳固又安全的。这就是说，使信用成立的第二个条件是一个健全的币制和一个能够维护人权、财产和契约的强有力的、稳定的政府。俄国的信用标准很低，因为人们对它的财富和保障那种财富的政府本身的稳固和安全缺乏信任。

信用本身不能增加财富，但在真正创造财富的过程中，它的确起了润滑剂的作用。银行贷款给城市土地所有者时，在那笔借款用
211 来开发市地之前，它不意味着财富的增加。当我们把信用——就它最普通的意义来说——看作是购买力从一个人到另一个人的一种转移的时候，仅仅是转移这一行为显然不是一种财富的增加，但它可能是增加以某种商品或服务为表现形式的财富的手段。

当信用的基础是实际的、稳固的、安全的、节省下来的财富时，个人信用所要求的其他条件就是俗语说的“三个 C”，即品格（Character）、资本（Capital）和能力（Capacity）。三种要素的重要性，并无固定的顺序，因为三者之一有时初看起来是最重要的，但在别的场合里，它似乎又是最不重要的。大多数的人似乎都认为在信用交易中，资本是最重要的，但已故的摩根（J. P. Morgan）有一次曾说过——并且时常有人引用他的这个叙述：他有一次借给一个人一百万美元，仅仅是基于借款人的品格。而一个没有品格的人不容易得到信用，因为尽管他有充裕的还债资本和还债能力，但他可能把他的资金挥霍殆尽，使债主对他束手无策。能力如果不算作品格的一部分的话，也要和品格一道来加以考虑。在经济世界里，能力就意味着挣钱的能力；这种能力可以带来还债所需的财富，而品格则使人相信，在挣钱的能力产生效果的时候，就会履行信用的义务。

*作为信用基础的土地。*许多年来，土地已成为信用的基础。的确，土地比其他的信用担保品有某些很显而易见的优点。土地是不能被消灭的，不能被搬走的，而且它的用途是具有持久性的。并且，212
我们看得见土地，能够在它上面行走或建造住宅，或者种植粮食使人们免于饥饿。由于这一切原因，土地是信用的一个良好的担保品，因为它的用处是很普遍的，它又是大家所想往的。不过土地有一个缺点，那就是土地投资的固定性。凡是投入改良土地的资金就不易取出。因而土地（或不动产）的销路就不像其他流动性较大的投资的销路那样畅旺。

*信用方式的分类。*信用方式的分类和土地本身的分类一样重要。从确实的经验中，我们才知道，如果不与社会上各种经济阶级的需要相适应，信用的建立就不能起到最有利的作用。对于某种用途的信用供应，有时可能是绰绰有余的，但同时对于其他有同样需要的事业，则缺乏信用的支持。在农业报纸里，人们时常看到，制造业和商业得到充分的信用供应，然而，许多农民都因为缺乏信用而濒于破产。因此，我们应有一个和从事生产的各个集团的需要相联系的信用的分类方法。

经过分析之后就会发现，信用需要的最好的分类方法，乃是按照它所要求的时间的长短来做出的。例如，农民常常需要时间不同的三种信用。首先，他们需要六到九个月以内的短期信用。为了

顾名思义，我们可以称之为“营销信用”。它使农民在青黄不接之际得以维持生产，一直到收成上市的时候。出卖谷物的钱就可以
213 用来还债。其次，许多农民也需要为期一到三年的信用——中期信用——来添置他们的机具和家畜。最后，他们需要一个为期三五年以上的长期信用。我们可称之为“投资信用”，因为这种借款主要是用来购买农场上永久性的改良设施，用来扩大农场面积，或者用来购买另一农场。农民通常需要很长的时期才能从那些设施中陆续得到收益，因而，他也就需要很长的时期才能清偿信用贷款。

类似的信用需要也发生在市地的利用中。一场小小的火灾给房东带来了短时期的房租损失的时候，他就需要短期信用来渡过手头拮据的难关。一个自有住宅者可能会决定要建造一个车库或者添造一间厢房，而他所希望的是一笔能够在两三年内可以还清的借款。最后，那些想建办公大楼或住宅的人，就需要为期十年、二十年或比这更长期的信用。

要使信用机构对社会做出充分的贡献，一个短期的、中期的和长期的信用的适当供应是必要的。

信用工具。短期信用通常被认为是商业信用，因为它被普遍地使用在商业交易中。商业信用之所以得以成立是因为它是以见票即付的银行存款为基础，或者以为时颇暂的交易为基础。商业信用的标准期限是三个月，但有许多借款的期限却只有十天、三十天或六十天。然而，这个标准期限有时也可以延长到九个月，并且，联
214 邦储备体系特许发放以九个月为期限的信贷，借以适应农业上的需要。

商业信用的工具有几种形式，但是，由于在有关土地的长期交

易中，它们相对不太重要，因此我们在这里只提一下它们的名称而不详加解释。手续最简单并且使用最广泛的一种商业信用的工具就是由银行付款的支票。这种支票同另一种被称作银行汇票的信用工具一样，时间要素在其中所起的作用都很小，因为银行汇票只不过是由一个银行向另一银行开出的一种取款支票而已。第三种工具是普通汇票。这种汇票多半用在买卖商品方面，其期限多为三十天。第四种形式的信用工具叫期票。时间要素对期票来说是很重要的，因为它一般要按期计息。最后一种工具称为账面信用（或账面往来），它是一种广泛使用的短期信用，特别使用在零售商业方面。在这五种短期信用工具中，期票或许是那些需要短期信用来资助土地利用的人用得最多的一种信用工具。

中期和长期信用交易通常使用与上述几种工具不同的工具。只有期票这一工具往往是用于中期信用贷款，而适用于长期借款的期票，则多半都须附有抵押单据、不动产抵押债券或土地契约的保证。

抵押借款是长期信用最广泛使用的工具，也是我们最古老的信用工具。这种抵借方法，在四千一百年前或更早的时候即已出现。现存最古老的抵押证件上所载的日期是公元前四百三十年，它实际 215
上具有现代抵押借款的一切基本特点。

抵押品的意义就是动产或不动产所有权的转移，以之作为偿还欠款的保证。就普通的法律来讲，财产的合法权利随着抵押而转移给受押人（贷出款项的债权人），而抵押人（借入款项的债务人）在欠款偿还之前，不能收回他的这个产权。在威斯康星、纽约和其他几个州，流行着一种所谓留置权的理论，根据这个理论，抵押就意味着产权的转移，但在习惯上，法院则认为这种工具并**没有**转移产权，它只对财产构成了留置权。依照这个解释，只有在债务人不履行这种工具所规定的条款时，合法的产权才转移到受押人名下。后面这种“平衡律例”(rule of equity)使抵押只成为借款的担保品，这也是一般人对抵押的解释；而按照“普通法”(rule of law)的解释，抵押即等于所有权的真正转移。

有几种抵押我们可以在这里顺便谈谈。按照抵押品的优先请求权或留置权，我们可把它们分为第一、第二和第三抵押。又有一种保证抵押，即由除抵押人外之第三者具名保证偿还欠款的抵押。最后一种是动产抵押，即与不动产抵押有别的个人财产抵押。凡此种种不同的抵押，其基本点都是相同的。

**不动产抵押债券**是一种细分成小额的抵押。它是为了适应市
216 地集约利用的需要，大约在二十五年前开始形成的一种信用工具。要建设巨型的办公大楼，就需要几百万美元的资本，只有某些特殊的个人才敢于冒财产损失的危险来承受一块值钱的市地作为抵押。为了吸收多数投资者的小额储蓄，把抵押价值总额分为票面一百美元、五百美元或一千美元的小额债券由投资公司出售给公众。在这种集资计划之下的抵押品本身，通过一种信托契约的方式，被转移给一个受托人，而他为了维护债券购买者的利益，就掌握这项抵押品。我们很可以说，纽约市和其他大都市的摩天大楼都是因为有了这种不动产抵押债券才成为可能的。



**土地契约**通常是在有关土地出卖的交易中作成抵押之前的一种信用工具。凭土地契约出卖一块土地的地主可以得到总售价的一小部分现金，并同意和买主订立一个土地契约来规定获取售价的其余部分。这种土地契约条款的一般规定是，当买主陆续付给卖主的地价约达总买价的百分之六十的时候，前者即向后者出具保证书，以所买土地为抵押，保证陆续归还其余的部分。因此，这实际上等于卖主凭土地契约给予买主一笔信用垫款，一直到保证书和抵押单据替换了土地契约的时候为止。在美国各地，这种信用工具的使用不完全是一样的。有些地方使用得很普遍，有些地方则很少使用，这大半要依法院在这种契约未能履行时，对双方所采取的处理办法如何而定。

以上三种信用工具——抵押品、不动产抵押债券和土地契约——差不多完全使用在中期和长期的信用方面。

信用机构或来源。1920年，城乡不动产抵押借款的总和超过了一百亿美元。这个数字当然并不代表所有以土地或不动产为担保品的信贷。首先，以土地契约为工具的放款就没有包括在内。作为讨论土地信用的一般政策的开端，我们最好首先简略地研究一下抵押贷款的大量供应的来源以及其他形式的信用的来源。

现将以发放信用为业的机构列举如下：(1)个人；(2)商业银行；(3)抵押银行家和投资银行家；(4)第二抵押银行家；(5)建筑贷款协会；(6)信用合作协会；(7)保险公司；(8)信托公司；(9)联邦农地贷款体系；(10)战时金融公司；(11)公共基金委员会；(12)国库。

没有人知道个人所发放的信贷究竟是多少，但来源于此的数目很大，则是可以肯定的。仅就有关土地的中期或长期信用而论，个人发放信贷大概有两种方法。第一个，或许也是最重要的一个方法是，当个人出卖土地的时候，他们可以接受一件抵押品、一张期票或者一张土地契约作为支付全部买价的一部分。这种做法很普遍，人们差不多都把它认为是当然的。其次，有储蓄需要投放的个人，自己可以贷出款项而以不动产作为担保品。这种交易比向抵押公司或债券公司借款具有更多的私人性质。像这样以不动产为担保
218 品而放债的个人，其放债的范围大半是在他们自己同行的范围以内或邻近的地方，因为他们自己知道他们所担的风险的程度。威斯康星州东南部农地抵押放款利率比较低的一种解释是：贷款人就住在邻近的地方，本人同借款人相熟并且了解作为担保品的那块地产的底细。因此，他们愿意以优惠的条件放款，胜过他们通过银行或保险公司那样的中间人放款。

商业银行是短期信用的重要来源；但在以不动产为担保品的长期贷款的金额方面，它们受到法律和本身业务性质的严格限制。联邦储备体系中的商业银行可以贷出为期九十天的营运资金，在农业贷款时可延至九个月。那些不在联邦储备体系中，并一向是按照不大严格的州银行法营业的州银行，可以而且确实贷出过为期很长的巨额款项，但它们这样做，风险由它们自己承担。一个商业银行必须准备能够迅速变现的资产，因为储户随时可能通知银行立即提取存款。不动产长期信用的市场比较狭窄，在西北部盛产谷物的各州里，有许多破了产的银行，贷款被"冻结"在不动产担保品上，当它们企图出卖那些担保品的时候，就会发现这一点。稳健的银行经营和银行法规同样把商业银行对土地利用的扶助工作只限于短期信用交易，这种期限一定不能超过九个月，尽管在1923年有些人竭力主张商业银行也发放中期信用。



219 抵押和投资银行家具有中间人的性质，他们对资助农地利用所做出的贡献已越来越重要，因为费用高昂的公寓、宾馆和办公大楼

都需要巨额的信用。如果不靠他们把贷款者和借款者联系起来，我国大城市土地的集约利用就很难获得成功。投资银行家尤其如此，因为他们的业务规模比普通的抵押银行家的规模大。不过，两种类型的银行家大概都遵循稳健的营业方针，其信用贷款的数目绝不超过抵押财产稳健估价的百分之六十左右。而商业银行的放款也受到法律规定的限制，不得超过抵押财产价值的百分之五十。

第二抵押银行家是贷款给那些已经把他们的财产抵押过了的人。这种二次抵押贷款加上初次抵押的贷款，往往等于抵押财产价值的百分之九十。显然，第二抵押的贷款风险比较大，它的利息往往也高得多。

美国的建筑贷款协会近年来贷给资力较弱的自有住宅者的款项，恐怕比其他任何一个信用机构所贷出的都要多。这种地方性的协会，全国共有一万余个，其全部资产超过三十三亿美元，大约有七百万个成员。它们所进行的业务大多数都以合作为基础。凡是按分期付款计划购买股票的人，就可以成为它们的成员，通常每年可得百分之五或百分之六的股息。凡是把自己的财产作抵押的人（一般为第一抵押品，很少的时候为第二抵押品），都可以向它们借款，其利率比付给股票持有者的利率要高百分之一到百分之二。这种信用贷款是依照分期付款计划偿还的。由于这种信贷只给予以 220
当地人尽皆知的不动产为担保的会员，又由于在许多州里，这些协会受到州银行法规的管制，因此，它们是异常稳固的信用来源，很少发生倒闭的情况。协会的信贷额平均约为担保财产价值的三分之二。

和建筑贷款协会极其类似的，还有信用联合会，不过它主要是办理短期信用。1921年有十个州曾针对信用联合会制定了法律，但只有四个州——马萨诸塞、纽约、北卡罗来纳和罗得岛——的这种“信用联合会”得到相当大的发展。1921年北卡罗来纳州所有的三十三个信用联合会完全是农业的性质，因为它们只货款给农民。从历史上来看，上述那种合作性质的信用联合会源于1849年在德国建立的拉弗森信用协会。[①]

1921年由一百九十八家保险公司凭抵押品担保所贷出的款项金额是二十八亿四千五百零四万九千一百九十九美元。[②]这个不动产信用的巨大来源，只能在一个相当严格的还款政策之下才能运营，因为保险公司必须保障保户的权利，必须有某些资金来满足支付公益金的需要。例如保德信人寿保险公司通常会要求在利息之外定期付出一笔确定的金额来分期偿还债务。虽然在1915—1921
221 年间，减少抵押投资的保险公司的数目超过了增加此项投资的保险公司的数目，但有四家最大的人寿保险公司却在1922年增加了它们的抵押投资。[③]根据大都会人寿保险公司1923年12月31日的业务报告，这个公司的保险客户所拥有的不动产抵押投资金额数达六亿零六百万美元之巨，这比投放到任何其他形式的证券的金额几乎多了一倍。人们对于不动产抵押的信任，由此可见一斑。

信托公司是长期不动产信用的另外一种来源，但出于这一来源的供应量是很有限的。由于信托公司对顾客负有受托责任，它们的

---

① 格雷：《农业经济学引论》，第340页。

② 《作为人寿保险公司投资的不动产抵押品》（见不动产商会全国协会公报，1923年6月20日，土地经济学与公用事业研究院主编）。

③ 同上。

业务经营一定要稳健。它们在发放以不动产作抵押的信贷时，只接收第一抵押，其贷出的款项不超过担保品价值的百分之五十。

以上简单地加以叙述的这些信用机构都是私人机构。近年来已经建立了几个公共机构，主要是为了帮助农业。首先是1916年建立的**联邦农贷体系**，这个体系为农民提供长期信用。由法律规定的这类贷款有两种：一种由公家主办，另外一种则由私人主办。根据第一种方法，已创办了十二家联邦土地银行贷款给地方农业贷款合作协会，每一协会由自愿借款的十个以上的农民组成。这些银行有权发行二十倍于它们股本总值的债券，借以吸收资金来贷给农民。这些债券是免缴联邦所得税的。其借出之款以第一抵押为担保品，不得超过土地价值的百分之五十和其改良设施价值的百分之

二十。按照分期偿还的原则，这种借款通常需要三十四年才能还 222
清。根据第二种方法组织起来的股份制土地银行，是一种私人放款机构，其放款范围是它们所在地的那个州的任何地方和与之毗连的另一个州。它们也可以发行免税债券，但只能以它们的股本总额的十五倍为限。其贷款手续与联邦土地银行的贷款手续相同。



这种体系改善了农业货款的条件，因为它提供了较长的还款期限和较低的利率。农贷银行贷出的金额大约占全部农贷的百分之五。并且，在它们的全部农贷中，大约只有百分之十三是作为买地之用，而这些货款的三分之一都是以佃农为对象的。[①]

**战时金融公司**是于1918年创办起来资助战时工业的。它停办了一个时期，但在1921年又恢复起来，奉命发放以出口农产品(包

① 格雷：《帮助无地的农民拥有自己的农场》，美国农业部1920年年鉴，第279页。

括牲畜在内）做担保品的贷款。这些贷款主要是贷给农村的银行和合作营销协会。由于贷款主要是为了帮助农产品销售，因此，战时金融公司的业务范围比较狭小。

为了补充联邦土地银行的长期信用，1923 年成立了一个联邦**中期信用银行**的体系，其贷款系以六个月至三年到期的农业证券做抵押。同时，联邦储备银行又奉命接受九个月到期的农业证券。应
223 当注意的是，在这种中期信用的场合里，它们的担保品包括已成交的市场交易和以牲畜为担保的动产抵押。

除了上述公共机构之外，有些州政府还准备有**公共基金**，可以从中贷出款项。例如，在俄克拉何马州，从公有土地中划出了一部分供该州学校使用，但该州后来变卖了某些校地并得到了很大一笔公款。保管这项公共基金的委员会有权发放为期五年的农业贷款而以第一抵押品为担保。如果借款人仍然居住在那个州并且抵押财产的其他条件被认为合格的话，这种借款到期之后还可以展期。同样，威斯康星州也可以从教师保险基金里贷出以不动产做抵押的款项。最后，立法机构还可以随时从公库里拨款贷给市民中的某些阶级。我们在写这本书的时候，国会正在讨论几个规定将公款贷给农民的议案。

信用风险。信用也有它的危险性；如果使用不当，就会遭受损失。过多或过于容易得到的信用往往比过少的信用所造成的浪费更大。这在土地利用和商业中都是同样正确的。在两种情况下，信用的过分扩张或过分发展都常常是滥放贷的结果，以致辗转作用，引起很大的损失。我们只需调查一下破产的统计数据和破产的原因，就不难了解到这一点。半途而废的土地重划、取消赎回农业抵

押品的权利和那些全靠债主的宽容才得以苟延残喘的农民的名单，在很多例子里都证明了：造成损失的原因是信用发放得过于容易。

农业信用政策。农业的性质使农民有得到三种信用的必要——短期、中期和长期信用。 224

农民通过现有信用供应的来源，其短期信用需求大半已得到相当不错的满足。比较富裕的农民平常都能够得到足够数量的银行信用来渡过他们正常的短期难关。而比较穷苦的农民的一般处境就没有那样顺利。对于那些看来不能按时还债的农民，商业银行是不会贷款给他们的。1923 年国会对于《联邦储备法》做了修改，准许联邦储备银行办理为期九个月的农业票据放款，这个修正为银行信贷开辟了更宽广的道路。有了联邦储备体系的支持，某些银行就可能贷出过多的这类款项，因而危及本身的存款。由于这项修正案是在最近才通过的，它对商业银行业务的稳健性产生的影响，此刻尚不明确。不过，人所共知的是，近来西北部某些州的州银行的倒闭，多半要归因于州银行法的不够严格，因为这些银行法准许它们把较大部分可以贷出的款项作为信用放款发放了出去，而结果发现这些信贷都成了呆账。如果必须在满足贷款者的需要和保护存款人的存款之间做出选择的话，首先应当考虑的是保护存款人。

由于商业银行的信用不可能充分地满足相对不富裕的农民的短期信用的需要，因此，信用合作社就有了发展的空间。这种合作社的好处是它们可以规定监督农民的支出，因为在支出方面不在意是许多农民处境欠佳的一个重要因素。在北卡罗来纳州发展起来 225
的那种类型的合作社还有一个好处是，得到贷款的只是当地的农民，他们的品格、能力和资本都是合作社的经理所熟悉的。这些合

作社的进一步发展，尤其是在南方，可能是比较理想的，如果有负责的公私机构对它们加以细心的指导，并以适当地监督借款人的支出的方法来提倡或者强迫节约的话。

在中期信用银行被授权于1923年成立之前，农民有时感觉到这种形式的信用的缺乏。许多商业银行，特别是地方银行以不动产抵押为担保，贷出了中期信用，但后来它们又感到自己陷于困境。然而农民对中期信用的需要常常是很迫切的。他们得到的这种期限的贷款，通常是用来购买家畜、机器和其他设备，因而大大地提高了农业的效率。根据1923年的法律，商业银行发放中期信用的任务在很大程度上减轻了，因为这类贷款都由联邦农贷银行和某些专门组织起来的私人银行来承办。要总结这项法律的效果如何，虽然为时尚早，但农民利用信贷的便利无疑是增进了。

联邦农贷体系满足了农民对长期信用的迫切需要，因为这种信用特别适用于永久性改良设施和买地的用途。不过，联邦土地银行的这种信用多半是用来清偿旧债和改良设施的。这些银行在接受
226 抵押担保时通常很保守（这种保守是明智而必需的），不过它们通过以分期偿还计划为基础延长归还欠款期限和通过降低利率的方法，满足了农民很大的需要。也有人批评这个制度，说它没有进一步帮助佃农取得土地所有者的身份。这种批评似乎不大合理，因为佃农得来的信用如果太容易了，则许多不适宜于自有自耕或者没有足够的资本来“搞好”农场的人，在当了土地所有者之后不久就会有失败的可能。诚然，联邦土地银行只满足了一小部分农民的需要，但仅仅为了增加长期农业信用的供应就把银行一贯的稳健政策抛弃，这似乎是没有道理的。在年代比较久、情况比较稳定的农业地区，

鼓励佃农成功地走上自有土地道路的一个比较明智的方法，总的说来，乃是发展一个第二抵押信用制度。

特别重要的是，在讨论土地垦殖和购买农场的时候，应当强调信贷的风险。新的农业地区通常是缺乏信用的。这部分是由于那些地方对信用的需求比较大，因为在那里要把土地改良到有生产力的程度，就需要很大一笔初始投入。另一部分原因在于那些地区对于信用的供应没有吸引力，因为土地的价值以其预测的生产力为基础的比较多，而以其实际产量为基础的比较少，因而愿意接受这种土地为担保品的人不多。在这种情况下，那些刚开始在新地区耕作的农民特别希望得到放宽条件的信用供应。

根据一般的主张，一个事前没有一定积蓄的人，要想开创一种事业（务农也是一种事业），无论从社会或个人的观点来看，都是不
适宜的。挣钱和存钱的本领是成功地搞好农场或其他任何事业的 227
先决条件。因此，公私移民机构都认为，不贷款给那些不曾积攒一笔最起码的本钱的新来移民，乃是一个适当的政策。“每一个移民都应当有足够的资本来保障国家免受由于他不节约或无经验所造成的损失，并作为信用的准备以保护他自己，以免万一需要支付时，没有钱应付。最起码的资本应当不少于已改良农场的成本的百分之十。”①



目前，农业移民可以从公私两方面的来源都得到信用。在加利福尼亚州，根据该州两种公共移民计划，对移民提供的长期信用

① 埃尔伍德·米德（Elwood Mead）：《帮助人们自置农场》，麦克米伦出版公司，1920 年，第 189 页。

利率较低。根据联邦政府的灌溉计划，移民还款的条件也比较宽松，但在许多场合里，这种新开垦的土地都负有每英亩七十美元、七十五美元甚至九十美元的债务，不管还款的条件如何宽松，[1]也是普通的移民无法支付得起的。根据私人土地垦殖规划，移民公司提供了最大部分的信用。然而，凡是私人移民公司要求在四五年内还款的地方，其移民大都处于无办法可想的境地，不管他们开始耕作时有没有自己的资本。近年来新的移民的经验大都无例外地证明，他们这种冒险事业要想成功，不仅在开始时要有一定数量的资本和低利的长期信用，而且在灌溉土地的情况下，还要看固定
228 费用是否合理。

某些担保品的免于课税引起了长期信用的另一问题。目前，在联邦土地银行和其他以农地做抵押而供应信用的机构之间形成了一种对立，这特别是由于对联邦农贷债券不予课税的这个事实所造成的。有人感到这是一种歧视，并且许多真正关心农民的朋友都认为这对农民是有伤害性的。据说，在1916—1922年间的全部农民借款中，由联邦土地银行供应的只有百分之五，其余的百分之九十五都是由个人、贷款公司和保险公司贷出的。[2]许多从前投资到私营农贷机关的人，现在都宁愿买免税债券——不单是联邦农贷债券，还有其他地方的、市的和州的免税债券。这就把资金从农业方面转移到其他方面去了，诱导这些资金回流的唯一可能的办法是

① 斯特拉顿（G. F. Stratton）："被开垦弄破产了的人们"，《乡绅》，1924年3月15日。

② 众议院筹款委员会关于免税担保品问题的听证会，1922年1月16、18、19日和3月7日，第60—61页，第62—63页。

提高抵押放款利率，但这又意味着对农民提高利率。

有人提议，对从不动产抵押放款中所得到的收益减免一部分联邦税。从长期观点来看，这种建议只会使不动产信用和不动产课税的情况变得更糟。免税办法使课税的财产数量减少（不动产目前正因此而蒙受损失），并且对估税造成困难。不用进一步详加分析，就可以知道，免税的害处将超过由于用在经营不动产业务的资本数量的暂时增加而可能获得的好处。

别的且不谈，我们单就共同福利的考虑来看，这种性质的免税 229
一般也是和健全的公共政策背道而驰的。如果没有确实的证据能够证明它们的适宜性的话，新的免税办法的确是不应当考虑的，并且，目前已有的许多种免税办法都应当尽速予以取消。如果能把某些担保品的免税制度废除，农民以及利用市地的人现在享有的信用便利一定会得到大大的改进。

市地信用政策。城市土地所有者的信用需要，基本上是由长期贷款来供应，并且，目前呈现出来的最大需要都是跟住宅建设有关的。保险公司往往供应财力雄厚和土地值钱的人所需要的一切信用，其所取的利息也低。在大城市，也可以时常找到提供放款的个人。近年来，用来建造巨型办公大楼的信用需要，大部分是通过出卖不动产抵押债券来供应的。

地价较高和赋税较重以及建筑费用的增加，进一步推动了那些希望自置住宅的人对长期信用的需求。这种信用的很大一部分，是由土地所有者凭土地契约来提供的。建筑商和不动产重划者也供给巨额的信用，其所接受的抵押品是他们可以出卖给个人的财产。但总的说来，建筑贷款协会乃是以城市住宅做抵押的六十亿美元抵押贷款中唯一最大的来源。

抵押并不是一件坏事和不如人意的事，虽然很多人都有这种想法。诚然，它是欠债的担保品，但这并不一定意味着它是贫穷的象征。我们不能不多想想抵押所关联着的那些情况。在很多场合里，
230 也许在大多数的场合里，抵押标志着人们在向前发展。这一点在以抵押品为担保所借出的款项用来增加新财富的时候，并在利息与一部分本金都能按时偿付的时候，尤其正确；因为在这种情况下，抵押就是储蓄金钱的方法。一般说来，对于分期偿还借款能够做出一些合理和适度的规定，就是一个良好的抵押贷款政策。如果履行这些规定，则抵押就是繁荣的象征和增加财富的手段。

如果要建造住房，建筑贷款协会或许是最能令人满意的抵押贷款来源。这些协会通常是依照州颁布的组合条款开展业务的合作机构。它们的成员（在美国共有七百万）不是储蓄的成员，就是借款的成员。前者把这些协会当作储蓄银行来存储他们从工资、薪金或其他收入中积攒起来的小额款项。其借款成员则可以向协会借款来购置、建造或修理自己的住房，或作其他有利的使用，而以他们的储蓄来逐渐归还欠款。按照分期偿还计划，还清一笔借款所需的时间随着按周或按月付款的多少而有所不同，但偿还的期限一般是八到十二年。许多协会对于投资者的储蓄支付百分之六的利息，并且，如果协会系符合真正的互助类型的组织的话，其成员的这种不超过三百美元的所得，就可以免缴联邦所得税。按照现行法律，这种免税办法在 1927 年以后即将失效；但我们可以肯定地说，如果有什么应免征的所得税的话，这正是最适宜的一种，因为它被
231 限定为三百美元以内的收入，并且能够鼓励自建住宅的投资。这种

免税是最不应当被废除的。[①]

这些作为信用机构的协会是再好不过的，原因是他们一面供给信用，一面鼓励积蓄财富，而财富又是信用的基础；因为我们在这一章的前面说过，信用要受实际财富多寡的限制。为此，参加这些协会的人群越广泛越好，不应当把参加的人只限于那些想用借款来建房的人。又储蓄又投资的人和又储蓄又借款的人一样重要。

如果人人都知道建筑贷款协会所给予的优厚的利润和它们所具有的高度的安全性，则人们对它们的投资很快就会增加一倍，即比现在可以用来建造住房的款项多一倍——现在许多地方能够运用的款项少得可怜，不敷供应那些想要自置住宅者的需求。许多州所制定的关于这些协会的法律都很令人满意，例如纽约和威斯康星州的法律已规定把这些协会置于银行部的监督之下。其他某些州所制定的这项法律则存在一些缺点。当前的任务是推动落后各州达到最先进各州的水平。在业务和手续方面的标准化乃是当务之急。

成立一个第二抵押贷款协会来弥补现有建筑贷款协会的不足，或许是市地信用政策应有的一部分。许多例子证明，凭第一抵押贷出的款项都不敷完成住宅建设之用。虽然时常需要使用第二抵押，但它目前的利率较高，往往对这个信用工具的采用起阻碍作用。有 232
一批纽约州尼亚加拉瀑布城的商人已经解决了这个问题，因为他们组织了一个“厂主和职工抵押公司”，以他们职工的和其他人的自有住宅为担保品来办理第二抵押贷款，其利率比一般市面上的这种

① 伊利：“建筑贷款协会”，《评论的评论的评论报》，1923 年 12 月。

贷款的利率都要低。他们现在只收百分之六的利息，并且他们所遭受的亏损也是微不足道的。这代表着向为未来的自有住宅者提供更充分的信用便利的方向前进的一个令人满意的步骤，是值得效仿的。这是在帮助自助者，是一件好事，同时也是利他主义和爱国主义。当然，第二抵押的风险往往是很大的，因此，对于那些成立起来开展这项业务的协会必须加以严格的管理，否则就会危及为创造财富开方便之门的抵押贷款的目标。

## 小　　结

土地利用，像其他形式的事业一样，涉及信用交易，但它所需要的是一种特别形式的信用，因为从向土地投资到获得投资的报酬，其间要经过相当长的一段时间。信用交易就是基于将来如数偿还的一种诺言做出商品或服务的转移。和它有关的是(1)时间的因素，(2)对借款人和他所提供的担保品的信任，(3)信用工具，即债务的书面证件。信用以节省下来的财富为基础。土地这种形式的财富乃是信用的良好保证，可是它有一个缺点，即土地投资的固定性。需要以下三种土地信用：短期信用、中期信用和长期信用。短期信用所使用的信用工具通常是**期票**，并且，这种期票也时常单独地被使用为中期信用的工具，不过中期信用的期票有时要用抵押品来加以保证。为长期信用所使用的工具有三种：(1)以**抵押品**为保
233 证的期票；(2)不动产**抵押债券**；(3)**土地契约**。发放各种形式信用贷款的有许多不同的机构：个人、商业银行、抵押与投资银行家、第二抵押银行家、建筑贷款协会、信用合作社、保险公司、信托公

司、联邦农贷体系、战时金融公司、公共基金委员会和公库。信用也有它的危险性；如果发放太容易了，就可能遭受损失，这在制定土地信用政策时，应当注意。农地和市地两者的信用政策都应当以提供所需要的各种不同类型的信用为目的；许多机构正逐步发展起来，以便更充分地适应这些需要，但在这方面还有进一步开展工作的可能。

# 第十二章　土地的价值与估价

234 土地价值的作用在于对土地的利用提供指南。一般的物价就是用一种共同的货币单位来表示的价值。在我们现代经济生活中，价格起着调节消费与生产的作用。一个有一定收入的消费者，当他购买能够满足需要的商品或服务时，就得根据必须付出的价格，作为购买的指导。因此，他首先购买的是他认为必不可少的那些必需品，并且，如果那些必需的商品或服务的价格很高，以致把他的收入都花光了的话，那么，其余的需要就无法得到满足。生产者也根据他必须支付的价格和他预期从出售成品所能得到的价格来调节他对生产资料的购买。我们就这样用价格制度来使商品和服务的供求趋于平衡。

土地的使用，像其他任何商品或服务的使用一样，是以同样的定价过程来加以调节的。我们不妨举出一两个具体的例证来把这一点说得更清楚些。城市临街地皮每英尺价格一万五千美元的经济意义是什么？对于城市的一切地皮，都有很多的用途在互相竞争。一块市地可以作为建造住宅、工厂、商店、办公大楼或车库之用。通常，一万五千美元一英尺的临街地皮的高价把它的用途只限于建造巨型的商业、金融或办公大楼，因为把它用来建造住宅或工
235 厂是不划算的。还有，地价上涨的时候，需要商店或办公大楼地皮

的人数就会减少，因为能够付出一万五千美元买一英尺临街地皮并且还能从它的利用中得到净利的人是比较少的。地价下跌，则地皮的需求增加。如果地价下跌到足够的程度，譬如说，三百美元一临街英尺的话，那么，需要住宅地块的人就会和其他需要的人发生竞争。

现在让我们假定有六块商业地皮，假定它们在实质上都具有同样的特性和优点。这就构成了这类地块的可以利用的供应数量。假使这些地皮不需要代价的话，那就会有很多人想要得到它们。于是，我们说，这种商业地皮供不应求。这六块地皮一经有了价格，有些本想购买或利用它们的人就会马上退出这个市场。如果把它们的售价提高到一万五千美元一临街英尺，除了六个每人一块地皮的买主之外，其他所有的买主，理论上来说，都将停止活动，而所有的地皮都将被卖出。

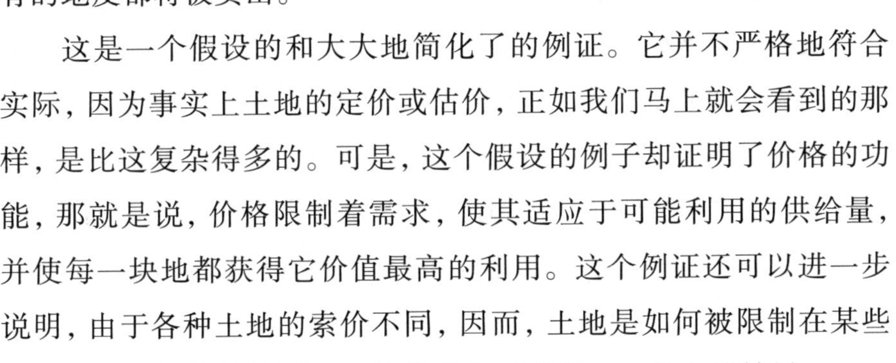

这是一个假设的和大大地简化了的例证。它并不严格地符合实际，因为事实上土地的定价或估价，正如我们马上就会看到的那样，是比这复杂得多的。可是，这个假设的例子却证明了价格的功能，那就是说，价格限制着需求，使其适应于可能利用的供给量，并使每一块地都获得它价值最高的利用。这个例证还可以进一步说明，由于各种土地的索价不同，因而，土地是如何被限制在某些用途上。这是价格作用——使供求趋于平衡——的必然结果。

土地价值的意义。虽然物价在现代经济生活中执行着某种明 236
确的职能，但那只是它在土地经济学中的意义的一部分。我们试着全面考察一下一块特定土地的价值的意义是什么。它对可能的或实际的买主和卖主代表土地的金钱等价，它代表投入土地的资金，它表明财产抵押的保证，它是**土地的资本化的收益能力**，它是课税的基础。对于经济学家来说，土地价值反映了市场的情况，也对土地的最经济利用提供了线索。对于立法者来说，土地价值是政府岁入的一个来源和有关土地的公共政策的指南。对于主持城市规划的人来说，土地价值是合理地进行区划的指标，和应以明智的规划来加以保持和稳定的东西。对于银行家来说，土地价值是许多贷款的保证，同时也是对许多投资者的担保。与其他阶层的人相比，不动产商人或许与土地价值有关，因为他是土地买卖者兼估价人。

首先我们应该了解到：到目前为止，对于土地估价的探索还做得不够。经济学家和不动产估价者仍在摸索其指导原则。有些价值要素和价值趋势已很好地被确定了，但在其他时候和其他地方，它们的正确性究竟会达到什么程度，尚有待于对价值的历史、基础和运动的进一步研究来加以揭示。

*城市不动产和农村不动产的价值与美国全部财富的比较。*据估计，1919 年城市和农村不动产价值的总和占美国国内全部物质财富
237 的百分之五十二。在这百分之五十二的比率中，约有百分之三十一是城市不动产的价值。并且，城市不动产的估计数字比其他任何一种财富的数字都要大，其次是农村不动产，最后是制成品（机器和工具除外）。城市不动产价值的相对重要性和其发展，见表 10。

虽然这些数字不尽适合我们的用处，但它是我们目前能够得到的最可靠的数字。金博士所做的这些估计是建立在有关不动产的估价和估价对实价的比率的普查统计数据基础上的。从大城市（它
238 们在总值中占主要地位）可以直接得到关于那些城市的报告数字。凡是能够得到这种报告的地方，都采用它们的数字而不用从国情普

表 10

表内所列的价值是在每年年初对城市不动产价值、农村不动产价值以及全部国内财富总额所做的估计，并列举每种财富与总的物质财富的比率；数字系根据每年市价计算。①

单位：百万美元

| 年份 | 价 | 值 | | 比 | 率 | |
|---|---|---|---|---|---|---|
| | 城市不动产及矿业 | 农村不动产 | 国内物质财富总额 | 城市不动产占国内财富总额的 % | 农村不动产占国内财富总额的 % | 城市及农村不动产占国内财富总额的 % |
| 1909 | 64,432 | 33,849 | 164,241 | 39.2 | 20.6 | 59.8 |
| 1910 | 66,096 | 34,801 | 173,822 | 38.0 | 20.0 | 58.0 |
| 1911 | 73,274 | 35,289 | 185,701 | 39.4 | 19.0 | 58.4 |
| 1912* | 74,644 | 36,032 | 187,739 | 39.7 | 19.2 | 58.9 |
| 1913 | 77,010 | 38,092 | 197,077 | 39.0 | 19.4 | 58.4 |
| 1914 | 80,011 | 39,095 | 203,208 | 39.3 | 19.3 | 58.6 |
| 1915 | 81,845 | 40,530 | 204,420 | 40.0 | 19.8 | 59.8 |
| 1916 | 82,726 | 44,823 | 218,233 | 37.9 | 20.5 | 58.4 |
| 1917 | 84,447 | 48,347 | 243,684 | 34.6 | 19.8 | 54.4 |
| 1918 | 86,649 | 52,950 | 266,783 | 32.4 | 19.9 | 52.3 |
| 1919 | 87,801 | 59,900 | 284,198 | 30.8 | 21.1 | 51.9 |

* 该年数字系从《美国的财富、债务和租税普查》中得来。

查中得来的数字。应当记住的是，这些数字仅仅是近似的、指明价值趋势的数字。

土地的价值来源于它的服务和产品。人们想要得到土地是因

① 金博士（W. I. King）："美国全部储蓄的净额"，《美国统计学会杂志》，1922 年 9 月，第 322 页。

为它生产服务和商品，用于满足人类的需要。这些需要可分为两大类：(1)直接消费的需要，住宅就是一个例子；(2)生产的需要(间接消费)，工厂就是一个例子。有时像农场这样的一块土地能够同时满足两种需要。但在城市里，土地的这些用途——用来谋求生计和用来享受生活——被分开来的时候比较多。因此，我们可以说，个人想要得到土地是为了自己享受和为了获得收益。

一个城市宅地或农场的购买者或所有者，其寄托在那块市地或农场的享受和向往的程度如何，要由许多的因素来决定，而所有这些因素是不动产估价者必须考虑到的。这些因素可以分为以下几种：(1)土地的特性，例如高度、景色、面积、环境、交通的便利等等；(2)改良设施的特点，例如建筑、设备、色调；(3)这些特点对于个人的吸引力；(4)个人收入的多少和他能够或愿意从收入中拿出用于此种享受的比例如何。享受和愿望大半具有心理作用，一个社会和另一个社会、一个人和另一个人都各有不同。因而，对于这些因素的评价，很难制定一个一成不变的规律或原则。但总的说来，这种
239 心理上的享受要占住宅用土地所产生的收益的重要部分。即使在平常被认为主要是生产单位的农场用土地的情况下，这种形式的愿望也很受重视。[①]

想把土地作为一个**获得收益**的工具的这个愿望，从**需求的观点**

① 不动产商会全国协会的农地组进行了有关农地的通信调查。从这些调查的答案中，该会的欧内斯特·费希尔(Ernest M. Fisher)编写了一篇名为“农地的估价业务”的文章，发表在该会最近一期的公报里。在那篇文章中，费希尔得出的结论是：“……农场的总价值受到它作为住宅的价值的影响，肯定是和受到它作为一个生产单位的价值的影响一样大的，如果不是更大的话。没有任何会计制度能够衡量这个因素的重要性，因为房屋的价值是无法核算的。”

来看，已越来越被认为是土地价值的主要基础。想得到商业的、工业的、森林的和矿山的土地的愿望，当然是与它的收益能力有关，而想得到农地的愿望也多半是由于它有产生货币收益的可能性。一切影响到土地货币收益的多少或影响到它的“享受愿望”的因素，都会影响到它的价值。

土地的收益是确定它的价值的基础。关于土地的收益，我们必须略加解释，哪怕这个问题是很复杂的并且涉及最深奥的经济学理论。[①] 地租理论，或者说土地收益理论，首先被认为是同农地有关系的，为了简便起见，或许用这类土地来说明这个理论更为妥当。农地产出的是有形产品，如以蒲式耳计的小麦、以吨计的干草，或以磅计的蔬菜；而市地一般产出的，则在较大程度上是不可捉摸的服务。譬如一英亩土地产出三十蒲式耳小麦，而花掉的费用，即劳动力和资本（工具、装备、肥料等）是十五美元。如果小麦卖五十美分一蒲式耳，则每英亩的总收入刚够劳动力和其他费用的开销，而土地则毫无收益；因此，我们说没有地租可言。所谓“边际土地” 240
（marginal land）这个词就是指的这种地。要是麦价涨到三十美分一蒲式耳，那么，每英亩的总收入就是十八美元，从中减去劳动力和其他费用，还剩下三美元，或者说，三美元的地租。

要确定市地的地租，也可照样来做。从一定的收益中，减去类如建筑投资的利息、折旧、损耗及其他费用之后所剩下的余额就是土地本身的收益。[②]

① 参看伊利：《土地利用中的费用和收益》，爱德华兄弟出版公司，安阿伯，密歇根州，1922 年。

② 费希尔（E. M. Fisher）：《不动产业务原理》，第 116—125 页。

以上讨论假定土地的产品是已定的。但如果使用更多的劳动力和资本的话，这种产品是可以增加的。在农业方面，这就意味着每一英亩土地使用更多的劳动力、更多的肥料或更多的装备；在市地方面则意味着更高大或更奢华的建筑物。由于报酬递减律的缘故，在产品或服务的一定价格下，两种情况中的产品都有其限度。因此，我们可以假定，在各种情况下，土地、劳动力和资本具有合理的配合比例。

由此可见，确定土地的收益乃是一个簿记的问题。我们从一个总收入中减去某些成本，而在讨论土地收益时，时常被人忽略了的正是这些成本。生产农作物或建造楼房牵涉劳动力和资本费用，这是很显而易见的。人们所忽略了的一个事实是，还有一些用在土地本身上面的费用，其中包括对农地的开垦、改良、围墙和排水等费用。一块市地并不是现成可以利用的，如果它没有经过测量和规划，没有街道或公用设施，或者在某些场合里，没有按照情况做出分级、填土、平整等工作的话。

在这些土地本身的费用中还有一笔赋税。如果每英亩土地所收入的租金是五美元，赋税是一美元的话，那么，每英亩土地的可
241 支配净收益只有四美元，其影响正如每英亩农产品的数量被相应地减少了一样。买地的人只按每英亩租金四美元的基础作价而不根据它的毛收益五美元的基础作价。

有些排水规划中还包括一项按年征收的排水费。这项每年都要交纳的费用也和赋税一样，减少了土地的净收益，因而这块地就没有像土地所有者不需要付出这笔费用时那样值钱。为此，许多有排水设施的土地，虽然产量很高，但从经济上看，却是边际土地，甚至是赔钱的土地。

如果土地所有者把他的土地出租给别人，他会向利用土地的佃户收费，或者，换句话说，他向佃户收费是因为以往属于土地所有者的获得土地收益的特权现在归于佃户了。在他们两人之间订立了一个契约来把利用土地的代价规定下来。这种契约地租，也许比我们已经讲过的那个“经济地租”的数目要大一些或小一些，但通常接近那个数字。佃户因利用土地而交租和地主收取租金的期限是一个确定长度的时间，有一月的，有一年的，甚或有九十九年的。一个土地购买者指望获得的土地使用权或土地收益权的期限不是一年而是永远。由于土地是经久的、长期的和潜在地取之不尽的收益来源，因此，它能够永远地持续按年产生收益。这是土地不同于资本品的众多特点之一。

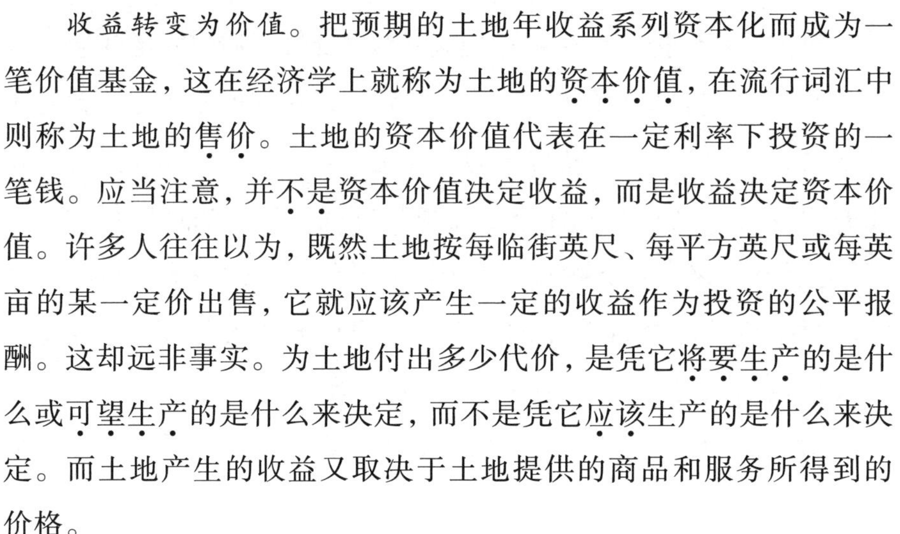

**收益转变为价值。**把预期的土地年收益系列资本化而成为一笔价值基金，这在经济学上就称为土地的资本价值，在流行词汇中则称为土地的售价。土地的资本价值代表在一定利率下投资的一 242
笔钱。应当注意，并不是资本价值决定收益，而是收益决定资本价值。许多人往往以为，既然土地按每临街英尺、每平方英尺或每英亩的某一定价出售，它就应该产生一定的收益作为投资的公平报酬。这却远非事实。为土地付出多少代价，是凭它将要生产的是什么或可望生产的是什么来决定，而不是凭它应该生产的是什么来决定。而土地产生的收益又取决于土地提供的商品和服务所得到的价格。

把土地收益还原为资本价值这个资本化过程，是土地估价问题的核心。有人把这一过程恰当地描述为收入流转化为一笔价值基金的过程。那就是说，把每年都可望得到的一系列收益总括在一个数字或符号里，借以代表源源不断的年收益现值。

1. 把常量的收益还原为资本价值的资本化过程。对于获得一系列源源不断的无限期的年收益的这个权利，究竟应该付出多少代价？假使某块土地每年的收益是五美元，如果把它的收益按年加起来，加到一个无穷尽的年数，那么，那个总数也将是无限大的一个数目，这显然是一个不可能付出的地价。事实上，这些未来的收益不如现在的收益那样受欢迎，并且，未来的期限越远，就越不受重视。人的本性就是对于收益是很性急的。他们宁愿要现在的收益而不愿要将来的收益，甚至为了求现利，情愿把将来的收益打折扣

243 出让。对于社会来说，这种折扣率或性急程度就是现行的利率。[1] 不过实际上，每一个人的性急的程度都是不同的。



现在让我们把这个原则运用到一块土地上，假定它的年收益为五美元，现行利率为百分之五。一年后可以得到的五美元收益打了百分之五的折扣之后，其现值为四点七六美元多一点。换言之，现在的四点七六美元加上百分之五的利息就等于第二年所得的五美元，这就是用来计算储蓄券和美国国库券的利息的一个原则。

两年后的那个五美元的收益，按照百分之五的复利折算，在今天只值四点五三美元多一点。把将来所有的土地收入都按百分之五贴现，然后把算出的数字都加起来，我们就可得出那块土地的现值。

---

① 关于利率和它对商品价值的影响的解释，请参看欧文·费雪（Irving Fisher）所写的《经济学基本原理》，第354—432页。

图 4 说明了每年收益五美元、一共四十年的现值；图内竖线所代表的是土地的现值。

以上的计算代表把土地收益折算为土地价值的那个计算方法的基本原理。通常使用的算法是以贴现率或现行利率（百分之五）去除每年的收益五美元，其得数为一百美元，那就是土地的价值。[①]

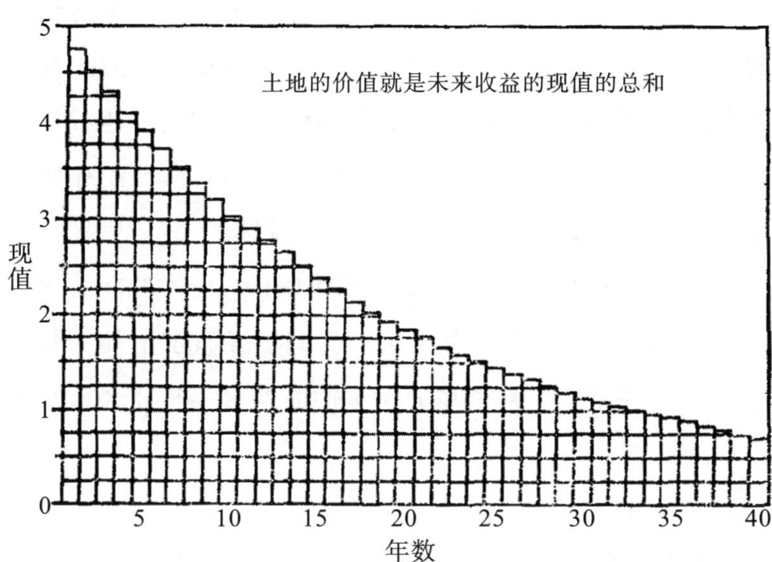


**图 4　在利率为百分之五时每年五美元的土地收益的现值**

土地的未来收益按流行利率贴现。这些未来收益的贴现价值的总和等于土地的资本化价值。图 4 中四十个未来收益的贴现价值的总和为八十五点七五美元，仅比收益年数为无限大，即用 $V\frac{a}{r}$ 公式将其贴现时的价值少十四美元。

---

① 参看泰勒（H. C. Taylor）:《农业经济学》，麦克米伦出版公司，1919 年，第 204—207 页；从中可以看出这种算法中所涉及的数学问题。在那里面所用的是代数公式，并证明了每年可望持续得到的收益，贴现后再加起来就等于土地价值；这个复杂的公式也可以简化为 $V=\frac{a}{r}$，其中的 V 代表土地价值，a 代表每年的收益，r 代表利率。这两种方法实际上都是一样的。另参看格雷:《农业经济学引论》，第 250—254 页。

244 图 4 中未来四十年收益的现值总和是八十五点七五美元，比无限期的收益的现值总和约少十四美元。这说明四十或五十年以外的收益对土地的现在估价的影响很小。在大多数情况下，地价很少超过租金价值的二十到二十五倍。

英国人通常以租金来表示土地的价值。他们说，某块土地卖了“二十年租金”或“二十四年租金”。这种说法表明了地租与地价之间的密切关系。在美国，土地价值与土地的收益能力往往关系很小，因此，我们倾向于用其他的价值名词去说明它。但是，如果我们确实能够多考虑一下土地的收益能力的话，或许会使那些用和土地收益全不相称的高价去买地的人变得更稳健一些。

2. 资本化过程中的可变因素。我们刚才所建立的土地价值的基本原则，现在我们准备要背离它。我们曾经**假定了**几个数字并且把它们看成是**固定的**，但实际上在不同时间和不同地点，它们却是非常容易变动的。

首先，地租不会每年都是五美元，也不会以五美元为基准上下波动；它可能不断增加，或者，在其他情况下，逐年减少。这每年五美元的地租，是从毛收益中减去劳动力和资本费用（这些都可能有变化）而得来的，而毛收益也可能随着每英亩产量和产品价格而发生变动。由于近年来田赋的增加，土地的负担也可能因而增加，并且，由于土地负担的增加，其能够资本化为价值的数目也相应地缩减。

资本化的第一个方法可以适用于年收益递增或递减的情况。
245 如果土地收益每年递增十美分，并将这项收益按利率百分之五贴现，则每年收益的现值就不会像以前那样跌得那么快。从图 4 加线改制而成的图 5 中的第二条曲线就可以说明这一点。第三条曲线说明年收益递减情况下的土地价值。[①]

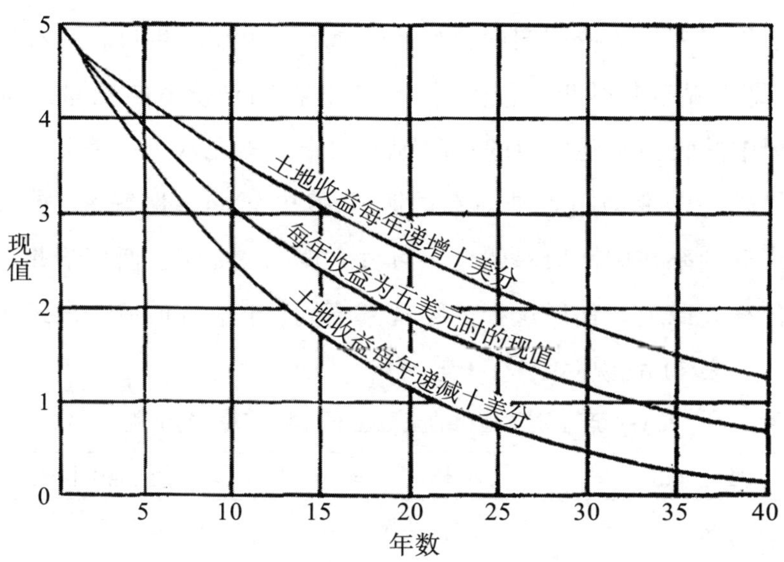


**图 5　在利率为百分之五、土地年收益递增、不变、递减时的土地价值**

像在图 4 里那样，曲线下面的面积代表土地的价值。土地未来收益如果每年递增十美分的话，则其四十年贴现价值的总和即为一百零八美元七十四美分；但若贴现的收益年数是无限的，则其总

① 年收益按等差级数增加时，资本化的公式如下：$V=\frac{a}{r}+\frac{i}{r^2}$，即 $V=\frac{5.00}{0.05}+\frac{0.10}{(0.05)^2}=$ \$140.00。V= 土地价值；a= 年净收益；i= 净收益的增量；r= 贴现率。

哈斯（G. C. Haas）：“作为农地估价基础的销售价格”，《明尼苏达技术公报》第 9 期，第 5—7 页。

布莱克（J. D. Black）：“农地收益在地主和佃农之间的分配”，《美国农业立法协会会刊》，1919 年，第 145 页。

和即等于一百六十美元。因此，这块地就按一百六十美元一英亩出售，哪怕它每年只有五美元的收益。是不是价值抬高了呢？收益对土地价值的比率如何？

如果未来收益依照图中的比率递减，则土地的售价就只有四十美元（即在贴现年数为无限大时，未来收益贴现价值的总和），而表现在图中的收益贴现价值的总和则为六十二美元八十三美分。

另外一个变动因素是利率。根据1920年的国情普查，美国的抵押贷款利率在威斯康星州低至百分之四点六，而在西部诸州则高达百分之九以上。你所选择的贴现率不同，土地价值就会出现很大的差异。表11就说明了这一点。

表11　产生定额地租的土地在不同贴现率下的价值

| 地　　租 | 利　　率 | 土地价值 |
|---|---|---|
| 5美元 | 2% | 250美元 |
| 5美元 | 3% | 166.66美元 |
| 5美元 | 4% | 125.00美元 |
| 5美元 | 5% | 100.00美元 |
| 5美元 | 6% | 83.33美元 |
| 5美元 | 8% | 62.50美元 |
| 5美元 | 10% | 50.00美元 |

将来的利率也不会是固定不变的，因而将来的利率究竟是多少，也无法预测。

再说，我们假定各年的贴现率都是百分之五。我们是不是有理
246 由假定人们对第二个十年和第一个十年的贴现率都是一样的呢？对四十年或六十年（即稍稍超过人生活动年限的一段时间）以后的未来收益，我们究竟应该打多少折扣呢？

3. 资本化过程以外影响土地价值的一些要素。目前土地市价看涨，超过了参照其他投资报酬率来说应有的高度，这是因为有些大半具有人为性质的价值因素被计算在内。比方说，想成为土地所有者的虚荣心就会使许多人愿意接受土地投资的较低报酬率。这就是说，他们对土地的估价，比像对公债那样能产生收益的投资要来得高。例如，农地价值中包含一种"家庭的价值"的因素。对农民来说，他们之所以乐意接受较低报酬率（或较高价）的地，也是因为他们根本不考虑任何其他可能产生较高收益的投资。

在像十九世纪的密西西比河流域那样迅速发展起来的新区，和在很快成长起来的大城市里，土地市价往往和由净收益资本化方法所得出来的价值大相悬殊。在那些地方，当考虑到有关土地报酬率低（或者说市价高）的其他一切因素时，其最重要的一个原因，就是人们希望土地提供的服务的价格（也就是土地价格）会大大提高的心理。换句话说，现在之所以把土地的价格估得很高，是因为预期土地将来会涨价。人们尤其心甘情愿地这样做的原因，是因为土地的作用是永久的，而且土地也是不可能被随意制造出来的。

总之，我们可以说，现时对于土地价值的估算，要受到以下几
个不确定因素的影响：(1) 贴现率的变化，这说明现在优于将来的升 247
水有所变化；(2) 将来土地的净收益的变化；(3) 其他一些多少是难以捉摸的因素的作用，这些因素又多半具有心理的或人为的性质。不确定因素既然这样多，购买土地就难免不带有投机色彩。为了使土地投资不沾染不良投机的污点，现时亟须对这一切不确定因素加以仔细的调查和分析。这种研究将有助于这些不确定因素的减少，尽管我们不能够把它们全部消除。现在采用的评估不动产价值的

各种法规，表明我们已经向着这个方向前进了一步。但这些法规只适用于城市土地、街角地块优势或建筑物有形的及经济的折旧等方面，并不特别地和充分地适用于土地估值的基本经济因素。

*影响土地收益和土地价值的种种力量。*到目前为止，我们在讨论中一直假定人们是在完全竞争中经营事业的——无论是买卖或出租都是为了牟利。但是，也有些其他的力量在起作用，因而修正了这些假设的情况。风俗习惯、垄断和政府权力都能改变地权保有的方法，并且，在这种情况下，契约地租与经济地租在数字上可能有很大出入。

在早期较原始的社会中，使用土地的代价是以**习俗**为基础的。例如，在所谓“分益耕农制”、分成租佃制的情况下，地主从他的每个佃农那里所得到的都同样是农产品的一个固定比例（按照分益耕农制，通常是产品的二分之一，也有的是三分之二），完全没有增租
248 减租的争执。其后，分成租佃制已经逐渐为现金租佃制所代替；后者主要是以竞争为基础而不是以习俗为基础，但前者在有些地方仍然存在，特别是在美国。在现金租佃制建立起来以后，某些影响租金交付的习俗又渐渐形成，并且，随着那个国家变得越古老、越稳定，这些习俗就愈加强而有力。在苏格兰的某个地方，有一位见闻广博的绅士在 1913 年曾经说过：在过去的四十年中，他只知道那个地方有过一个加租的例子，除此之外，其他的地租都是照土地所有者实际的资本开支缴纳的，例如，建造房屋就是这样办的。习俗除了直接决定应付地租的数目而外，还间接地影响到土地的收益。例如，当土地所有者由于传统的惯例，感到有义务对公共福利（如慈善事业、公益设施等）捐助款项时。英国土地所有者的收益就这

样通过习俗的力量而特别减少了，有时甚至减少到入不敷出的地步。在其他地方，我们曾经讲过，生产和消费的习俗如何把土地的利用局限于惯常的方式，并且，即使改变习俗能够增加收益，农民们也不愿意对它加以考虑。许多习俗直接或间接地影响到土地的收益，不过在像美国这样一个“新”的国家里，它们的影响，比在那些古老的国家要轻微得多。这些习俗的普遍趋势是稳定局势和消除土地收益的不规则变动。

竞争趋于加强和扩大一定时期内土地收益的波动。自从竞争代替了习俗而成为经济生活中的主导力量以来，这种波动就加剧了。这种结果的一个解释是，竞争是以不受限制的经营和以土地的 249
自由转移为基础的，因此，一旦稍有利益可图的机会出现，往往就有人及时地抓住它并加以扩大。只要有人带头，就有人附和，这是人性使然的一个原则，特别是在没有什么限制阻止他们的时候。在这个原则上，还可以增加一个附带的原则，即人是倾向于过高地估计将来的利益和过低地估计将来的损失的。这种对将来的过分乐观，又因竞争而推波助澜；几年前美国许多地方的农地价值暴涨，这一因素起了很大作用。诚然，我们现在的生产和消费的协调，是以竞争或自由买卖的理论为基础的。但实际上在许多情况下，我们却离开了竞争的原则，并且近年来已经离开到越来越远的程度。虽然如此，一种相当程度的竞争仍然占有优势，并可望在将来也会占优势。从土地收益的长期观点来看，竞争力量的加强不但会加剧一个时期内土地所有者收益的**波动**，而且也将拉大地区之间和各级土地之间收益的**差别**。竞争的减少将有助于获得稳定收益的效果。

一般说来，垄断趋于使收益曲线稳定，但它和习俗的稳定作用

相比，程度和水平各有不同。不过，在土地收益方面，我们很可以把垄断的力量置之不顾，因为土地的供应不适宜于实行统一的控制，只有在很少的场合是例外，例如无烟煤矿藏或水电，它们的供
250 应极为稀缺，也很少可能有差不多一样适用的替代品。

政府权力对于收益的长期运动的影响如何，要依使用这种权力的方法来决定。我国两三个州所实施的那种地租紧急管理和市地区划法，其目的俱在于像过去用习俗所起的作用一样，把土地收益固定下来。我国的地租管理仅仅是一种紧急措施，它在许多场合无疑防止了地租急剧上涨所引起的真正困难。但在采用这些官方措施之前，应当仔细地考虑一下它们的后果。如果由于这些措施压低了租金从而阻挠了资本流向住房建筑业，则它们可能把局势弄得更糟。当政府的权力是通过课税的方法来行使的时候，它对土地收益的影响有时也会同样波及土地的利用而产生不良后果。像森林按照一般财产课税的这种场合，课税趋于鼓励林木的滥伐政策，其最后结果是林木价格极高。其他税收可能从土地的收益中拿走很大一部分，以致妨害土地的利用并引起地价的跌落。我们很快就会看到，这是目前高农地税的结果之一。[1]

这些因素应当在预测土地收益的时候加以考虑，其重要性主要在于它们对物价长期变动的影响。习俗和竞争所影响的主要是土地收益变动的速度，而**并不**影响变动的方向。垄断的影响甚微，如果有的话。政府权力的影响一般是限制收益，但在特殊情况下，它也对土地收益变动或上或下的方向起着决定性的作用。

---

① 见第十五章。

预测地价。在我们现在所处的这种经济信息环境下，预言是一件危险的事，然而每一个投资人和企业家每天都在预言，并且依照 251
这些预言行事。我们不能逃避这样一个事实：生产过程是持续不断的，是“不等待任何人的”，人们希望将未来的价值趋势作为现在估价的指南。只凭一个特定的时刻对价值所做的一种说明是不完全的，如果它没有包括这一问题的动态方面的话。

预测意味着注视将来。在原始时代，预测是和宗教信仰以及各种各样的迷信结合在一起的。我们再也不相信魔术和念咒，但是有些人认为对他们的将来有影响的历书，似乎仍然流行到惊人的程度，尤其是在农民当中。不久前，预测大体上来讲还是一件个人的事，大半具有臆断的性质。它主要是建立在现行价格的基础上，并且，由于它是个人的臆测，由于每个人都做了同样的预测，结果就造成了一连串的极大错误。一个农民认为养羊的时机到来了；但是引起他做这个猜测的动机，既然是很普遍的，于是就引起了羊肉和羊毛的生产过剩。美国农业部正在搜集各种农业统计数据，试图以之作为农民的指导，以免某一种作物或牲畜发生相对的生产过剩和相对的生产不足。

预测有的是短期的，有的是长期的。预测不久的将来，乃是像哈佛经济研究委员会的布鲁克迈、巴布森等所提供的商业预报的目标。短期预测适用于那些能够迅速地加以调整以适应正在转变的 252
局面的工商企业，但对收益的长期预测的需要，在土地方面比在其他形式的财产方面的需要都要大些。

对土地价值的影响比较短暂的因素，一般只能在一个或少数地区起作用，而不能够在像全美国这样大的地方起作用。由不动产商人、私人投机家、商会或私营公司所鼓动起来的土地骤然畅销，只能够在一个有限的地区抬高地价。在这样一个骤然畅销的期间购地的艾奥瓦的农地购买者也知道，这种泡沫的崩溃，只要一夜的功夫就会使地价跌落。这些离开地价的一般性运动而忽涨忽落的地方性变动，多半也起因于商业循环的波动。当商业情况普遍良好的时候，少数领袖人物的乐观主义会诱使旁人去步他们的后尘，往往导致暂时的和地方性的地价上涨。不过，这些短期的、具有地方性的地价的涨落，对于我们讨论涉及的主题，即地价的长期变动并没有多大的影响；事实上在很多的例子里，它们和其他地方的地价完全无关。

对于长期的预测，必须注意到那些将会增减土地供求的因素。供求就好比一把双股的大剪刀；我们可以按住一股不动而只动另一股，或者反过来做，或者两股一齐动。如果两股都向着同一个方向移动，则它们的作用就互相抵消，于是剪子就不能剪东西；而如果两股同时方向相反地一齐动，则剪切工作就可以加速。



253 *土地需求的性质。*土地的需求是由于需要土地所提供的服务而起的。土地为满足人们对于穿衣、吃饭、居住、舒适和奢侈品的需求而提供原材料。对于一种新的奢侈品的需求，就产生了对土地的许多直接和间接的需求。人们对葡萄的渴望，促使有些人利用了佛罗里达州上万英亩的土地来种植这类水果。但这只是对土地服务的需求的第一步。葡萄长成之后，必须装箱、装船、运输、分配和递送到消费者的餐桌上。人们可以想象得到，为了完成这个简单的过程，就有上万人在工作，而且这个过程的每个步骤都增加土地的需求来作为生产或运输之用。

因此，人口的增加是形成对土地及其服务的需求的第一个因素。最近有一位作者说，按照欧洲的农业生产效率，需要两英亩半土地来供养一个人。因而，根据现时农业生产效率的标准，世界人口最多能够增加到五十亿。[①] 一切类似这样的武断的假定，都没有考虑到这样一个事实：某一数量的人口对土地的压力，并不是一定不会改变的。我们常常都有可能改变我们的饮食，也有可能更有效地利用土地。

对于市地服务的需求，有加以特殊考虑的必要。引起市地价值的上涨趋势的，可能有四个最重要的因素：(1) 工商业的发展；(2) 交通和运输的发展；(3) 公共设施的数量与质量；(4) 鉴于人口的不断增加，可供利用的土地的有限性。

工商业的发展把很多人吸引到城市去，并普遍地增加了社会的 254
购买力。通过公路和铁路的改进以及汽车的更广泛使用，交通和运输的发展也起着同样的作用。当不断增加的人口把有限的地面都全部占用了的时候，由于地形的和政治的原因，对市地面积的限制就容易造成市地的涨价。公共设施类如街道、公园等的市政开支所起的影响，更加强了由其他原因所造成的地价上涨的趋势。如果没有其他因素，公共设施的开支通常是不会引起地价上涨的，但若是这个因素跟其他因素结合在一起，那就会导致上涨的后果。不过，由公共设施所造成的地价上涨的那一部分，必然会被为了抵补那些开支的特种征课或增税所抵消。有时，不明智的公共开支不但没有



① 伊斯特（E. M. East）：《十字路口的人类》，斯克里布纳（Scribner）出版社，1923 年，第 69 页。

提高地价，反而降低了地价，因为它所引起的负担超过了它所带来的利益。

上述种种因素对地价的影响在很大程度上是以选作研究的单位的大小为转移的。显然，如果我们只研究一个城市的一小部分，则工业的发展可能会把那一部分地区的地价降低，哪怕在那个城市的其他部分到处看到地价的上涨。虽然住在纽约市曼哈顿岛的人口减少了，但它的地价却上涨了。如果只去研究那个曼哈顿岛，那当然就会得出错误的结论。如果研究的对象是我国的大城市，那就有必要把整个市区作为一个单位。

还有其他许多因素无疑地助长了某些地方的土地收益或土地价值的上涨趋势。有时，进出一个城市的运费减少而其他城市的不
255 减少，也能够抬高地价。还有一个能够做的有趣的研究工作，是关于某个城市正在发展起来的大学对土地价值的影响。还有少数地区所特有的但不是很多地方所共有的其他因素，是读者可以想象得到的，或者在多加研究之后就可以发现的。



有些地方的地价有下跌趋势，这是由于：(1) 市地面积过于扩张；(2) 工业的衰落；(3) 工业向更有利可图的地方移动；(4) 平常不大发生的其他因素。要说明市地过分扩张对地价会起什么作用，威斯康星州的苏必利尔城就是一个极好的例证。这个城市被规划为一百万以上人口的城市，因为规划者预期这个城市将会成为超过明尼苏达州的德卢斯市的一个内陆大港口。但这一期望落了空。由于保留下来的未经使用和未加改良的地皮占了很大的面积，这个城市的改良地的价格被压低了。有些城镇是为那些专靠在矿山或森林工作来维持生计的人建造的。当矿山挖完了或森林砍伐完了的时候，那些人就离去了，而那里的地价也降落到等于零，或几乎等于零。在第一章里，我们曾经提起过一个在澳大利亚具有这种性质的衰落了的铜矿城市，并且说明了，仍能利用的土地和设施，由于乏人使用，是怎样有可能丧失它们的全部价值的。在美国也有些矿业和林业城市具有同样的历史。工业向更有利的地点的移动，其对地价的影响，类似工业衰退对地价的影响。

*购买力和生活标准的影响。*虽然单凭人口的多少就可以决定土地价值的动向，但人们的购买力和生活标准却具有更直接和切实的意义。中国和印度的一些城市人口很密集，但它们的地价和美国 256
的地价水平相比则是很低的。土地数量都是一样地奇缺，但土地的价值却低得多，这一半是因为在那些东方城市里，人们的购买力比较低，一半是因为那些国家的一切价值，和我们的标准相比较，都很低。

外国人看见美国城市商业区的临街转角土地或城市住宅地产租价之高，都感到惊奇。这大概是由于美国人的经济福利的一般水平高、由于他们肯花钱、由于他们乐意为享有时尚地点的名望而付出高价的缘故。

广告商人懂得有为他的商品创造所谓“习惯使用强度”的必要。他用他的商品的“独有特点”这一类的字眼来打动受众，并在他们的心里制造一种爱慕时尚的和独特的衣服、汽车或住宅区的心理。一旦一个城区的某个地块有了被人争相选购的名气，人们付出的租金和地价，就跟通常决定地价的那些有形的或实际的因素完全不相称。“在那些时尚区域，就连那些瑕疵百出、缺点很多的所在，哪怕位于狭窄的边街，有着漆黑的后房，一经这种灵符触及之后，就立刻身价十倍，租金陡涨，哪怕它们实际上并不具有什么真正的吸引力。”①

在商业地区里，时尚也同样说明了某些商场租金高、地价昂的原因。美国人的高福利水平使他们忽视小额的节省。他们的借口
257 是“时间即金钱”。在闹市拐角上的一家餐馆或药房，相较于一转弯就到的另一家餐馆或药房，占有很大的优势，因为普通的美国人大都不情愿为了省几美分而多走几步路。他们已把这种特性养成习惯并视为时尚，以致他们在饮食、购物或消遣方面，远不如欧洲人那样地自由、那样地无视环境的拘束。这对租金和地价的影响是显而易见的。

有些在其他行业中赚了钱的富人，也在乡间买田置地，建设畜牧场和种植果园。他们当“农民”是为了时尚或出于一时的兴致。适合这种口味的乡村土地也获得了与它们的生产价值大不相称的价格。在这种情况下，“家”的价值或心理上的价值是地价的主要因素。满身“泥垢”的农民所耕作的那些农场很快就会将价格提高到与附近那些“搞着玩的”农场的价格相当的水平。



我们不应当夸大高生活标准对地价的影响，因为对质量较好的商品或服务的需求，并不总是意味着需要更多的土地。讲究时尚或许要求住宅应有宽敞的院子；如果那样的话，自然就需要使用更多的土地。但当讲究时尚意味着家具应该贵一些并且质量更好的时候，其对土地使用与土地价值的影响就很小。假使是农产品，更高的支出可能引致对质量更好的鸡蛋或水果的需求，但并不需要更多

① 陶西格（F. W. Taussig）：《经济学原理》，麦克米伦出版公司，1911 年，第 2 卷，第 80 页。

的土地来供应质量更好的作物，尽管更多的劳动力和资本可能是需要的。由此可见，高生活标准对地价所起的作用是有限的。

不过，人们的购买力是具有更大的意义的。美国是欧洲许多肉类和粮食供应的来源。战争严重地降低了欧洲的购买力；他们现在对我们的产品的购买已经减少了，并且，随着需求的减少而来的是 258
价格的跌落。若是我们能够重新恢复这个市场，则农产品价格就有上涨的趋势，并且，继之而起的将是农地价值的上涨，如果其他情况不变的话。

我们也知道，欧洲国家正在为使它们的农产品更能接近自给而努力。如果它们做到了只在本国购买而不向美国购买的话，那就不能不影响到它们对美国农产品的输入。目前已经看到，它们的购买数量在减少，尽管这主要是由于货币不稳定以及一般的政治经济情况，而不是因为它们有了更大的自给能力。购买减少的结果增加了美国出口粮食中卖不出去的剩余物资，这种剩余物资由于在国内市场降价抛售的缘故，已经引起了农产品价格和农地价值的下跌。这个经验证明，在我们需要考虑的问题中，其中一个是，世界上遭受战祸的各个国家尤其是德国的时局这件事是何等重要，因为德国如果恢复了它的繁荣，它可能成为美国农产品的大买主。

另一方面，美国农民的国内主顾人数正在增加，因为都市人口比乡村增加得快些。并且，这个逐渐增加的都市人口，或许是“世界上最富有的消费者的大集合”，这句话是前面引证过的一位作者说的。[1]

因此，地价预测者不仅必须注意人口的增加，也必须注意土地

① 威廉·约翰逊：“农民在城市的支付账册中的地位”，《乡绅》，1924年1月5日。

259 产品和土地服务的购买者的购买力、购买习惯、风俗和时尚。

土地的供给。土地稀少是它的价值的一个基本条件。如果土地的供给很充分，足以满足每个人的需要的话，则土地就会卖不上价——也就是说，会没有价值。有了充裕的供给，我们就不能向使用土地的任何人索价，因为如果向他索价，他能够到其他地方去占用土地而不必出钱。

这个重要的稀缺性的实质是什么？它显然不是土地的物质上的短缺，因为随时都有更多的、能够作为建筑基地或农场使用的土地。由此可见，在物质的意义上，我们说土地的供给稀缺是不正确的。“稀缺”是一个经济上的用语。在前一章里，我们曾请大家注意这个事实：就肥性或有利位置而论，土地是有各种不同的等级的。有的农场比其他的农场每英亩产量要多些；有的地块比其他地块更适宜于办公大楼的用途。这些差别使我们对土地经济学中“**稀缺**”这个名词的含义得到一个线索。就土地的每一种用途来讲，最适宜于那一种用途的土地是稀缺的。就连这个说法也还需要进一步的解释。**只适宜于一种用途**的特种土地的供应足够满足对它的一切需求而有余，这在理论上是可以想象的。如果那样的话，那种土地就并不稀缺，它在市场上也无人问津。但是这种情况是不符合现实的。实际上人口的增加所产生的对土地某些用途的需求，已超过了**最**适宜于那些用途的土地的供给。因而，我们说，“稀缺”这个词
260 指的是供给对需求的**相对**缺乏。从这里我们就可以看出：(1) 稀缺是价值的一个基本因素；(2) 稀缺并不是物质上的短缺；(3) 稀缺乃是指某一种土地相对于它的需求来说的短缺。

稀缺的两个基本方面是土地本身的特性：(1) 它的肥性和有利

位置的差别；(2)它的不动性。如果所有的土地都同样适合于一切的用途，则只要地球上还存在着有些未利用的土地，我们就无土地之稀缺可言。同样，如果土地能够自由搬来搬去或随便再生产出来的话，那么，一个地方的某种土地的稀缺就可用其他地方有余的那种土地来填补。

在前面的章节里，我们讨论了关于增加我国土地的经济供应的可能性那个问题。我们必须强调这样一个事实：面积不能用来衡量土地的供应，不管它是市地、农地或林地。某些种类的自然资源的数量是固定的。煤、石油、天然气、黄金、铁和其他矿物可能有一定的数量，而与生产这些产品有关的土地问题，乃是一个保护的问题。灌溉用水、水电和在某种程度上的森林也都具有同样性质。但如果是农地、林地或其他使用形式的土地，则其产品和服务就可以增加。

如前所述，这种增加虽然在物质上是无限制的，但也许在经济上是不可能的，因为在一种既定的技术条件下，报酬递减律固定了经济的界限。这个规律始终是以一定的技术和一定的价格水平为基础的。古罗马也有它的“摩天大楼”，但它们的高度要凭人们爬楼梯的耐久力来确定。电梯连同现代的钢架结构，已使三十层高的大楼 261
成为可能。如果福特能以一种廉价的肥料供应世界的话，我们就可以看见一个惊人的推翻土地价值的农业生产上的革命。对于南部诸州来说，一个适用的摘棉机也能产生同样的效果。一种新发明的用于炸毁残株断桩的廉价炸药，或许已改变了大湖区诸州开垦土地的整个局面，并在目前的萧条时期，有助于稳定土地的价值。汽车和良好的公路已使城乡土地的价值发生了变化。还有其他的例证，因为限于篇幅，我们不能一一列举；我们只能建议经济学家和试图

预测地价的人，必须密切地注意土地利用的技术、运输和其他类似的因素。这些变化已经把地价的高峰从国内的一个地区转移到另一地区，甚至从一个州转移到另一个州。

要想提高土地利用的效率，方法是很多的。过去市地利用效率的大大提高，是由于钢架建筑的发展，它使一块土地的固定面积能够供应一个大得多的对办公大楼和商店地块的需求。通常，我们宁愿以这种可供利用的土地服务的大大增加来压低地价。不过，这是以这样一个前提为基础的：人口不变或增长缓慢，以及其需求的变化较小。事实上，钢架结构、电动和机动运输的使用以及其他的技术进步，反而造成了并助长了城市人口的大量集中。这就失掉了提高土地利用效率的正常效果，这种效果在更大的程度上被人口增加所抵

262 消，结果是土地价值增加而不是减少了。在农地方面，我们有把握地说：假使农业机器和农业技术的发展通常没有压低地价的倾向的话，则在过去一百年中的人口增长早就导致了比现在高得多的地价。



如果我们考虑一个人口及其购买力都不变的例子，则提高效率的结果就更显而易见。效率提高能够以较低的成本和较低的价格利用现有的甚至更少的土地来满足某一个稳定的需求。由于每个大国的人口都增加了，这种趋势就被一般人所忽视了。目前，正在对人口没有变动或增长缓慢的某些城市进行调查，不过到现在为止，根据所得到的结果，就其在当地的影响而论，似已证实了这个结论。[①] 并且，在美国，我们知道，我国的人口增长率在下降，尽管

① 这些调查的结果，见威斯康星大学的默茨克（Mr. A. J. Mertzke）先生 1924 年所写的博士论文。

人口的总数在增加。当我国人口增长率持续下降，换言之，当我们接近达到一个静止的人口的时候，改进土地利用的效果将会更加明显。我们可以把这些因素相互之间的关系称为土地价值运动的规律：**如果其他情况不变的话，在一个财富增加而人口不变的进步社会里，地价是会下跌的**。在土地利用变得愈有效率的时候，我们还需要对人口的增长做进一步的研究，以便准确地判断什么样的增长率才能够把地价下跌的趋势抵消掉。

从自己的立场来观察土地情况的农民也必须考虑到，当那些能够生产出同样的和具有竞争性产品的土地的供给增加时，会有什么 265
影响。假使一个威斯康星州的牛奶场主的产品的需求没有增加，他就有理由害怕西部或南部牛奶业的发展。幸好，过去几年中这类产品的需求增长很快，因此，西部和南部牛奶场主所增加的供给并不曾压低这种产品的价格。但是热带地区生产的脂肪和油却的的确确在同我们竞争，对于这个竞争，我们正在用立法的方式来加以抵制。种玉米的和养猪的农民与那些来自南部和热带的植物油的竞争也有利害关系。凡是关心美国地价趋势的预测者，对西伯利亚、澳大利亚和南美洲新开发土地的发展速度都必须加以考虑。

负责市地重划的人也有一个类似的问题。在规划一个新的市地重划之前，必须找出那个城市的居住面积的饱和点是什么，那才算是一个明智的计划。如果找出这个饱和点的不只是他一个人，他就会发现许多新规划同他自己的规划发生竞争，并使他们的地价都要下跌。

到目前为止，我们继续讨论的还是那些与土地收益大小有关的因素。但纵然收益大小保持不变，贴现率的提高也有压低地价的趋势。这种情况的发生，同贴现率降低、地价就上涨那个已经充分解释过的过程是一样的。按较高的利率将土地收益资本化，大致是和利率上涨，尤其是和农地抵押利率的上涨相一致的。

还有很多其他因素，其提高或降低土地收益或土地价值的趋势一般是为时较久的。当然，其中有些因素比其他的更重要。或许可
266 以同以上所讨论的那些因素相提并论的最重要的因素是：劳动力的数量、质量和效率，工资率，课税和公共设施的影响等等。但是为了准确地估量这些因素的作用，我们需要远比目前所掌握的要多得多的材料。

从对一些必要的预测材料的分析中和针对它们对美国农地价值可能产生的影响以及它们相互之间的关系所做出的解释中所能得到的印象，并不会导致人们预期美国地价在不久的将来会有任何普遍的上涨趋势。其实，在未来的十年中，地价下跌的趋势并不是不可能出现的。但以细心收集和阐释的材料为基础的稳健的见解，归根到底，总比无根据的乐观更有益。带有乐观性质的不正确的预测将使顾客更不满意，这一点是地产商人最懂得不过的。因此，根据事实来纠正乐观的心理，是对他自己有利的，尽管一个相反的政策可能带来眼前的好处。科学的预测对于农民也有紧要的关系。他知道，或者说他应该知道，当物价跌落到将会带给他的投资以适当利润的那个限度以下的时候，他若继续高估农地地价，就会发生惨痛的后果。保持土地的资本化价值和农产品价格相互间的正确和合理的关系，对于农民归根到底是有利的。没有预测就不可能很好地保持农地价值和农产品价格之间的合理关系。把对将来的希望建立在科学预测的基础上，而不是建立在仅仅是臆断的基础上，

这不但对上述几类人，而且对一般人都有显著的利益。

## 小　　结 267

土地价值为土地利用提供了一个指南。土地提供的服务或产品的价格趋于限制需求，使其适应于可能得到的供给量。土地利用者在选择每块土地的最好用途时会遵循价格体系的指导。土地价格在其他许多方面也有其重要性。土地价值是从它所产生的服务和商品的价值得来，不论是直接作为消费使用，还是间接用来赚取收益。就需求对地价的影响而论，赚取收益越来越被认为是地价的主要基础。因此，土地的收益是决定它的资本价值的基础。当收益是一个已知数的时候，这个决定资本价值的过程就称为**资本化**。把土地收益资本化的过程，是把预期的一切未来收益按照市面利率折成现价。土地市价往往不同于把收益贴现所得出的数字。在新的迅速发展起来的国家里，导致这种情况的一个原因是人们预期将来地价可能上涨，因而，现在对土地的估价较高。另一个原因是，土地收益不是固定的而是变动的；其变动的速度和幅度受到习俗、竞争、垄断和政府权力等因素的影响。要预测长时期的土地价值，就必须考虑增减土地供求的那些因素。人口增长是产生土地服务需求的主要因素。影响市地服务需求的有以下几种因素：工商业的发展、交通和运输的发展、公共设施的数量和质量以及在人口不断增
长的情况下，对可以利用的土地面积的限制。人们的购买力和他们 268
的生活标准也对土地需求起着很大作用。土地的一般供应并不少于对它的需求。但是特定土地的供应对于这类特定土地的需求则

相对稀缺。这种稀缺是由于:(1)土地的肥性和位置有利性的差别;(2)土地的不可移动性。不过土地的面积并不能用来衡量土地的经济供给,因为土地利用效率的改进,能够使同一面积的土地增加其服务的经济供给。其他像劳动力的数量和效率、工资率、税率、公共设施等因素也会对地价产生影响。对于地价做科学的预测将会增进一切与土地有关的人们的利益,纵然这种预测有时不免要纠正对地价所抱的不正确的乐观心理。

# 第十三章　土地利用的社会目标

以上各章构成了一个基础，使我们能够研究土地利用的目标。269
如果土地使用于某些方面导致了不良的社会后果，那就是一种不良的利用，就应当改变。例如，如果自有自耕并辅之以适当的最少的佃耕（主要是作为自有自耕的辅助）通常会带来更好的生产方法和较高的生活标准的话，那就应当予以鼓励。如果市地区划有助于稳定不动产价值并保持生活环境的宜人的话，那就不应该让少数追求个人致富的人的私自打算从中作梗。这些事情都属政策的范围。现在立法者、不动产商人、投资者和经济学家所谋求的都是这种政策，以便在有关自然资源的日常交易中，能够对他们起指导作用。再说一遍，一个土地政策就是规划自然资源的利用，使其达到令人满意的目标。土地政策的目标，构成了衡量任何一种土地利用方式是否明智和有无效率的准绳。

**土地利用的个人目标。**在我们的现代经济制度中，利润普遍被认为是私人企业的动力。但我们应当注意的是，大家所追求的目标并不是毛利润，而是扣去成本以后的净利润或净收益。这种刺激私
人利用土地的进取心的动力，是每个人都拥有的。比较不这样明显 270
的是住宅所有人的净收益的性质。他没有从他自置的住宅中得到货币收入。不过，他所得到的是另外一种安居形式的收益和从居住

愉快中得来的心理上的满足。从卖主的观点来看，这些愉快就等于货币收益，因为买主愿意花钱去取得并享用它们。

如果我们只考虑个人的愿望，则产生最高净收益的那种土地利用方式，就是最令人满意的利用方式。事实上，在一百年前，这已成为经营企业的理论与实践。它所依据的理念就是：凡是对个人有最大好处的事情，对社会也有最大的好处。

目前持有这种见解的人没有那样普遍了。在以往的五六十年中，人们已认识到个人并不是孤立的一个单位，而是社会的一个单位，而且，个人利益和社会利益并不总是一致的。这种改变态度的证据，就是政府施加于私营企业的越来越多的限制。在我们的法典里，现在有谢尔曼和克莱顿的反托拉斯法、一系列的铁路法规、一大套的劳工法和许许多多有关企业事务的其他法规。对土地问题特别重要的有：宅地免税法、不动产经纪人的特许证法、城市规划和土地区划法、租金管理法以及其他。其中有些法律是对不动产事业有利的，但那并不是立法者的中心目标；至于那些旨在仅仅使一个较小的集团有利的法律，乃是属于违反宪法的阶级立法的范围。上述这些法律的用意在于把互相冲突的私人利益加以协调并使之
271 和谐，在于保护公共利益免受漫无限制的唯利是图的影响。换言之，立法者所考虑的是某些比个人致富更为重要的公共目标。

**土地利用的社会目标。**土地利用的社会目标是：(1)财富的生产与分配的平衡；(2)保护自然资源；(3)增加有赖于土地利用的生活乐趣。我们对这些目标作何解释并如何促其实现？实际上目的与手段这两个问题是分不开的，但为了便于分析起见，我们现在把它们分开来讨论。

最好的财富生产，从经济的观点来看，不一定是任何一种商品的最大化生产。把最大化生产看成是一切经济企业的目标，这是一个普遍错误的看法，因为人们认为，这样一来，每个人都将分到更多的一份财富。我们今天的许多所谓经济的不幸或失调都是由于这个错误看法在作怪。这个错误看法起源于我们对经济制度的误解，因为它忽视了这一事实，即生产和交换都是以一个巧妙地调节着的价格制度为基础。我们所需要的不是一个尽可能大的财富生产，而是一个**平衡的生产**——既不太多也不太少的煤、小麦、房屋或者任何其他一种商品或服务。换句话说，当商品的供给和对它们的需求均衡的时候，或者说，当生产和消费得到调整的时候，就会出现平衡的生产。我们再次用小麦市场的例子来说明这一点，因为它的历史很好不过地说明了对最大化生产的错误概念。在第一次世界大战期间，一切努力都被用来获得小麦的尽可能大的供给。据 272
现在估计，我们使用在麦田方面的过多的土地大约有一千万英亩，并且麦价也低。农民的破产、产麦地区的银行的倒闭所造成的储蓄的丧失以及其他种种原因，给社会带来了重大损失。关键在于：如果那时的目标是谋求一个**平衡的**而不是一个尽可能大的生产的话，这种损失本来是可以大大减少的。1923 年的油类市场、马铃薯市场、玉米和生猪市场都同样地表明了人们那时把最大化的生产和平衡的生产混为一谈。

要获得一个完全平衡的生产体系是不大可能的；我们现在的制度经常是处于趋向平衡的过程中。从对产品需求的观点来看，这基本上是由于人口变动和人口的需求发生变动的缘故。从产品供给的观点来看，不平衡的生产主要是由于缺乏对物价运动的知识，由

于不能准确地预测将来的成本和收益的趋势，不过在农业生产方面，这些缺点又因大自然的神秘莫测（例如意料不到的天气变化）而变得愈加复杂。虽然我们似乎不可能达到一个平衡的生产，但它是一个值得争取的目标，因为它给社会带来的浪费最少而利益却最大。

正如尽可能大的生产并不常常都是对社会最适宜的一样，向每个人平均分配财富也不是最适宜的。财富的分配有两种意义。经济学家惯于把生产说成是财富基金的创造，而财富的分配就是把
273 基金分给那些创造它的人。经济学的传统是把财富看成是劳动、资本、自然资源（由管理部门把它们结合起来成为生产单位）的产物，并把这个产物视为是以工资、利息、土地收益（地租）和利润的形式，分别按照他们对生产所做出的贡献的比例，分配给工人、资本家、土地所有者和经理。这是一个财富的生产**要素**分配，应当和**个人**分配有别，因为后者所指的是个人收入的大小，不管他是工人、资本家、土地所有者或是经理。我们现在使用的“财富的分配”是指后一种意义。

关于理想的财富分配，有两件事是重要的。第一，每个人所分得的国民所得的那一份，应当足够维持一个适当的生活标准。第二，财富基金的总额应当依照比例分配，使其提供的生产性努力刚好达到平衡生产所必需的数量。维持一个远高于贫困线的生活标准，显然是财富分配的理想。不过第二点还有进一步加以阐明的必要。

近年来，农业工人都向城市工厂流动。他们主要是受到了高额工资的吸引，因为他们在农村干活拿不到那样高的工资，这种人口

的流动说明了劳动的收益和土地的收益没有按照比例来分配。表面上看，我们没有足够的工厂劳动来满足对它的需求，而更确切的原因是农村的土地过多，不能使每个农村工人的生活都赶得上其他许多职业中工人的生活。我们迟早可能有那么一天：农业劳动报酬相对于工厂工资来说，相当优厚，足以使从农村向城市的流动大为 274
减少。这样，通过影响私人积极性的作用来平衡财富分配，就可以做到生产的平衡。社会会不会或者能不能采取合理的行动来帮助生产与分配达到平衡呢？这是我们即将讨论的一个问题。

保护自然资源是明智的土地政策的第二个大目标。我国森林资源的枯竭，一天比一天变得更明显。在矿产方面，其枯竭的危险性倒还没有那样迫切或突出，也许海军用油的供应是个例外；但从长远的观点来看，其迫切性也正相同。在干燥的西部地区，水是一种价值极大的商品，因为它是很稀少的，现已采取措施把它保存起来。即使许多自然资源的供应还可以满足今后两三代人的需要，但把现在用节省的方法就能消除或推迟的匮乏留给后人来负担，这往往是一种“小事聪明、大事糊涂”的做法。

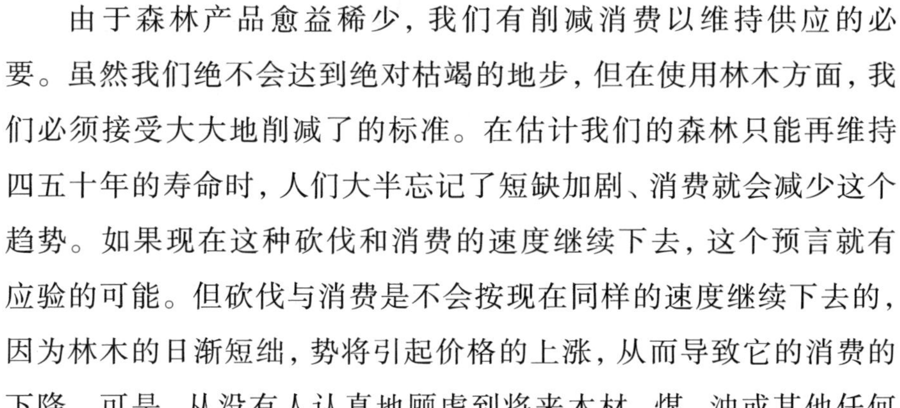

由于森林产品愈益稀少，我们有削减消费以维持供应的必要。虽然我们绝不会达到绝对枯竭的地步，但在使用林木方面，我们必须接受大大地削减了的标准。在估计我们的森林只能再维持四五十年的寿命时，人们大半忘记了短缺加剧、消费就会减少这个趋势。如果现在这种砍伐和消费的速度继续下去，这个预言就有应验的可能。但砍伐与消费是不会按现在同样的速度继续下去的，因为林木的日渐短绌，势将引起价格的上涨，从而导致它的消费的 275
下降。可是，从没有人认真地顾虑到将来木材、煤、油或其他任何

自然资源的价格由于短缺而高涨到非大量地削减消费不可的日子。因此，尽量设法避免这种将来可能发生的局面，乃是一个全面土地政策的无可争辩的一部分。

土地利用的第三个大目标是增加生活的乐趣。我们不应当把**乐趣**这个词的意思弄混乱了。正如已经解释过的那样，乐趣包括美丽的景色，宜人的环境，和谐相处的邻居，卫生、整洁的邻近地带，赏心悦目的家园。这几点所产生的，基本上是具有心理形式的收益，但它们也是土地收益的一部分，因为有人愿意出钱来买它们；如果没有它们的话，土地的价值就要打折扣。大多数的人都是把他们大部分的时间消磨在自己的家里。这就是土地尤其是宅地的环境宜人之所以那么重要的原因。这些要素条件的提升不仅对个人有利，而且也对社会有益。

近年来，都市生活的乐趣比农村生活的乐趣增加得更快。这个趋势部分地说明了城市人口集中的原因。如果都市生活比农村生活继续具有多得多的吸引力的话，将来总有一天，由于农村人力缺乏，会发生粮价的显著上涨，这并不是不可想象的。怎样预防这种可能发生的事，乃是一个达到土地利用的社会目标的方法与手段问题。我们现在就要谈到这个问题以及如何平衡生产、如何保护自然资源的附带问题。

为了达到这些目标对土地利用所采取的社会控制的手段。这些社会目标要用什么方法来完成呢？**社会目标**就提示我们要用**社**
276 **会的方法**，即政府的管理、立法、管辖权、课税、把财产的私有变为公有或公有变为私有的方法。问题在于采用那些在财产私有制度下能够完成这些目标的方法。

1. 由政府固定价格或管理收费率。在某些形式的土地利用中，作为社会控制方法的**价格固定**是合理的，而在其他形式的土地利用中，它则完全是一个不适当的政策。不过在所有的情况下，国家把这种权力当作一种临时紧急措施来使用，比把它当作一个持久性政策来使用更为合理。公用事业是土地利用的重要方面，而管制它们的收费率和价格，也是政府的职责，这对于公用事业的利益和公众的最大利益来说，都是适宜的。一般说来，土地为垄断事业所利用的时候，就有规定价格的必要；而当某些土地被人把持着或者很稀缺的时候，例如码头和船坞所使用的土地，如果不是采用把它收归公有的办法的话，价格管理就很值得称道。

但政府的这种权力时常被人滥用。我们说，我们要的是生产的平衡，并指出我们有一千万英亩富余的种小麦的土地。结果是麦价低落，农民遭受损失。就目前的形势而论，这不能完全归咎于农民的错误判断。大战期间，由政府规定小麦价格，以鼓励生产。“粮食将会赢得战争”的口号和政府对小麦的持久需求，鼓励了农民生产这种主要作物，他们有时并没有得到物质的利益。战事忽然结束了，情形马上改变了，农民们发觉他们种小麦的面积太大，但在短时期内又无法缩减。尽管在大战期间人们有过政府规定价格的惨 277
痛经验，而今天在某些方面还有人主张用同样的计划来救济遭受损失的种麦农民。很明显，为了保证一切种小麦的农民至少不会亏本，就把麦价“固定”在比目前市价较高的某一点上，这只会加剧小麦生产的现状并可能增加所利用的土地面积。政府把价格固定下来，并不能**平衡**生产而只能保持**不平衡**的生产的现状，因为它将会鼓励农民保留比供给市场需求还多的土地来种小麦。

调整价格使需求恰好得到满足，从而实现生产的平衡，这是一件很困难、很细致的事，当产品是在国际市场出售、又是由分散在一个国家内很多地方的经营者生产出来时尤其如此。规定市地租金的困难看来似乎是不可克服的，不过，由于这种规定所涉及的只是当地市场和一种不能分开的服务，我们完成这个任务应该比成功地固定农产品价格要容易得多。

2. 传播有用的消息。因此，政府在争取已经建立起来的农场的生产平衡时，必须把自己的任务限于收集材料和说明趋势，使生产者在选择作物和牲畜的事业时有所遵循。这样，政府就可以避免对农民提供人为的刺激，而只帮助他估计物价的自然运动对他所产生的刺激力。

3. 调整国内移民政策和其他政策使其适应实际需要。就目前
278 存在的农业生产的普遍过剩而论，政府也可以暂不出售公地，并对开荒、排水、灌溉以及各州开拓森林砍伐后的迹地暂不给予资助，直到需要更多的土地时为止。许多州都设有移民部门，以设法利用更多的土地为目标。一个明智的土地政策（联邦政府和各州应当共同协作），应调节这些部门的活动以适合于土地的需求，并防止不适当的广告宣传和官方的高压兜售。在这里我们又一次看到这样一个原则：为了增进全体的福利，一个土地政策**有可能**，并且就其本身性质来说，**一定会**妨害私人事业。许多个人和公司都投资到潜在的农地上去，他们都希望把那些土地开发出来，然后以高价出售。“开发”这个词的意思很广，包括高级的移垦，也包括仅仅是寻求地价上涨的投机。通过各州移民部门办理的刺激移民的公共政策，是在间接地资助那些买卖潜在农地的人的事业。他们的广告宣传，又

因通过各州、各大城市和像铁路局、商会那样半公半私的机构的宣传，而变得更加强大有力了。通过农学院的研究与推广工作，通过县农技推广官员系统的协助，他们的顾客公开地得到帮助。据说，成千上万的移民就这样通过受到公共机构帮助与支持的私人机构，被安置到贫瘠的土地上去。教育机构的态度是，“穷人已经有立足之地了，让我们来援助他们吧”。就其所有这一切都是属于一个自觉的或不自觉的公共制度，或者说是一个行动的哲学这一点而论，它也可以算是一个**土地政策**。

目前，人们对于官方警告不要再用向贫瘠土地移民的方法来 279
扩展农业的这种倾向有怨言，因为这就等于干涉私人事业并妨碍农村将来的发展。这件事情的真相是：这种土地多数应当用来发展森林，并须教育群众也看到这一点，以便为将来制定一个能够合理利用土地的土地政策铺平道路。我们不久就会面临森林产品**生产不足**的局面，其表征将是林木本身的价格昂贵、木材使用的削减、房屋的供应减少和生活水平的降低。这里的问题是一个生产过剩和生产不足的问题，要解决它，就需要一切政府机构的合作和使用比以上所述更加严厉的社会手段。

4. 政府的管辖权。管辖权，连带土地征用权和课税权，是一个法律上的名词，它的意义和范围已在法院的判决中做了解释。[1] 照它最广泛的意义来讲，管辖权是政府为了维护公众福利，用以规定生命、自由和财产使用的权力。这是规定个人凭自己意志自由行

① 库利（T. M. Cooley）：《宪法的界限》，利特尔 · 布朗出版社，第 7 版，莱恩，1903 年，第 16 章。

事的范围的限制性立法的基础——事实上就是政府的一般立法权力的基础。实际的情况是，立法者为执行社会控制政策所制定的法律，是要受到法院的复审的，因此，对立法者在管辖权力之下可以
280 做或不可以做什么的准确判断，乃是司法的职能。换句话说，管辖权要由法院来规定。由此可见，管辖权力，就其比较狭义的和更正确的意义来讲，就是美国宪法付托给法院的那种权力，法院根据这种权力，必须使产权和契约适合于社会现状，而要做到这一点就得解决这个问题：社会管制对于财产可以无需补偿地把负担加重到何种程度。规定不动产掮客必须领取特许执照的法律乃是一种管辖权的规章，这些规章无疑干涉到每个人从事合法经营和采取任何手段以获取最高收益的自由，但法院支持这些规章，认为它们是为了维护公共利益的管辖权的合理行使。同样，土地区划的法律，在某种程度上，也限制了财产权和由财产权而得到收益的机会，但这些法律也得到某些法院的维护，因为它们为公众利益而控制财产的使用。

管辖权规章，通过对取得较高收益机会的限制，间接地影响到财富的分配。这些规章也被用来保护自然资源，特别是被用来保护或增加土地的宜人程度。这些规章的直接效用是控制私有地权的范围，以便实现这些社会目标的这一或那一部分。颁发特许证的法律旨在保护公众免受不动产商人的诈骗；土地区划的法律旨在保持地价和增加土地带给人的乐趣；管理租金的法律旨在保护广大租户免受不法房东利用住房供需不平衡的机会对他们进行盘剥；建筑法律旨在树立难免不影响到生活乐趣的最起码的标准来维护公共安
281 全和健康。

我们在前面曾提醒大家注意这个事实：很大一部分农村人口正在被吸引到城市里去。有好几百万的农民和农业工人都已离开农场到城市去了，目前，城市吸引力——即“赚钱”的机会（也就是分得较大一部分财富的机会）——之大由此可见一斑。城市因此而出现的人口密集，引起了土地利用上的诸多难题，并且，如果这种流动长时期地继续下去，将来在农业方面发生人力缺乏是有可能的。这种迁移将会持续到城乡吸引力达到平衡的时候为止。要挽救这种局面，我们能够部分地并且只能够部分地把希望寄托在物价的变动上。一个增加农村生活吸引力的公共政策将会补充私人的积极性。这样的政策已经在某些地方实行了，它就是利用政府的管辖权来通过农村规划法令，或者利用政府的课税权来完成公路的改造。毫无疑问，现在正在使用或者将要提倡使用可以通过运用政府权力来增加乡间生活的乐趣的其他方法。

5. 土地征用权。土地征用权就是政府把私人土地征收来作为公用并给予私人以公平的补偿的权力。[1] 这在实质上不同于管辖权力。管辖权的规定实际上是拿走私人产权，而这种“财产的拿走”，通常对于个人是不给予补偿的，因为这种规定是管辖权的一个合理的行使。不过，即使行使这种管辖权是合理的，政府也可以给予补 282
偿以示宽厚，像对消灭有病的动物那些法律所规定的那样。还应当注意的是，管辖权的种种规定拿走了个别私人的产权，但这样拿到的权利，政府却并没有使用。另一方面，政府根据土地征用权拿走产权的时候，它是为了公共利益而使用那些产权，因此，它必须补

① 见前引书，库利（Cooley）：《宪法的界限》，第 15 章。

偿那些被剥夺了产权的个人。

法院在允许使用征用权方面所能达到的极端限度，可以参见那些支持马萨诸塞州限制波士顿科普利广场四周建筑物的高度的意见。按照法令的规定，对于上述受到影响的建筑物的私人业主，应给予补偿。那个州的最高法院说："……如果法令仅仅是为了维护个别私人业主的利益，那么，旨在保存那个广场的建筑对称的目标就不能成为违反土地所有者意愿而攫取其土地权益的理由。但是，如果立法机关为了公共利益，谋求增进一个州的首府公园的美观和吸引力，谋求防止对这个公园原已得到的阳光和空气的无理侵犯的话，那我们就不能说立法机关不可以做出这样的裁决；这是一件与公共利益关系极为密切的事，有支用一笔公款的必要，并有征用私人产权的正当理由。"[1] 这个裁决后来也得到美国最高法院的支持。[2]

283 类似这样限制公共广场周围建筑物高度的一个企图，在 1923 年被威斯康星州最高法院否决了。[3] 不过这个法令却是一个管辖权法令，因为它没有规定支付补偿费。法院的一个既定的成例，就是不能仅仅因为审美，也就是说为了美化市容之用而引用管辖权来管制财产。这种用途需要使用土地征用权。

对于土地征用权只能为公共利益而使用，决不能为私人利益而使用的规定，我们通过两个成为显著对比的有关公用事业的案例可

① 检察长-威廉姆斯诉讼案，174 马萨诸塞 476（1899 年）。

② 威廉姆斯-帕克一案，188 美国 491（1902—1903 年）。

③ 派珀-伊肯一案，180 威斯康星 586（1923 年）。建筑物高度的限制后来得到支持，因为第二个法令是适用于全国的，并且是倡导卫生和公共安全的一个合理的规定，即防火规定。

以看出。第一个案例是某铁路公司为了建设一条通到一个私人工厂的支线而征收了私人的土地。如果情况就是这样简单的话，则这种征收本可以被宣布为非法。但这条支线又被用来停放车辆，以减轻广泛影响货运主的运输拥挤问题。这条支线的受益范围的扩大就把私用土地变为公用土地，并使土地征用权的实施合法化了。[①]第二个案例[②]是经缅因州议会特许的某一电灯和电力公司同单独一家经营制造业的客户签订了合同，除保留一部分电力用来供应电灯客户外，它把全部电力都出卖给那家经营制造业的客户。这个公司想征用土地来延长输电线路，以便为这一客户服务。在这个案例里，公司援引土地征用权的要求被拒绝了，因为从这种征用土地所得来的利益将归私人企业而没有归诸公众。

土地征用权被用来把私产转变为公产。我们曾经指出，土地征 284
用权是怎样可以用来美化市容，即增加土地带给人的乐趣的。但把这种权力作为保护自然资源并偶然地作为平衡生产特别是在林产方面的一个手段来使用，也许更为重要。如果把这种权力用到森林砍伐后的大片迹地上去，那将是特别有意义的，因为这样的土地一般都被认为是在依照“由林而农”这个公式在转变，但实际情况却是许多这样的土地明显地只适宜于抚育森林而不适宜于其他用途。



对拥有林木和矿产的个人来说，保护资源就等于推迟目前的砍伐。那就意味着，利息、税款和其他管理费用等产权维持费将堆积起来。如果他能预见到将来的价格会高涨到足够抵补这一切费用

① 海尔斯顿–丹维尔铁路公司诉讼案，208 美国 598（1908 年）。

② 布朗–杰拉尔德诉讼案，100 缅因州 351（1905 年）。

的话，他就会愿意保护这些资源以备后用——否则他是不愿意的。这就是在这方面的课税、利率和其他影响到维持费用的因素之所以如此重要的原因，也是政府之所以有必要采取行动和给予补助的原因。我们在这本书的其他地方曾经指出过目前的课税对各地砍伐森林和采矿所产生的影响。政府的地位使它可以比一般人借款的利率要低些；由于这一点和其他的原因，我们认为政府有责任保护某些自然资源，直到国家需要它们的时候为止。至于这些自然资源的开发和采伐工作，则可以留给私人去做，而由政府加以适当的监管，以保障公共利益。全世界的经验都肯定地证明，尽管某些新的课税政策产生了补救的效果，但许多适合于植树造林的土地必须成为公有财产，以便使林木的保护及供应和其他产品相对地保持平
285 衡。要使这样一种保护政策生效，就要求行使变私产为公产的土地征用权。



征用土地的权力不应当轻率地使用。因为它除了对社会产生直接的影响外，还间接地影响到财富的分配。林地成为公有财产之后，显然没有任何人能够从它的所有权中得到私人收益，正如没有任何人能够从美国邮局的所有权和管理权中获利致富一样，尽管有些外国的邮局属于私人企业。[①] 因此，把私人土地转变成公有的公园和把铁路的路权从一个私人所有者转让给另一个私人所有者也构成了财富分配的变化。

到目前为止，在我们所做的研究中，我们曾经指出哪种财产所有权最适宜于实现各种土地的最高生产力。例如，私有产权有助于

① 伊利（R. T. Ely）：《财产与契约》，麦克米伦出版公司，1914 年，第 82 页。

导致农地的最好的生产的原因，是由于分配对生产起反作用。当生产失去了诱导力的时候，生产就会缩减或停止。当俄国农民被告诉说，他们的土地在一个共产主义社会里是属于公有财产，并且超过被认为是足够维持他们生计的一定数量的任何产品都将被国家拿走的时候，他们就不肯生产比那个数量更多的东西。这个想用剩余粮食来养活城市工人的方法被证明是失败了，于是不得不另想一种新的、很像我们所知道的土地私有制的方法。在了解到这些影响之后，美国法院在批准使用土地征用权来把私产收归公有的时候，是很谨慎的；除非公有的利益很明显，并且若不消灭私人权利，就无法得到那些利益的时候，它们才使用那个权力。 286

6. 课税权。政府课税的权力，主要是用来获得国家的收入，很少是深思熟虑地用来达到财产的社会控制的目标。但是，目的在于国家收入的课税，通过它的间接影响，已成为一个社会控制的方法。增加某些形式的财产的租税负担，已妨碍了对那些事业的投资，并且，反过来说，减轻租税则鼓励了对那些事业的投资。由于课税的影响很广泛，由于法院授予政府课税权的应用范围很宽，这个权力，即使被限制得很窄，也是实现社会控制政策的一个合宜的工具。



纽约州有一条法律，授权各市，到 1932 年为止，准许新建房屋免税。这就是有意识地用课税来对财产使用加以社会控制，使生产得到平衡的一个例子。这个法律的最终目标就是诱使人们建造更多的住宅来解救房荒。可是，这个法律在实施方面并没有达到尽如人意的结果，因为房屋的免税只不过增加了土地的税负。不仅在这个例子里，而且在其他土地税相对地超过了它种形式的财产税的城市里，为建造住宅而购买土地的诱导力也减弱了。建筑成本高，或许是决意不建造新房的一个最重要因素，但税负重使局势更加恶化，并且往往起决定性作用。在许多税负很重的农村里，也发现类似的趋势。

政府课税权起了重新分配财富的作用，这在各方面都是显而
287 易见的。累进所得税向收入高的个人索取更多的钱，但政府用这笔收入为每人所做出的贡献却都是一样多，并不问其收入大小而有所轩轾。在地产方面，我们以后就会看到，它比动产负担的税更重，然而两种财产都受到政府的同样保护。这乃是财富的分配在起变化——取诸甲而给予乙。因此，要紧的是，我们对于由使用课税权所产生的财富的重新分配，要仔细地加以研究，务使这种重新分配能够真正地达到理想的社会目标。

林地和矿地的课税使自然资源的保护政策受到了不利的影响。某些州了解到这一点，因而改变了它们的课税政策；在某些矿产方面，以一种所谓“分采税”来代替一般财产税，而在林地方面，则以一种所谓“产额税”来代替一般财产税。在这些例子里，与其说课税是国家收入的手段，不如说它更多的是社会控制的手段，尽管这种区别只不过是一个程度的问题。

直接或间接地运用课税权，可以增加从土地利用所得来的生活的乐趣。当政府以修建公园、游乐场或条件更好的公路等形式举办免费的公共事业时，其维持这些事业的经常费用，通常取自很重的地价税收入。这乃是课税权的直接使用。但是为了应付政府这些日益增加的社会福利支出，是不是就应该由土地来担负较大部分的地方税款呢？这个趋势看来迟早是会对土地利用造成不利后果的。公共政策的这个方面，尤其在关于使用课税权来改进公路这一方

面，我们将在第十五章加以更详细的讨论。就税负的高低可以增减 288
对土地的最好利用的吸引力而论，课税权的使用也间接地影响到土地带给人的乐趣。

要事先确定，应当使用哪一种政府权力和在什么时候使用它，以便得到土地利用的圆满结果，这是一件困难的任务。以上所述的政府的每一种权力都直接或间接地、或多或少地影响到土地利用的社会目标。在有些情况下，仅用课税权就能奏效；在其他的情况下，就有采用更严厉的管辖权或土地征用权的必要；而在很多的例子里，则只用传播经济消息的方法即可得到最好的效果。如果要制定法则或原则以便运用这些政府权力的话，那就需要积累事实并对那些事实进行详细的、科学的分析，但那些事实我们不能在这里列举。不过，我们能够指出社会控制的两个一般原则：(1)当个人无力完成大家所公认的土地利用的社会目标，或对于完成这些目标的需要漠不关心的时候，就可以使用上述任何一种或各种政府权力；(2)社会控制政策的需要随着人口密度的增加而增加。

土地政策的性质。手段与目标和政府权力与私人积极性的适当关系，乃是一件细致的调整工作，也是土地利用政策的核心。过去，美国对于私人积极性的活动范围放得很宽。不过，近来政府权力的范围已扩大到使今天的个人感到遇事掣肘的程度。所有这一切都属于使社会目标的完成更趋确定的过程的一部分。就政府的
各种权力而论，它们在这一过程中所起的作用，是对人们的活动划 289
定界限，在这个界限以内，私人积极性可以更准确地向着预期的目标推进，或者是在私人努力遭到失败的时候，由它们来补充私人进取精神的不足。随着经济生活日趋复杂，可以预料，社会控制的范

围还有扩大的可能。

## 小　　结

使用土地的个人，其目的在于谋求最大限度的净收益，包括金钱与精神两方面的收益。不过他们的利益并不总是和社会利益一致，遇此情况，不得不对他们追求利润的行为加以限制，以便达到土地利用的社会目标。社会目标包括：(1)财富的生产与分配的平衡；(2)保护自然资源；(3)增加土地带给人的生活乐趣。为了达到这些目标，我们有时用得很明智、有时又不明智的那些社会手段就是：(1)固定价格和收费率；(2)传播有用的消息；(3)调整移民政策以及其他政策，使其适应需要；(4)政府的管辖权；(5)土地征用权；(6)课税权。无论如何，在这些手段之中，哪一种手段应当采用和什么时候采用，都必须根据实际情况来做出决定。

# 第十四章　土地移垦与开发政策

几年来，报纸和刊物上发表了许多有关城市住房缺乏和农民疾 290
苦的文章。在制定土地移垦及开发的经济政策时，这两个问题是有必要考虑的。

1923 年是美国建筑企业最兴旺的一年。根据铜研究协会的估计，花在建筑上的钱大约有六十亿美元——比 1922 年多十亿美元；这个数目的百分之四十是用来建造私人住宅、公寓和宾馆的。然而目前住房仍感缺乏。全国住房协会公告说：“今天在美国还缺少住房八十万到一百万套。”[①] 与这个公告相一致的是美国劳工部的报告，它说，1923 年美国全国平均每一户人家花在住上面的钱比 1913 年多百分之六十三点四，这是到目前为止房租上涨所达到的高峰。[②] 同时，纽约房产局的报告说，房租高、卫生条件差、空气不流通和住得拥挤，这些都是纽约市租房的特色。

因此，“给我们更多的住房吧”，这个呼声甚嚣尘上。已经制订
的计划和采取的政策是多种多样的。纽约和哥伦比亚特区已首创 291
了一个管理房租的紧急政策。全国房屋协会也推动银行放出超过



① 《文摘》，1924 年 1 月 26 日，第 16 页。

② 《劳工评论月刊》，1923 年 11 月，第 100 页。

房屋价值百分之五十的贷款，号召建筑商满足于较小的利润，以鼓励建房，并促使各大城市改良郊区土地，安装下水道、总水管和电灯，使那些土地适合于建造住房之用。[①] 建筑业、广大房客和政府机构显然都深信，城市宅地的迅速发展是既有必要又很适宜的。在战争期间缩减这类建设所造成的住房缺口，应当填补起来；生产应当平衡。

我们可以把这类情况和农业发展政策对照一下。联邦政府从前处理大批公共土地的时候，其移垦政策是以迅速开发为基础的。宅地法令使获得一块公地变得很容易。因此，中西部的农业区移垦很快就完成了。联邦的灌溉政策也具有同样的基础。相比之下，新西兰的移垦政策是以“较慢的开发”“有限制的垦殖”为目标。这是受到了所谓韦克菲尔德理论影响的结果。按照这个理论，对于新辟土地应该索取“足够高的售价”，尽量少卖，直至劳动者有了足够的经验和足够的资本，使他们真的能够成功地在那里安家立业时为止。

战争期间，美国农业的发展加速了。政府特意用了固定价格和
292 其他刺激方法来鼓励小麦产地面积的扩张。过去三年所发生的事件证明新的土地开拓得太快了。自从第一次世界大战结束以来，某些农产品的售价比农民所耗成本还低，许多农产品根本找不到销路，玉米还被用来当作柴烧。代替政府战时扩展生产政策的有这样一些紧急的救济措施：政府向遭受困难的农民发放贷款，恢复战时金融公司，鼓励出口、合作营销以及农业的多种经营。许多农地商

① 《文摘》，1924 年 1 月 26 日，第 16 页。

人的个人策略在很多方面都跟联邦的公共政策背道而驰。有些商人是靠开垦新地和鼓励向农地移垦来赚取利润的。农民也并不时常都清楚地了解他们应该减少播种面积的原因。他们说，让其他农民去削减吧！结果，旨在阻止农地发展太快的公共政策遭到许多方面的不满，这是不足为怪的。因此，公共机构也不愿违背公众意见。不过，西部的某些州近来采取了不鼓励在现时再继续向农地移垦的政策。威斯康星州农业厅长说："试图诱导人们把贫瘠土地作为农业生产之用，这是一个严重的错误。有时这种政策的动机是真诚地想增加生产，因为城市人口的巨大增加，使人们认为粮食有缺乏之处，并且为了维持生产与消费的平衡，这些贫瘠的土地有加以开发的必要……我们所需要的乃是一个稍为健全一点的头脑和一个承 293
认我们现在已经有了足够的耕地的健全政策。"[①]

在我们写这本书的时候，一般的情况是生产不平衡。一方面，在很多城市里都有住房供给不足的现象；另一方面，某些粮食又有生产过剩的现象。在两种情况下，都应当部分地——如果不是大部分地——归咎于发展土地利用的公共政策。确实，住房的缺少部分地是由于在战争期间，政府对于一切建设——除了明确地为了战争用途之外——都加以抑制。也差不多同样属实的是，农地利用的扩展受到了政府在战争期间的固定物价政策的很大鼓励；并且，在一个为时较久的期间，联邦政府的宅地政策和州政府的移民政策显著地促成了西部的迅速发展。其纯粹的结果表现在生产不平衡、都市房租高涨和很大一部分农场的破产。

① 《威斯康星州日报》，1924 年 2 月 12 日。

根据积累的经验，我们可以明显地看出，确定土地开发的适当进度，对于粮食生产和住房生产的健全的、有利的平衡是至关重要的。因此，**开发的速度**是制定土地重划或土地移垦公私政策的一个重要开端。在确定开发的适当速度时，应当充分地考虑物价的趋势和一般的经济情况。鉴于经济循环，即周期性的和范围较广的物价波动，我们认为把农业发展的速度降低到比美国迄今所经历过的那
294 种速度低一些的程度，也许是更明智的。

重划政策的原理。市地发展的政策主要是“重划”的政策。总的说来，市地重划所直接影响到的人也许比农地移垦所影响到的还要多，而其结果，对于住房所有权的重要性，也不亚于对公共福利的重要性。重划的最广泛的意义，就是把从前作为一个单位来处理的东西分成几个部分。但在通常的习惯中，它指的是一个城市已经建设好了的各个地区附近的土地的开发。重划不同于农地移垦之处，在于它所涉及的几乎完全是地皮的位置和它的提供，而与土壤的肥沃和粮食的生产完全没有关系。

我曾经提醒读者注意这样一个事实：政策有公共的政策和私人的政策，而计划也有公共机构的计划或个人与私营公司的计划。在本书的其他地方，我们使用的“政策”这个词多半是和公共机构的计划有关的。在本章的其余部分，我们使用的这个词也指个人或私营公司的政策而言。只有在这个词的双重意义可能有引起混淆的危险时，我们才特别指出对那个政策负责的机构。不过大部分的土地重划政策都是指私人政策。

1. 重划类型的确定。在选择开发都市的土地时，重划者必须首先确定他们将要采取的政策是什么。事业能否成功以及对公众是

否有利，都依所做出的选择是否能地尽其用而定。首要的任务是选择土地的正确用途。这就须对城市的发展和新增人口的特点加以仔细的分析。重划者可以选择的是：(1)用于工厂的地块的工业重划；(2)宅地的重划，在这种地块上可以建造高档住房、中型住房、 295
工人住房、两家分住的住房或公寓式住房。应予开发的宅地重划的类型，假使城市发展到有扩展的充分理由的话，那就要由新增人口的需求来决定，而这种需求又以人口的收入为基础。如果城市的发展具有工业的性质，则接近工厂区的工人住房的重划就比高级住房的重划更为适宜。如果城市的发展主要是商业的性质，那或许要以中型住房的重划为最适宜。如果那个地方具有成为郊区的性质，那就会有高档住房的需要。

2. 为时过早的重划的危险性。在规划一个重划政策的过程中，为时过早的重划是一个很大的危险。虽然就整个国家来说，住房可能是缺少的，但这不一定意味着每个城市都需要更多的住房。按照当地的需要平衡住房的生产，其对土地政策的重要性，与在全国或全球的范围内平衡农业生产的重要性相同。许多小城市部分地发展起来的重划，就是没有重视这个事实的结果。

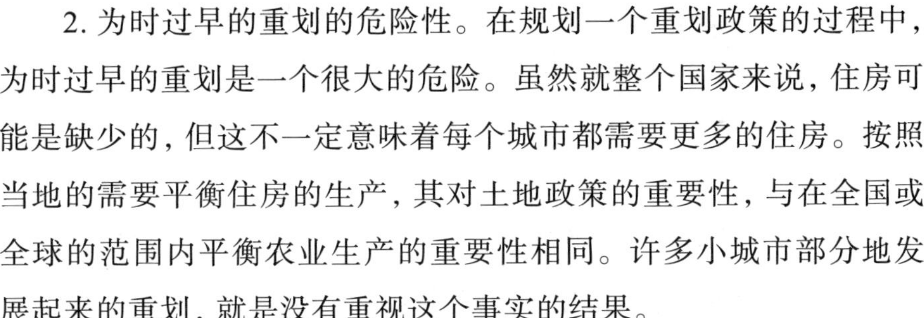

由于我们还没有建立一个直接控制重划的公共政策，对于我国为时过早的重划的唯一阻碍就是不动产商人对其将来可能获得的净收益的估计。如果重划者看不见一个从中获得利润的好机会，他是不会着手进行一个重划的。这在许多例子里都是一个有效的抑制。但是如果能够体会到轻率的重划对社会的后果的话，那将是更有效的一个抑制。有些德国城市，在一个城市扩张计划经过批准之
前，禁止房地产开发。加拿大对于过早的重划是用“未经规划的农 296

地课税从轻，而一切规划了的并由农地利用变为市地利用的土地课税加重”[①]的办法来加以抑制的。如果从事重划的人们把他们的开发计划建立在对社会的需要和趋势所做的科学分析的基础上的话，那么，在这个国家里，我们既用不着禁止的政策，也用不着加税的办法。

3. 土地的选择。适应社会真正需要的重划政策一经着手进行，接踵而至的就是选择需用的最好土地的问题。在这方面，我们必须考虑到许多因素。首要的问题是：要使地产易于出售，需要具备哪些使人愉快的条件。如果建造的是高档住宅，则空间的开阔、怡人的景色以及富有吸引力的建筑就能令人满意。这些特点通常出现在一个城市的丘陵起伏的地段。如果需要建造的是工人住房，那就要求距离工作地点近和地价低这两个重要条件；但这些住房也应具有吸引力。宜人的环境可以增加住房的价值和销路。

选择土地的另一因素是区划法令。个人在这方面一定要调整他的政策，使其符合于政府机关已经制定的公共政策。重划土地的地点选择必须参照已规划的地区来做出。用于高档住宅的重划土地的地点选定在工业区的附近，将会减损这种住宅应有的价值。
297 而邻近工业区，是工人住宅区的一个理想条件。同样，重划者应当考虑商业区对住宅价值的影响。

选择土地的第三个重要因素就是交通条件。由于交通运输的便利与否未得到充分的考虑，一个重划土地工作可能完全失败。往返工作地点的交通便利，对于工人区来说是一个重要条件；而往返

---

① 费希尔(E. M. Fisher)：《不动产业务原理》，麦克米伦出版公司，1923年，第204页。

购物区的交通便利，对其他土地重划来说，也是同样重要的。工业重划地段大概是位于铁路线的附近。这个因素的重要性，可以从沿运输线财产价值的变化中看出。在发展宅地时，如果那里的交通不便，重划者通常就不得不在一段时期内对一条公共汽车或电车路线的延伸支付补贴。凡是交通相当便利的地方，财产价值就比较高，而重划的土地就会很快卖出去，如果其他方面都是以健全的原则为基础的话。

4. 土地重划的规划。土地重划的规划应以适合居住的需要和社会福利为标准。有些地皮往往被分成很零碎的地块，使建筑在上面的房屋既见不到阳光，空气流通性又差，妨害公共健康，在发生火警时，还会危及安全。在决定街道的地点时，要紧的是注意交通的需要。错误常常表现为街道修得太宽，不适合社会的需要。这不仅是浪费土地，而且在提供必要的公用事业方面，也成为增加开支的原因。客货往来的自然方向和密度，应当事先估计，从而决定街道的宽度。避免使用不规则的土地或者把这种土地辟为公园或运
动场所，将大大有助于简化住房的建设。学校、商业区、公园和公 298
共集会中心地区的位置如果都很适当，也会有助于增加人们的愉悦度，从而也增加财产的价值。

关于土地利用的社会控制的好处，我们还可以在城市设计和区划机构与从事重划土地的机构之间的关系中找到另外一个例证。如果重划者事先同像城市设计委员会那样的官方机构商量一下然后才进行重划的话，则不整齐的地块是可以避免的，并且公园、运动场、零售中心和公共集会中心的位置适当也是做得到的。那些建立了公共机构来重划土地的德国城市，它们通过这些机构，已获得

了对于这些事情的合理控制。由于美国的土地重划主要是由私人企业来进行的，其防止不协调的和降低价值的开发的方法，部分地是通过执行公共政策的区划法令、城市规划法令和建筑法规来达到的。如果私人政策的制定符合这些公共政策，则无论对公对私都有莫大好处。

5. 改进土地重划。改进土地重划的私人政策是多种多样的。有些重划者在规划土地、分块、分级并标明街道之后，就此了事而不问其他；其他一切都留待买主来做：修建他们自己的街道，交涉装设下水道，安排水电和煤气的供应计划，以及建造他们自己的住房。不过一般的趋势是对买主提供更多的设施。目前，一个买主可以找到许多的重划土地，在那里，他只需在选定他自己的住宅和订立资金方面的合同之后，就可以搬进去住。从社会的观点来看，这种充分发展的土地重划的优点是，它能够作为一个协调的单位来进

299 行规划并使其实现。并且，重划者能够更好地为他的客户服务。就一件事情来说吧。一切公用事业由重划者提供，比客户自行出面同市政当局交涉办理所花的时间要少些，如果费用并不减少的话。在使住宅富有吸引力方面，改良土地的重划者将这个区域作为一个整体，就能把使人愉快的环境全部保存，但若让一两个只顾自己利益的个人自己去做的话，那就可能降低宅地的质量。

6. 财产的限制。对土地利用施加限制，是一个保持愉悦环境和稳定价值的便利的方法。最普通的限制是：(1) 所谓“后退区”，即同街道保持一定距离的一条建筑线，在这条线的前面不准建造房屋；(2) 建筑的类型和外观的限制。

起码的财产限制，当然是有关土地开发方面的公共政策的一

部分，而这些限制又可以借转让土地契约上所载的限制性条款而纳入私人政策里去。属于公共政策一部分的那些限制多半包括在建筑法规和土地区划与城市规划法令里面。建筑法规制定了有关卫生设施、通风、防火材料的使用、建筑物距离街道的“后退区”、建筑物占地面积、建筑物的高度等的最起码的条款。土地区划和城市规划法令可以直接地限制或规定土地的用途。通过控制土地利用，它们又可以间接地限制建筑物的类型。当某些地区被限制为工业或商业使用的时候，其建筑物的类型显然也受到限制。

重划者的私人政策包括对财产的附加的限制。为了使住宅区的地面开阔，重划者可以在他的卖契上规定要留一个比建筑法规所要求的还要远的“后退区”。在设计利用新的地块的时候，可以禁止在街道转角处设立杂货店和车库，因为这些都是可能使住宅区地价下跌的讨厌的东西。不过有些重划地区离商业区很远，因而有提供这种方便的必要。在那种情况下，保留一定区域作为这样的商业用途，乃是一个良好的重划政策的一部分。

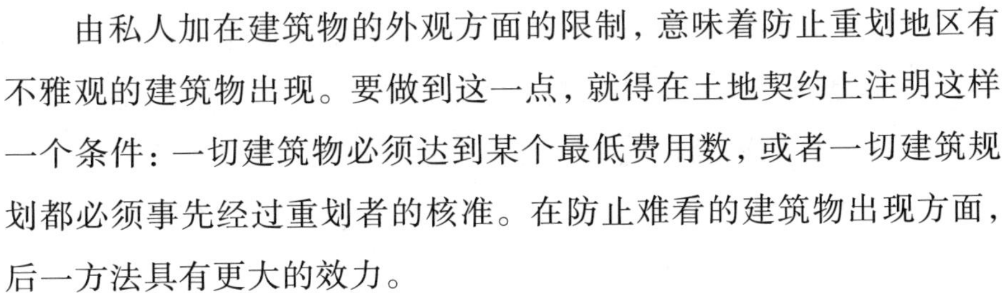

由私人加在建筑物的外观方面的限制，意味着防止重划地区有 300
不雅观的建筑物出现。要做到这一点，就得在土地契约上注明这样一个条件：一切建筑物必须达到某个最低费用数，或者一切建筑规划都必须事先经过重划者的核准。在防止难看的建筑物出现方面，后一方法具有更大的效力。

和建筑物的“后退区”及对建筑物的限制一起，某些旨在保护整个重划土地的观瞻和宜人性的限制，往往也包括在私人重划政策之内。在每块公用事业用地的后面，保留一片土地是有好处的，因为这样就可以避免为修理而拆毁街道。还有，每一个重划地区通常都要留出一块一定大小的地块，以备修建公园或运动场所、学校、消防站或公共集会地点等公共设施。市区以内的重划，其维护这种公共土地的费用一般是由市负担，但在市区以外的，则由重划土地的每个所有者分担一笔固定的维护费用。

301 在实际使用中，还有许多其他种类的由私人所加的限制。以上所列举的，都是些通常使用的限制，并且从社会福利的观点来看，都是最重要的。它们的用意是要使重划地区的特色或质量更能吸引将来的买主和稳定重划地产的价值。最好的限制政策，不管是公共的或私人的，都必须具有充分的灵活性以适应城市生活的变化。在许多情况下，不论哪一种财产限制，都会限制房地产的销路；但是从长期来看，在一个宣传为时尚的土地重划中，为了保持房地产的价值，这常常是必要的。

7. 资助重划的费用。实现重划的费用虽然在一切重划的政策中是一个应予考虑的基本问题，但我们一直谈得不多。在规划这项事业的时候，开发一块土地的费用往往是很大的，因为这块地可能是低洼地、丘陵或多岩石的土地。有时，重划的需求并不十分迫切，不能带来足够补偿开支的收益，在那种情况下，我们可以说，重划那块土地的机会还没有成熟。要实现重划，不仅要花钱来提供公用事业和以上所述的其他事项，而且也要花钱来买地，把它分块、改良、准备契约、出售、缴税和支付借款的利息；这一切都是资产负债表中的重要部分。如果没有偿付这些开支的确实希望的话，那么，这个计划无论从个人或社会的观点来看，都是有问题的。

关于私人开发政策中有关财务部分的定则，我们已从经验的积累中得到某些教训。人们常说，重划者开发了他的土地之后，就可以用出卖土地的钱作为维护重划的费用。这是一个不稳健的政策，因为很难预测究竟需要多长的时间来维持那些地段。如果重划者 302
采用这种政策，他就会被迫把一些地块降价出售，但这就会影响到其余地块的价格。因此，对重划者来说，比较好的办法是，不但他自己应有现款或将来可望得到款项来购进、开发和售出土地，而且还应当有维护重划直到全部地块售出时的款项。

财务政策的另一方面是那个有关出售空地时所使用的制度。过去，把空地卖给那些臆测它们将来会涨价的投资者，这并不是不常见的事。不过越来越明显的是，那些投资者也并没有了解到持有空地所带来的一切费用。为了使投资者免受愚弄，为了对提高自置住宅的百分比这方面的公共利益做出贡献，一个良好的计划是，或者由重划者自己出资来建造住房，或者由他资助买主自建住房。凡是有社会观点的重划者，他们在制定重划政策时，都是以社区构建和住宅自有的理想为标准的。

8. 土地开发的私人政策和土地利用的社会目标的关系。由于大多数的重划土地都具有宅地的性质，因此，它们通过住房的生产对社会财富做出贡献。应当一再说明的是，宅地的生产过剩和农产品的生产过剩同样是不良的政策。对社会最有利的贡献就是住房的平衡生产，即在有需要的时候才供应住房。怎样能够达到这个理想的社会目标呢？是要靠私人的积极性呢还是靠某种形式的社会
控制呢？住房市场几乎完全是地方性的，而农产品市场则可能是全 303
国性的或国际性的。目的在于平衡生产的一个控制土地利用的全面公共政策，如其市场范围是全国性的或国际性的，那就比它的市场范围是地方性的要容易制定得多。有些地方的住房供过于求，而

有的地方又求过于供。因此，一个刺激住房建设的广泛政策，可能缓和一个地方的局势，而同时也可能加剧另一地方的局势。任何一个市地开发的社会控制的有效政策，在实施方面都必须是地方性的，如果在范围方面不是地方性的话。

除了这些只是间接地影响到住房生产的有关建筑、土地区划和城市规划的法令而外，关于其他直接控制住房生产的州的或地方的公共政策，我们只能举出个别的例子，除非把任何一个政策都没有也解释为一种“听其自然”或“好自为之”的政策。我们主要依靠个人的积极性来开发土地，而土地开发事业的私人控制则只限于说服，即打动个人的克己心的办法。通过说服的控制是用市场分析的方法来进行的。很多组织都对住房做过研究，并且不动产商会全国协会近来已对市地市场做了系统的研究。根据这些研究所揭露的事实来看，个人在开发市地的计划方面，在某种程度上受到抑制或得到鼓励；但这很难叫作一个有效的控制方法，正如许许多多遭到惨败的重划案例所证明的那样。

当土地重划增加生活的乐趣时，它们也是有助于增加社会的财富的。一向被认为是奢侈品的那些服务，现在却被列为必需品；越
304 来越多的地方的、各个州的和全国的收入都被用来提供这些“必要的”公共服务。土地的环境宜人也同属此类。鉴于拥挤的居住条件有妨害健康和生命的危险，人们对环境宜人的要求也越来越多。同时，我国城市人口日益密集，与住房所有权有关的为那些密集人口提供宜人的生活环境这一问题也变得愈益迫切。

最后，管理适当的土地重划可以增加或保持财产的价值。规划不当的重划则完全有可能降低它的经济价值，但是，如果有合理的政策，那它就意味着稳定的财产价值的增加。

实施社会控制的目标，在很大程度上在于增加环境的乐趣和稳定财产的价值，并且这些目标要比住房生产的平衡受到更多的社会控制。建筑法规、土地区划和城市规划法令，显然直接地把从前被认为是有钱人才能享受的乐趣一变而为普通人每天的必需品。公园、运动场、公共集会中心、卫生条件好和空气流通的房屋，多半都是通过公共的行动才成为现实的。同时，区划法令也有助于稳定或保持财产的价值。这些目标都是有关市地的利用和开发方面的公共政策的一部分。这与平衡住房生产方面缺乏一个建设性的公共政策形成一个鲜明的对比。

*农地移垦政策的原理。*当谈到农地开发的时候，我们发现公共政策对它所起的作用比对市地更大。不过，在这个问题的某些方 305
面，许多主要的农地商人所采取的方法，比某些公共政策对社会更适宜些。



1. 用于移垦的土地的选择。农地移垦政策的主要要求之一是：选择最适宜的土地来满足移民和社会的需要。目前有四种可以开垦的土地能够用于移垦：(a)必须加以灌溉的土地；(b)可以排水的土地；(c)必须先行开拓然后才能耕种的土地；(d)未改良的放牧地和牧场。西部现有大约三千万英亩可以灌溉的土地尚待开发。而只需要排水的湿地也有三千万英亩，其最大部分(二千七百万英亩)则位于东部。只需要开拓的土地将近五千万英亩，大部分也在东部。而需要排水和开拓的土地则为六千万英亩。最后，还有未经改良的放牧地和牧场一亿二千七百万英亩，这些土地一时或许不会改变用途。

在选择这些土地的任何一种来作移垦使用时，首先要考虑到使土地能有利利用的花费，即在时间上、劳动力上、金钱上的花费。开拓费和灌溉费往往为数过巨，没有外援的个别移民无力负担。有时，就连私营的移民公司也无力负担这样大的费用。大多数可以灌溉的土地都有这种情况，并且近年来，凡是重要的灌溉计划都由公款开支来完成，随后由移民陆续归还。这种对用于移垦的土地的联邦“补贴”政策并不一定都是成功的，这很大程度上是由于没有考
306 虑到后来加在移民身上的这种费用的负担。私人移民的范围大半是森林砍伐后的迹地和排水土地。

即使在准备土地以供利用的费用比较低的时候，由于营销情况的缘故，有时移垦新地也是无利可图的。如果目前生产的麦子已足供需求，而我们还在移垦新的麦地，那就未免太愚蠢了。现在和将来的供求平衡，是任何一种移垦政策得以成功的极其重要的因素。如果新辟土地的产品找不到销路，或不会给移民带来一种收益，足够抵偿费用并给自己一笔净利的话，则那种移垦政策将不会是一个成功的或合宜的移垦政策。这样一种净收益的前景，不单是一个市场对产品的需求的问题，而且也是土壤的肥力、运销的便利和准备土地以供利用的费用的问题。

2. 移民的选择。许多移民计划的失败是因为没有选择合适的移民。到未开发的农地的“新边疆”去的人们，通常都是资本少、知识浅的人，他们多半没有什么大本领和力量能够解决重大的问题。不仅仅满足于“买卖成交”的移民公司，对于未来移民的经验与品质是要加以详细调查的。各个州的移民部门在劝告移民执行它们的计划之前，要与他们进行面谈；加利福尼亚州在实施它的公

共移民计划时，对于移民的选择是很慎重的。拓荒者的生活是十分艰苦的，因而越来越重要的是：在选择移民时，要选那些具有耐心、不屈不挠的精神、苦干的能力、掌握农业问题所必需的智慧和开创事业所必需的小额资本的人。

3. 为移民个人选择土地。移民最基本的需要也许是得到如何选择土地的指导。许多移民是从大城市、外国和美国其他地方来 307
的，他们不知道土壤所需要的是什么化学制品，或者在地形和气候方面他们会受到哪些限制。为了适应这种需要，许多移民公司、美国各个州以及加拿大的艾伯塔省都向移民提供了说明土壤性质与其最适宜的利用形式的各种土壤地图和土壤检测报告。

4. 确定土地保有量的大小。在规划一片农村土地的移垦的时候，要紧的是按最经济的规模，把土地分成许多农场。在第七章里，关于农场的经济规模，已经做了一些详细的讨论。在这里，我们还要提出一些一般性的说明，即使这些说明有重复之虞，我们仍要加以讨论，因为这个问题对公私农地移垦政策都极为重要。



确定农场的经济规模，必须考虑许多因素。首先应当记住，我们要讨论的单位是家庭农场。其次，从纯经济的观点来看，一个农场的经济规模，就是给经营者带来最大净收益的那个规模；但这样的经济保有规模对社会来说不见得是适宜的。当大规模经营变得必要时，可能会形成大量的生产，但它同时也会在农村人口中形成一批佃农和雇农，并且损害在很大程度上以土地所有权的广泛分布为基础的经济稳定。[①]

① 关于这个问题的其他方面的讨论，可参看本书第七章。

农场规模的决定，从前是采取一种试错的办法，或者是由立法来确定。宅地法规定了农场的标准化的规模，而没有考虑经济上的
308 要求如何。遗产法的影响很大，特别是在英国、爱尔兰和法国。目前，当对大地产所征收的税率较高（像在新西兰那样）或者对土地的征课不合理的时候，农场规模的大小，又受到租税的影响。

最后分析起来，农民个人的能力是判断农场大小是否合宜的重要标准。譬如说，近来对威斯康星州牛乳场农民所做的一次调查证明，他们当中最优秀的农民，实际上以同样的劳动力，能够管理四倍于效率最低的农民所管理的乳牛。[①] 如果不考虑个人能力这个因素，不管是土壤和农作物专家还是经济学家所做出的科学判断，都可能有错误。

5. 移垦的规划。七十五年前，对开拓大草原和将其用于生产，很少有加以规划的必要，因为那时移民基本上都靠自给。而今天的公私移民机构都从事乡村的规划工作。它们先是取得一块几千英亩以上的土地（一般是以四万英亩为较妥），然后把它分成若干农场，敷设道路以期便利营销，建筑市镇、学校、教堂和公共集会中心，并向移民提供一个农场的家和其他建筑物、装备，并在开发的头几年中，向他们提供专家建议。移民机构之所以做这些事情，一半是因为需要这样做来使新的土地迅速地赢利，一半是因为如果没有一些像这样的有利条件，就不能招徕移民，也不能保证移民不为城市的诱惑力和舒适所吸引。

① 考克斯（A. B. Cox）：《一个农业社会的社会和经济分析》，威斯康星大学哲学博士论文。

乡村的或地区的规划的需要，并不只限于新的移垦地。就是移住了好多年的地区，如果加以更好的社会组织，也是有很大好处的。309
随着城市规划运动而来的推广乡村规划的运动正在发展，因为乡村的公众也开始认识到，要想抑制乡村人口向城市移动，他们就必须把他们的环境弄得更吸引人。

6. 为移民筹备资金。新移民最迫切的需要之一就是贷款。加利福尼亚州出现了公营移垦，是因为私营的移垦缺少资金。该州的情况是这样：(1) 地价很高，移民一点小小的资本只够留作添置设备之用；(2) 规定还清地价的三至八年的期限太短；(3) 规定的利率是百分之六到百分之十，而不是像某些国家的公共移垦所规定的百分之二点五到百分之五。政府有能力克服这些缺点，办法就是对价格相当低廉的农地降低利率，并把偿还地价的期限延长到三十年。事实上，这就是公营移垦胜过私营移垦的主要优点。不过，那些资本充足并打算长期经营此业的最好的私营公司，也完全和公营的一样，能够满足移民的这些资金上的需要。

国家与公私移民的关系。针对农地移垦所制定的公共政策，主要是从两方面来满足移民的需要：(1) 保护根据私人移民计划招徕的移民；(2) 由公共机构执行移民计划。

保护移民的方法很多。大概有十四个州和不列颠哥伦比亚都有法律规定，从事不动产行业的人必须领取执照，并且，如果查出 310
某一经营不动产的商人有不法的欺骗行为时，就可以吊销其执照。这些规定并不意味着一切城乡不动产商人都在对投资者进行诈骗。不过，虽则有许多不动产商人都尊重公共利益，但也有只图“买卖成交”以便“钱进腰包”的商人。规定领取执照的法律，就是保护新的移民和保护农地抵押放款的投资者免上那些不法商人的当。例如，威斯康星州不动产经纪人商会在1923年吊销了一家不动产商行的执照，因为它的虚假广告给了人们这样一种印象：它可以为那些通过它购买抵押品的人代收抵押利息。

西部各州大都没有管理移民迁入的部门，它们的任务是：与愿意迁入的移民面谈并向他们提供意见，提供土壤地图和进行土壤调查，并在移民迁入后，同他们保持联系。还有，这些州多半都在各个县派驻代理机构，其中很多都开办了示范农场。所有这些保护移民的方法，尤其是提供土壤地图和进行土壤调查都是很必要的。但是，如果对经济和物价的趋势加以分析，并且根据这个分析的结果及时告诉新来的移民在什么时候他的产品将会碰到一个供给已经充分的市场的话，这些管理移民迁入的部门的效率就有提高的可能。

在美国只有加利福尼亚这一个州在致力于把移垦事业当作一种公共企业来经营。加州在这方面的成就还只是差强人意，不过公共移民事业在加拿大、澳大利亚和欧洲各国都取得了某种程度的成
311 功。鉴于很大一部分新移民都因为经济困难而遭到失败，加州举办了两个试验移垦区，一个在达勒姆（六千三百英亩），一个在德尔亥（Delhi）（八千七百五十英亩）。两个试验区都以低利率的长期贷款政策为基础。后者不如前者那样顺利，多半是因为农业萧条，也因为土地的选择相对失当。

移民与土地利用的社会目标。当广泛地存在着增加农地的需求和必要以便平衡生产的时候，无论公私移民都是合理的。我国的公办移民目前尚处于试验阶段，它的优势还没有得到确切的证明，但在农村的规划方面，它已表现出有较大的成功可能性。不管哪一种形式的移民，只要对社会福利有最大贡献，就都有资格坚持自己的立场而不受它种形式的妨碍。不过公私移民如果同时进行，使一方从对方的错误中吸取经验教训，那也没有多大害处。

将来，成功的移垦政策的限制因素有两个：(1) 增加农业生产的需要；(2) 乡村生活的乐趣。如果农业生产不平衡，因而需要农地面积的扩展，则其限制因素就只是乡村生活的乐趣。由于与城市生活形成了很鲜明的对比，将来的移垦计划必须提供更多的社会吸引力，才能把移民维系得住。这就意味着要有更多、更好的乡村规划来满足移民心理上的需要。

农地发展比市地发展所受到的社会控制的范围更为广泛。联邦政府对灌溉计划提供资金，对农业试验给予补贴并通过农业部提供大量有用的信息。通过正规的农业贷款银行体系，或者通过紧急 312
的战时金融公司，它也举办发放农贷的业务。各州政府创办农业学校和试验农场，并且，不但通过学校，而且也通过各州管理移民迁入的部门和农业部门传播很多信息。



不过上述种种活动所表现的公共政策，主要是为了帮助定居**之后**的农民，从而间接地鼓励更多的人在农地定居。美国农业部和某些州管理移民迁入的部门和农业部门都深知，这种公共政策对于农业的真正疾患来说，只能算是**补救性**的而不是**预防性**的。整个美国已经推动了一个速度很快的农业发展，这是由来已久的。现在在某些方面，农地的开发似乎太快，因而公共机构正在把它们的注意力转移到以平衡农业生产为主要目标的公共政策上去。像这样一个政策，与其说是将有助于补救已经出现的弊端，不如说是将有助于阻止和预防土地利用的过快发展。

## 小　　结

城市住房的缺乏和农民所遇到的疾苦，是目前需要健全的土地政策的鲜明例证。城市开发的政策，大部分是重划土地的私人政策。这些政策必须为重划土地确定以下几方面的要素：(1)类型；(2)时机；(3)土地的选择；(4)规划方法；(5)改良方法；(6)硬性施
313 加的财产权的限制；(7)所遵循的财务计划。有关市地的公共政策，表现在城市设计和土地区划法令以及建设法规里；但目的在于平衡城市的住房生产的具体政策尚付阙如。农地移垦政策的内容必须包括：(1)选择土地；(2)选择移民；(3)为农民个人选择农场；(4)确定移民保有土地的规模；(5)规划移垦地；(6)为移民筹措资金。针对农业移垦所制定的公共政策，是从两方面去满足移民的需要：(1)保护根据私营移民计划取得土地的移民；(2)由公共机构来执行移民计划。过去，这些政策都过分偏重于补救农业上的问题，而没有采用控制土地利用的开发使生产达到平衡的方法来预防这些问题的发生。

# 第十五章　土地课税的政策

“由于税重，有的农民无利可图，有的无家可归，还有的则因为 314
固定费用很大，对于务农这一行业也感到灰心丧气。”[①] 这段话是联邦土地银行的行长说的，尤其是在它的有关课税的后果方面，正如我们在后文就要说明的那样，有统计数字可以证明。就目前的税负而论，农民所受的损害可能比旁人更重，但这也不单是他们的遭遇。城市业主也在抱怨税额过高。一项调查结果显示，美国全国人民收入的七分之一都作为税款被直接地或间接地去付出去了。同一调查也揭露了全国人均所纳的税款从 1912—1913 年的大约二十三美元增加到 1920—1921 年的八十美元左右。[②]

由于政府支出的增加，国民收入中以税款形式交给政府的部分也不得不大大增加。在联邦政府方面，世界大战引起了所增加的费用的最大部分，尽管社会福利的经费也同时大为增加。在地方政府方面，社会福利经费的增加，按比例来讲，也超过了一般经费。表
12 具体地说明了这种情况。 315

我们把今天的政府经费这些项目同百年以前的相比，就会感到今天政府对社会所做出的无偿的服务是数量很大和种类繁多的。

① 明尼苏达州圣保罗市的联邦土地银行行长夸米写给伊利的一封信。

② 全国工业协会第 55 号报告。

表 12　三万人以上的城市的政府支出（其中不包括“公共服务事业支出”）数额以及花费社会福利上的数额和比例，1905—1921 年[1]

| 时　　期 | 政府支出 | 社会福利支出 | 社会福利支出占政府支出的百分比 |
|---|---|---|---|
| 1905 | $546,151,179 | $170,835,032 | 31.3 |
| 1910 | 736,681,306 | 240,124,685 | 32.6 |
| 1915 | 967,630,063 | 332,754,090 | 34.4 |
| 1921 | 1,271,085,100 | 500,073,000 | 39.3 |

例如，百年前没有公共卫生护士，而现在则有很多；并且政府所做的并不只有这些。纽约市消防局甚至为街道上的小孩提供淋浴。支撑这些费用的收入，都是从各种形式的课税中得来的。

目前的赋税负担。在土地税方面，我们的讨论是把州和地方的课税放在主要地位，而把联邦的课税放在次要地位，因为差不多全部的土地税都由地方政府征收。对各州和各地方的课税统计数据所做的一次分析，不但证实了上述圣保罗市联邦土地银行行长夸米所说的那段话，而且也证实了他继续说的一段话：如果不改变现在的课税政策，终有一天政府通过课税会把农地的价值全部没收，
316 因为它抽的税实际上将等于土地每年的全部净收益。表 13 是现阶段这个趋势的证明，它是美国农业部经过详细调查之后才制作出来的。

从土地的净收益中，竟征收了百分之十五到百分之六十六的税款，这是够糟糕的。而更糟的是，我们听说，例如，1913—1921 年，

① 《大城市统计摘要》，表中各年的美国国情普查。

表 13

财产税与纳税前净租金的比率（根据 1919 年的课税数字计算）[①]

| 州和县 | 调查的农场数目 | 纳税前每英亩净租金 | 每英亩财产税 | 财产税与纳税前净租金的比率 |
|---|---|---|---|---|
| 密歇根州莱纳维县 | 111 | 4.40 | 1.67 | 38% |
| 威斯康星州戴恩县 | 106 | 3.98 | 1.18 | 30% |
| 明尼苏达州麦克列奥德县 | 87 | 3.49 | 0.85 | 24% |
| 纽约州特拉华县 | 137 | 1.23 | 0.38 | 31% |
| 宾夕法尼亚州切斯特县 | 177 | 1.83 | 1.20 | 66% |
| 印第安纳州蒂普顿县 | 77 | 9.38 | 1.41 | 15% |

俄亥俄州的农地税增加了百分之七十七，而在同一时期，堪萨斯州的农地税却增加了百分之一百七十一。如果依照这个速度发展下去，在一两代人的时间之内，所有农地的收益都将以税款的形式归诸政府，而农地的价值将会渐渐消灭。

根据可能得到的不完全的统计，财产税侵蚀市地的收益不如侵
蚀农地那样厉害。不过已经肯定的是，纽约市的十八个地块向税务 317
局缴付它们的收益的百分之二十二，已历时三十年之久。[②]

表 14 所列的数字是美国农业部收集的。[③]

关于城市不动产收益的财产税负担，我们所得到的材料虽然很不充分，但我们确实知道，城市不动产负担的税款将近城市税收的三分之二。说得更准确些，有三万或三万以上人口的城市，其不动产所负担的税款平均要占当地税款的百分之六十五。1910 年

① 制作者：美国农业部农业经济局布兰纳先生。

② 根据阿纳博士为土地经济和公共事业研究院所做的调查。

③ 制作者：布兰纳先生。

表 14

1919 年为获取现金而出租的城市不动产，其纳税额与纳税前净租金的比率

| 州和县 | 财产数 | 纳税额与纳税前净租金的比率 |
|---|---|---|
| 威斯康星州戴恩县 | 10 | 11.0% |
| 明尼苏达州麦克列奥德县 | 27 | 24.8% |
| 印第安纳州蒂普顿县 | 22 | 15.8% |

某个城市的不动产所负担的税款，据估计为当地纳税额的百分之九十五。

政府在融资方面所面临的社会局势，我们至少可以说是危急的。我们已经说过，联邦和地方政府的支出，尤其是社会福利的支出正在日益增加。这些费用非用增加税收的方法来弥补不可。当然，它们可以像许多欧洲国家近来所做的那样，用发行公债或货币贬值的方法来应付，但这两种办法的任何一种，最后都会造成目前使德、法两国感到棘手的那种局面。由于这些费用必须从课税中想

318 办法，政府可以对现有的课税对象加税，也可以放宽课税基础，把从前未课税的财产或收益包括在应予征课之列。从整体来看，现在联邦、各州以及各地方政府都只对现有的课税对象提高税率，而没有开辟新的税源。因此，联邦政府目前岁入的百分之六十都是从直接税得来，而各地方政府，像我们说过的那样，已经把财产税增加到形同没收的边缘。

课税的作用。课税有双重的作用。第一，它意味着取得税款以充政府的开支；第二，它是控制人们使用财产的手段。课税的收入观点，已经在以前谈到平衡政府预算时着重谈过。我们还需要考虑的是，课税是一种社会控制的手段，因为它有意或无意地控制着人

们在使用财产时的行为。

人们提倡的目的在于保护资源的林税改革，主要是从课税的社会控制的观点出发的。它也是纽约市据以对小型住房建筑予以免税若干年以鼓励更多单家独舍的建设的理论根据。这些都是试图用课税方法来有意识地控制经济行为的例子。但以收入为目的的课税也可以——尽管不是有意的——控制财产的使用，例如，当税收拿走了很大一部分土地收益以致某种土地的利用成为无利可图时的那种情况。虽然为了取得收入的课税可能导致的后果并不是有意的，但我们对于这些后果不应当不予考虑。事实上，课税的无 319
意的后果，往往是在制定课税政策时应予考虑的最主要因素。

**土地课税的历史背景。**土地税如果不是国家岁入的历史最悠久的来源，也是最悠久的来源之一。这种土地税，就像在古代埃及那样，本来是按耕地的总产品征收，或者就像在罗马和某个时期的英国那样，按土地的面积征收。在中古时代，罗马的课税制度被混杂的各种税取而代之。渐渐地从土地税中又出现了所谓一般财产税。土地、房屋和动产都被包括在这个一般财产税之内，因为它们被认定是收益的明证。欧洲各国很普遍地把课税基础的重点从财产转移到来自财产的收益，正如英国的土地税后来竟变成了租费那样。不过，美国继承过来的是一般财产税制，并把这项税收作为地方收入的主要来源。

19 世纪中叶，一般财产税在美国已根深蒂固，当时，大多数的州都在它们的宪法里编入了所谓“统一性”的一些条款。在那个时候，令税务当局感到不安的是，类似股票和债券这样的无形资产的数量日增，而这类财产都逃避了一般财产税。因此，他们才采用了

“统一性”的条款，规定一切财产，不管是动产或不动产，是有形的或无形的，都应当按统一的税率课税。在本章的后面，我们将会看到这些统一性的条款所产生的影响和修改它们的方法，这些修改方法，有的是通过对税法的法官复审，有的则通过各州议会的直接行动。

320 课税的现状。理论上，一般财产税是对一切财产（包括动产和不动产）按其售价来征课。实际上，大多数的动产，特别是股票和债券形式的无形资产，是估税员无法“发现”的，因而逃了税。再者，“发现”了的财产，其估定的价值也不一定都是完全符合售价的，即使意图是希望如此，但结果却有时估得未免过高，更多的是估得偏低。不过地方估税员的估税一般都被认为是以特定的财产或类似的财产的销售记录为基础的，尽管实际上他们做出的估价经常（如果不是每次）都以他们对财产价值的个人判断为基础。

当然，还有些办法是与一般财产税制度有出入的。例证之一就是纽约市。我们已经说过，根据纽约州的法律，准许某些类型的住房在一定的期限内免税。明尼苏达州对矿地的课税另有办法，并且还对不同种类的财产规定全部售价的不同估税比例。威斯康星州有一个管理地方估税的独特制度。此外，在州与州之间，税率、估税方法和管理机构亦各有不同。但是，一般财产税的基本原则，已在大多数州的宪法中深深地扎下了根，不能把它全部废除，尽管这种税遭到许多方面的严厉谴责。

特别征税。特别征税是一般课税权的特别行使，有别于一般财产税，并且在美国通行，但在别的国家没有广泛地采用。特别征
321 税是对特定财产按照特定设施所赋予的利益的比例征税，这种特定

设施的费用即由课税收入支付。如果对征税的使用抱审慎态度并细心管理，这种土地的附加负担可能鼓励土地的合理利用。危险的是，费用浩大的设施所引起的为数甚巨的征税，不但不能实现预期的财产增值，反而会使它的价值降低。特别征税，通常是用来筹措街道设施的费用。有些人竭力主张用这样的办法来改良农村的道路。这个主张的缺点在于这样的道路改良，并不一定会使附近土地所有者的地价上涨，但道路两旁的土地所有者可能得到很大的好处。[①]应当记住，随着今天汽车的风行，一条改良了的公路定会吸引相当繁忙的运输。并且，像许多愤怒的农民都愿作证的那样，开汽车的人们对于承认路旁农民的产权是不太关心的。如果要准备资金建设更好的公路，这里还有一个比特别征税更好的方法。汽油税加上提高的汽车牌照税，就会把改良公路的负担转嫁到公路使用者的身上。

土地增值的课税。增值税是对土地的增值课税。增值税盛行于德国、1909—1920年的英国、某些加拿大的城市和美国，不过它在美国的名称不同。按照联邦政府和几十个州的所得税法的规定，不动产转让时，从某一基本年度起算，其价值的增加部分即作 322
为收益课税。实际上，它就是增值税，因为它是对地价的增加部分征收的。不久前，纽约有一个奉命调查增加税源的委员会，曾主张实行增值税，结果于1915年向州议会提出了一个议案，规定从某一基本年度起，对不动产价值的增加部分征收一种“附加税”。这

① 1912年威斯康星大学麦凯(J. G. McKay)所写的博士论文:《1890—1921年几个州的公路立法、财政与政策的发展》。

个议案和德国的增值税根本不同。这个在纽约提议的附加税，是在发现财产的估值超过它前一年的价值时即逐年征收。而德国的办法则是在土地每次出售时，如果其售价超过上次买价，才征收一次增值税。

在对于增值税的后果未经仔细研究之前，以上两种增值税制的任何一种都不应当被列入美国的地方税制里去。加拿大各城市的经验显然证明了这一点：增值税有妨碍土地开发的趋势，理由是，土地开发原只为了提高地价，而地价的提高却被政府以税款的形式拿走。为了消除这种趋势，有些城市已经允许建筑物免税。这种做法的直接效果是建筑活动有了很大的扩张，而这又在某些加拿大城市造成了不动产的过度开发。实际的结果——也是纽约州对建筑物准予免税至 1932 年为止的现行法律的结果——是除非同时开辟新的税源，土地的税款负担将随着建筑物课税的降低而相对地增加。

增值税制度，特别是德国的这个制度的另一不良后果是有阻挠
323 土地自由转让的趋势。这个后果是不可避免的，也是人之常情，因为每当土地转让一次，政府就把它的价值的相当大的一部分拿走了。但是，如果土地的自由转让不流畅，则土地落到最有能力的人的手中的机会也就少了。

最后，我们极力反对这种增值税，因为它的目标已经由现行的财产税所完成了。这个增值税的用意是要夺取土地涨价**以后**的增值。但是，以估计的售价为基础的财产税已经在土地涨价**以前**征收了增值的一部分，因为现行的售价，照例要把将来的涨价折算在内。因此，根据增值税对土地利用的后果，根据它与现行财产税的比较来判断，增值税是利少害多的。

单一税。单一税就是要把未改良地所产生的收益全部都拿去，从而实现未改良土地价值的全部归公。这个理论是亨利·乔治在1879年倡导的，[①]当时在美国颇得人心，不过近年来附和他的人数已经显著减少。按照这个单一税的理论，所有土地都是自然对社会的一种赐予；因此，利用土地所得来的好处属于社会，而不属于任何土地所有者个人。这个理论的一部分是说，一切地租的充公，将会把这笔收入带给政府，从而其他的租税就可以全部废除，因此命名单一税。

单一税有许多严重的缺点，值得我们加以简短的讨论。首先，近年来政府费用增加得非常快，使单一税带来的收入不足以供应这些费用，这是很清楚的。据估计，即使土地的全部净收益都被充作 324
课税，也只够支付政府正常支出的百分之六十。其次，如果政府用课税的方法取走了全部净收益，它当然就应当补偿个人的净损失。再次，单一税的最终结果将是国家的租佃制。如果从土地产生的全部净收益都被以赋税的形式拿走，则人们拥有土地的愿望就将消失，结果就是土地为政府所有，而利用土地的个别私人就成为国家的佃农，把土地的净收益作为地租缴给政府。

一般财产税的某些缺点。反对一般财产税的许多批评当中，以下面四种批评最为突出：(1)同动产比起来，不动产的赋税负担是不平等的；(2)没有对课税对象加以分类，以避免不公平的课税；(3)不科学的估税方法；(4)不能使课税适应社会政策。

① 乔治(Henry George)：《进步与贫困》，阿普顿出版社(Appleton)，1879年。

虽然不动产大约占全国财富的半数，但它所负担的城市税款却大大地超过了城市税款总数的一半。这种不成比例的负担源于不动产的性质。它是实在的而且有固定的地点，因而逃不掉估税者锐利的眼光。而动产大半是无形的，是容易逃税的。就这一点而论，农业财产的纳税，比任何其他形式的财产更不成比例。在农民当中，无形的财产并不是很多，而有形的动产和不动产都是看得见并
325 容易被估税者发觉的。为此，如前面表 13 所显示的那样，农村财产的逃税，比任何其他课税对象都要少些。

对课税对象不加分类，主要是由于各州的宪法里都订有“统一性”条款和无法取消它们的缘故。在过去几年中，有几次试图对宪法的这种条款加以修改，但没有成功。最坚决地反对这种修改的是农民，因为他们认为这是走向单一土地税的一个步骤。在市地的征税方面，土地不分类别的结果表现在对各种用途不同的土地均施以划一的百分比率的税则。熟悉不动产价值的人都知道，街道的临街地块用于建造零售商场，比用于建造大多数的工厂更重要，因为工厂可以使用有巷道出入的内部地块而并不受到业务方面的损失。然而在许多城市里，适宜于建造工厂的土地，其前面的部分和零售店的 临街地块都是根据同样标准来估价的。类似这种估价的办法也见之于公寓房屋地皮和独家住宅地皮的情况。

地方估税者的不科学方法，多半是由于政治权术和缺乏训练的缘故。地方估税者缺乏训练并不稀奇，因为他们都是土地所有者直接选出来短期地为他们的财产估价的。一个耿直的试图根据法律并依照一切应税财产的十足售价估税的人，往往不能被连选连任。兼之，这项职位并非专职工作，报酬又少，因此，很难找到训练有

素的估税员来充任这个职务。为此，在同一地区，有的估价是十足售价的百分之八十，而有的则为十足售价的百分之一百二十，这引起了许多人的抱怨。

最后，我们可以断言，一般财产税是不能适应社会政策的。一
个突出的例子是把林地包括在一般财产税的范围之内。林地按十 326
足售价年年课税，其积累起来的税款支出最后就等于伐售林木可能获得的售价。因此，不成熟的林木的砍伐正在受到各种鼓励，这是不待言的。人们忘记了，林地不像农地那样每年都有收获，但它却和农地一样，年年都要完税。

*这些缺点的补救方法。*全国税务协会的模范税制委员会建议用三种税来代替唯一的一般财产税，以补救现行不平等的税款负担：(1)不动产和有形的动产都应完纳的一种分类财产税。(2)个人所得税，它是许多来源的收益，特别是目前尚未足够地课税的无形财产的收益都应当完纳的一种税。(3)营业税或业务税。大多数的州都实行了某种营业税，并且有很多州也实行了个人所得税，但分类财产税尚未替代一般财产税。

对课税对象加以分类的运动是普遍分类运动的一部分，后者表现在土地区划法令和不动产开发业务等其他方面。它是19世纪的统一趋势的反作用。七十五年前的“统一性”条款，把一般财产税固定为地方税的主要体系。现在这个分类运动目的在于从各个州的宪法中把这些条款废除。

虽然有几次想实行分类财产税的企图已经失败了，但明尼苏达
这个州并没有修改宪法却取得了成功。那个州有一种税法规定，允 327
许不同种类财产可以按十足售价的不同比例征税。这条叫作“分

类征税法”的法律在1913年获得了通过，并规定了四种财产的征税比率：第一类是铁矿，按其售价的百分之五十征税；第二类是家用品，按十足的价值的百分之二十五征税；第三类是一切未分块的（农业）地产，以及家畜、农产品、产成品和商品，按实值的百分之三十三点五征税；第四类是已分块的市地产和不属以上各类的动产，按实值的百分之四十征税。根据明尼苏达州税务委员会的报告，这个办法已成功地平衡了租税负担。不过城乡不动产和其他种类的财产按不同的比率征税是否适宜却很成问题。有少数州的分类没有包括林地在内，它们正进行试验，以期找出一个足以鼓励保护森林的税率。

就许多州的法院对税务案件所做出的判决来看，认为如果不删去某几个州的宪法中的“统一性”条款，分类的办法就很难有进展，这种想法是没有理由的。那些法院已经建立了一个“合理分类”原理，根据这一原理，分类课税运动就可以有很大的进展而并不违反宪法。根据这个原理，确实有关正当的公共目标的财产分类，就可
328 以算是政府课税权力的正当行使。议会可以遵照这个原理修改现行财产税制度而不必经过修改宪法这个麻烦的程序。

改良征税方法几乎和平均赋税负担同样重要。欧洲大陆国家的征税是以来自土地的收益为基础的；在英国它叫作租价，实质是一样的东西；但在美国却以售价为基础。艾奥瓦州现正试图按照农地的收益征收农地税，但这个征税的基础并不是尽如人意的，因为这易助长空地的保持。以收益为土地估税的基础，则空地就会逃避一切课税，因为它没有任何产出。这样，就会造成改良土地的负担过重。按照土地收益课税的动机，自然是想使课税符合负担能力的

原理。为此，英国按照租价课税的制度就比较好些，因为空地不会完全逃税。要改正征税的方法而又不致改变凭十足售价估税的基础，这是可能的。不过在征税机构未经改革之前，这是无法办到的。

如果各地方的估税员都由各州的税务委员会来委派而不由财产持有人自行选举的话，则更科学的征税无疑是可以做到的。除了这一改变以外，还应该有：征税地区范围的扩大，估税员任期的延长（如果品行端正的话），专任估税员待遇的提高和专家的稽核。我们在这里可以提一下朝着这个方向的两点进展。威斯康星州的税务委员会派出了所得税估税员到那些包括很多较小地段的估税地区去。他们在供职期间，如果品行端正，就享有和文职人员一样的 329
待遇，而他们的职责之一就是监督各地方的估税人员。这个方法使地方估税的科学质量得到了改进。根据1921年的法令，西弗吉尼亚州把每一个县作为一个征税区，并规定每区选举一个地方估税员，任期四年，薪金从一千到五千美元。这种延长任期且把这个职务改为专职并给予优厚报酬的做法，乃是走向正确方向的步骤。

最后，应该将改善税制的目的放在实现社会政策上。对于这一点，课税对象的分类是很重要的。只要政府把林地和其他任何形式的财产同样看待，每年都依照它的十足售价估税，则森林的保护就会遭到挫折。为了纠正这种反社会的不良后果，大概有二十九个州都用按低于林地十足售价的价格征税的办法来对林地加以补贴。有十个州把林地和一般财产税完全分开。在那些州，林地仍年年课税，但林木则只有等到砍伐时才课税一次，因而有“生产税”这个名称。

一个土地课税的政策。这些补救方法各有其值得称道的地方，但都没有触及课税问题的核心。它们的根据是认为：只要依照指定的方法增加课税，政府就会获得足够的岁入而不致对经济生活的进程造成不适当的危害。我们怀疑：(1)如果不扩大课税的范围，政府将来是否能够应付日益增加的开支；(2)是否能在不阻挠土地的最好利用的条件下，增加目前的税收。本章开头列出的那些统计表格，证明我们的怀疑是有根据的，并且进一步提示了我们的现行课税制度有全部加以重新审视的必要。这些资料也部分地说明了：在我国，
330 也像在其他国家一样，为什么人民反对高税的情绪是这样大。

首先，我们应该弄清楚的是，增加税收对土地利用所产生的影响。目前，要用土地的收益特别是农地的收益的很大部分来支付税款，已使人们将开发或利用土地视为畏途。税款的增加只会使这种局势更加恶化。我们的意思并不是说，土地利用的扩展在目前是普遍需要的或者是适当的。在今天，土地的有些用途过分扩张，而有些则发展不足。不过将来人口的增加可能会要求对土地的更集约或更广泛利用，但到需要的那个时候，这可能办不到，因为高额的税款已挫伤了人们开辟新地的积极性。而且，如果税款增加到实际上等于取走土地全部收益的程度，则农民个人只能算是国家的佃户，其提高生产效率的积极性将大为降低。高税所产生的不经济的后果，也可以从联邦征收所得税方面看出来。在战争期间，政府对较大收益所课的附加税是那么重，以致大量的投资资本都被迫购买免税的公债，以便从中获取较高的净收入。大量资本所追求的那些免税债券，多半都是各州和各市所发行的，而这更诱使州和地方政府宁愿发行公债而不用一般课税的方法来维持它们的经费支出。其不可避免的结果就是将来的利息负担日益积累，并使征税而不致

危害土地利用的任务更加困难。

在指出目前的课税制度有走向由政府没收土地价值的趋势这 331
一方面，我们已说得够多的了。我们越接近这个目标，就越接近摧毁土地利用中的自由经营。

其次，为了增加政府的收入而又不致把现在的税率增加到有害的程度，我们必须放宽课税的范围。我们必须找出新的税源。我们对收入和财产的课税制度，一向是以所得和财富的积累为对象。间接课税或者说消费税的领域，还没有得到充分的发展。这两种课税制度的结果有很大的不同。在现行制度下，那些省吃俭用、把财产积攒起来以备养老的男男女女都被课以重税，而与他们同时期的年轻人，把自己挣得的钱都花光了却可以逃税。节约受到惩罚，浪费反而得到鼓励。如果对消费课以更多的税，而对积累起来的财产减轻课税，则现代生活中某些不必要的花费就可以省掉，节约就可以得到鼓励，而财富也可以积累起来。

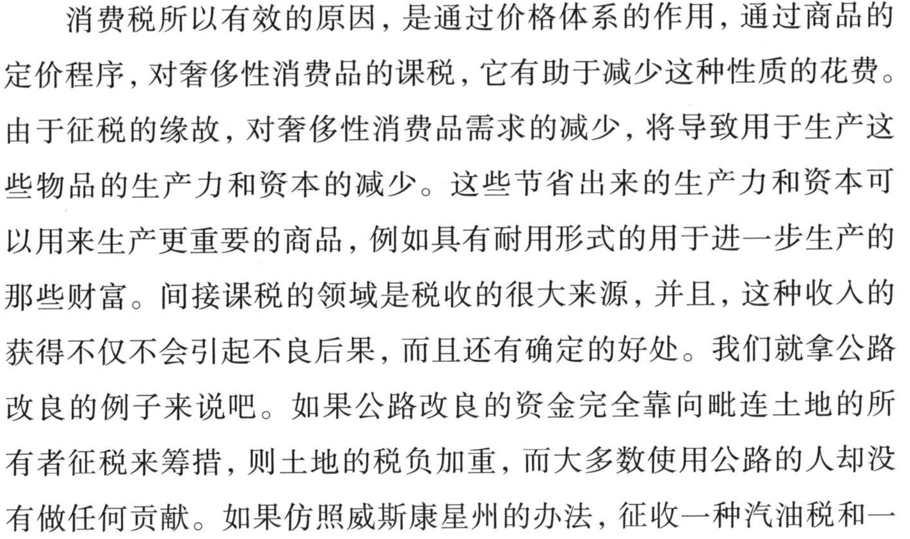

消费税所以有效的原因，是通过价格体系的作用，通过商品的定价程序，对奢侈性消费品的课税，它有助于减少这种性质的花费。由于征税的缘故，对奢侈性消费品需求的减少，将导致用于生产这些物品的生产力和资本的减少。这些节省出来的生产力和资本可以用来生产更重要的商品，例如具有耐用形式的用于进一步生产的
那些财富。间接课税的领域是税收的很大来源，并且，这种收入的 332
获得不仅不会引起不良后果，而且还有确定的好处。我们就拿公路改良的例子来说吧。如果公路改良的资金完全靠向毗连土地的所有者征税来筹措，则土地的税负加重，而大多数使用公路的人却没有做任何贡献。如果仿照威斯康星州的办法，征收一种汽油税和一

种按照吨位分级的汽车牌照税，则公路改良的费用就能够更公平地由使用者来分担。间接课税的办法将会给税务政策和行政管理带来很大困难，这是不可否认的，但是我们现在不能在这里对这个复杂的问题做进一步的讨论，因为如果那样的话，那就需要比这部著作还要多的篇幅。

用课税的问题来结束我们对土地经济学的基本原理所做的研究，是完全适当的。课税是一个头绪纷繁的迫切问题，并且在这一章里我们只能够提出几个具有关键性和建设性的建议，以期引起人们对课税做出更深入的分析与研究。现行的税制不但侵蚀着土地所有者和土地利用者的收益并带来不利的后果，而且，像在林地的例子里那样，它往往鼓励一种对自然资源进行违反社会利益的开采。当我们考虑到自有住宅这个原则对一个民族的繁荣和活力有着良好的效用时，我们惊奇地发现，许多人鉴于税负沉重，都无意自置住宅。另一方面的问题是政府支出的不断增加。毫无疑问，土地经济学的最大问题之一，就是要对课税制度进行精细的分析，因为它影响到土地的利用。我们认为这样一种分析的结果应当导致
333 以下几种改进：(1)把在财产税制度下的财产加以分类，借以减轻现在不动产所负担的不平等的税负；(2)酌减现行的财产税；(3)发展直接的所得税和职业税；(4)扩大课税范围，使其包括某些仔细选择出来的间接消费税。

## 小　　结

政府的开支，特别是社会福利开支，已经增加了并且还在继续

增加。要应付这些开支就需要加税，但增加的税负却大部分落在土地身上。课税所起的作用有两种：它是政府获得岁入的工具；它是控制财产使用的工具。土地税是历史最久的政府收入的来源之一；在欧洲各国，土地税一般已成为一种土地收益税，但在美国则已成为一般财产税的一部分，而对不动产所征收的财产税却特别苛重。

特别征税的制度只在美国被广泛地推行，这种税是向不动产征收，并用以支持公共设施的费用的一部分，因为该项不动产被认为是受到了那些设施的特别好处。虽则这个制度有不少优点，但在执行方面应当特别慎重。某些国家已试行增值税，但其利少弊多。**单一税**就是用租税把土地所有的净收益都拿走，使地价全部归公。但这种税不会像它的倡导者所说的那样，能够提供足够的收入来应付政府的一切支出。对于**一般财产税**，有下面几种批评：(1) 它把不公平的重负放在不动产上；(2) 没有把课税对象分类；(3) 不科学的估税方法；(4) 没有使这种方式的课税适应社会的政策。对于这些缺 334
点，已经提出了各种不同的补救方法，其中有些方法已在试行，并获得了或多或少的成绩。应当细致地制定一个土地课税的政策，要注意到课税对土地利用的影响，并应在下述几方面修改税则：(1) 把在财产税制度下的财产加以分类；(2) 酌减现行财产税；(3) 发展所得税和职业税；(4) 扩大课税范围，把仔细选择出来的各种间接消费税包括在内。

# 附　　录

附表 1[①]　1923 年十六个城市全部土地面积中各类用途的百分比

| | 公地面积 | | | | | 私地面积 | | | | |
|---|---|---|---|---|---|---|---|---|---|---|
| | | | | | | | 已改良 | | | |
| | 以全部土地为100%计算 | 总　计 | 街　巷 | 公　园 | 杂　项 | 未改良地总面积 | 总　计 | 住　宅 | 商　业 | 工　业 |
| 哥伦布（俄亥俄州） | 100 | 36.1 | 27.0 | 2.0 | 7.1 | 3.3 | 60.6 | 32.9 | 12.1 | 15.6 |
| 达文波特（艾奥瓦州） | 100 | 18.7 | 14.5 | 3.7 | 0.5 | 36.8 | 44.5 | 42.7 | 1.2 | 0.6 |
| 底特律（密歇根州） | 100 | 30.0 | 25.0 | 4.0 | 1.0 | 14.0 | 56.0 | 33.5 | 4.5 | 18.0 |
| 德卢斯（明尼苏达州） | 100 | 32.9 | 26.9 | 5.0 | 1.0 | 64.1 | 3.0 | 1.8 | 0.2 | 1.0 |
| 弗林特（密歇根州） | 100 | 22.4 | 16.5 | 2.3 | 3.6 | 21.3 | 56.3 | 52.8 | 0.5 | 3.0 |
| 诺克斯维尔（田纳西州） | 100 | 22.8 | 21.1 | 0.9 | 0.8 | 17.7 | 59.5 | 48.5 | 1.9 | 9.1 |

续表

| | 公地面积 | | | | | 私地面积 | | | | |
|---|---|---|---|---|---|---|---|---|---|---|
| | 以全部土地为100%计算 | 总计 | 街巷 | 公园 | 杂项 | 未改良地总面积 | 已改良 | | | |
| | | | | | | | 总计 | 住宅 | 商业 | 工业 |
| 林奇堡（弗吉尼亚州） | 100 | 18.7 | 13.2 | 2.8 | 2.7 | 13.5 | 67.8 | 50.8 | 10.2 | 6.8 |
| 明尼阿波利斯（明尼苏达州） | 100 | 32.3 | 20.3 | 10.9 | 1.1 | 22.8 | 44.9 | 36.3 | 1.5 | 7.1 |
| 诺福克*（弗吉尼亚州） | 100 | 36.2 | 23.3 | 2.4 | 10.5 | 9.5 | 54.3 | 33.4 | 2.5 | 18.4 |
| 奥克帕克市（伊利诺伊州） | 100 | 34.3 | 32.5 | 1.4 | 0.4 | 9.2 | 56.5 | 49.8 | 6.5 | 0.2 |
| 波特兰（俄勒冈州） | 100 | 25.1 | 20.8 | 2.7 | 1.6 | 18.7 | 56.2 | 42.1 | 5.6 | 8.5 |
| 盐湖城（犹他州） | 100 | 28.2 | 16.7 | 3.1 | 8.4 | 33.4 | 38.4 | 36.6 | 0.5 | 1.3 |
| 旧金山（加利福尼亚州） | 100 | 35.1 | 22.3 | 6.2 | 6.6 | 26.7 | 38.2 | 32.7 | 3.3 | 2.2 |
| 圣保罗（明尼苏达州） | 100 | 25.7 | 20.3 | 3.0 | 2.4 | 41.1 | 33.2 | 26.1 | 1.3 | 5.8 |
| 托莱多（俄亥俄州） | 100 | 28.6 | 19.2 | 5.4 | 4.0 | 22.3 | 49.1 | 27.3 | 1.7 | 20.1 |
| 塔尔萨（俄克拉何马州） | 100 | 23.9 | 22.0 | 1.9 | ** | 8.0 | 68.1 | 56.3 | 8.0 | 3.8 |

① 这个表是土地经济学与公共事业研究院的杜劳（H. B. Dorau）先生根据他发给各市政官员的征询问题所得到的答案编写出来的。这些数字代表我们能够做出的最好的估计数，它们虽然经过了仔细的校正，但我们不能保证其绝对正确。

* 其中不包括最近归并的、尚无街道公园等设施的七千五百英亩土地。

** 包括市郊的公园和其他土地。

附表 2① 美国十三个大城市中的空地 *

| 城　市　名 | 土地总面积（英亩） | 未改良地面积（英亩） | 未改良地的百分比 |
|---|---|---|---|
| 斯波坎 | 25,235 | 16,029 | 63.5 |
| 圣保罗 | 33,363 | 17,330 | 51.9 |
| 盐湖城 | 32,981 | 11,000 | 33.4 |
| 芝加哥 ** | 120,233 | 37,334 | 31.0 |
| 圣路易斯 | 39,040 | 11,634 | 29.8 |
| 旧金山 | 27,000 | 7,200 | 26.7 |
| 托莱多（俄亥俄州） | 18,160 | 4,042 | 22.3 |
| 弗林特（密歇根州） | 18,750 | 4,000 | 21.3 |
| 扬斯敦（俄亥俄州） | 15,360 | 3,000 | 19.5 |
| 波士顿 | 29,770 | 5,052 | 16.9 |
| 代顿（俄亥俄州） | 9,920 | 1,000 | 10.0 |
| 密尔沃基 *** | 16,290 | 651 | 4.0 |
| 哥伦布（俄亥俄州） | 17,422 | 570 | 3.3 |

① 同附表 1 注①。

*　系根据这些城市 1921 或 1922 年所报告的数据。

**　最近的报告是 1911 年的。

***　1920 年——照现在的估计，大约是百分之三。

附表 3① 某些城市的公有市地面积的比例[a]

| 城市名 | 公有市地的百分比 | 城市名 | 公有市地的百分比 |
|---|---|---|---|
| 阿尔图纳（宾夕法尼亚州） | 20.0 | 哥伦布（俄亥俄州） | 36.1 |
| 伯克利（加利福尼亚州） | 32.2 | 丹维尔（伊利诺伊州） | 39.5 |
| 波士顿（马萨诸塞州） | 37.5 | 达文波特（艾奥瓦州） | 14.5 |
| 布罗克顿（马萨诸塞州） | 9.4[b] | 底特律（密歇根州） | 30.0 |
| 布鲁克林（马萨诸塞州） | 19.3* | 德卢斯（明尼苏达州） | 32.9 |

续表

| 城市名 | 公有市地的百分比 | 城市名 | 公有市地的百分比 |
|---|---|---|---|
| 布特（蒙大拿州） | 30.5* | 弗林特（密歇根州） | 22.4 |
| 基诺沙（威斯康星州） | 26.4 | 波特兰（俄亥俄州） | 25.1 |
| 诺克斯维尔（田纳西州） | 22.8 | 盐湖城（犹他州） | 28.2 |
| 林奇堡（弗吉尼亚州） | 18.7 | 旧金山（加利福尼亚州） | 35.1 |
| 迈阿密（佛罗里达州） | 24.1 | 萨默维尔（马萨诸塞州） | 24.4 |
| 明尼阿波利斯（明尼苏达州） | 32.3 | 圣保罗（明尼苏达州） | 25.7 |
| 马斯科吉（俄克拉何马州） | 30.0* | 托莱多（俄亥俄州） | 28.6 |
| 诺福克（弗吉尼亚州） | 36.2[c] | 塔尔萨（俄克拉何马州） | 23.9[d] |
| 奥克帕克市（伊利诺伊州） | 34.3 | 滑铁卢（艾奥瓦州） | 26.8 |
| 庞蒂亚克（密歇根州） | 21.1 | 威奇塔瀑布市（得克萨斯州） | 22.4 |

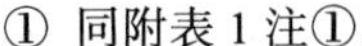

① 同附表1注①。

a 1922—1923年。

d 不包括最近归并的、多半还未改良的七千五百英亩土地。

* 此系大概的数字。

b 其中未改良的土地占百分之七十。

c 包括市属郊区的公园。

附表4① 1890—1920年各地区自有住房和租用住房的比例

| 地区 | 除农场以外的一切住房的比例 | | | | | | | |
|---|---|---|---|---|---|---|---|---|
| | 1920 | | 1910 | | 1900 | | 1890 | |
| | 租用 | 自有 | 租用 | 自有 | 租用 | 自有 | 租用 | 自有 |
| 美国全国 | 59.1 | 40.9 | 61.6 | 38.4 | 63.8 | 36.2 | 63.1 | 36.9 |
| 北部： | 58.6 | 41.4 | 61.2 | 38.8 | 62.4 | 37.6 | 60.9 | 39.1 |
| 新英格兰 | 64.6 | 35.4 | 67.4 | 32.6 | 66.2 | 33.8 | 64.9 | 35.1 |
| 中大西洋 | 66.3 | 33.7 | 69.4 | 30.6 | 70.1 | 29.9 | 67.8 | 32.2 |
| 东北中部 | 52.3 | 47.7 | 54.2 | 45.8 | 55.5 | 44.5 | 53.3 | 46.7 |
| 西北中部 | 47.8 | 52.2 | 49.6 | 50.4 | 53.4 | 46.6 | 54.5 | 45.5 |
| 南部： | 62.3 | 37.7 | 66.2 | 33.8 | 70.4 | 29.6 | 72.0 | 28.0 |
| 南大西洋 | 63.3 | 36.7 | 68.5 | 31.5 | 72.7 | 27.3 | 73.1 | 26.9 |

续表

| 地区 | 1920 | | 1910 | | 1900 | | 1890 | |
|---|---|---|---|---|---|---|---|---|
| | 租用 | 自有 | 租用 | 自有 | 租用 | 自有 | 租用 | 自有 |
| 东南中部 | 64.4 | 35.6 | 67.1 | 32.9 | 71.4 | 28.6 | 72.5 | 27.5 |
| 西南中部 | 59.1 | 40.9 | 61.6 | 38.4 | 64.8 | 35.2 | 68.4 | 31.6 |
| 西部: | 56.1 | 43.9 | 53.3 | 46.7 | 57.1 | 42.9 | 55.9 | 44.1 |
| 山区 | 55.1 | 44.9 | 53.2 | 46.8 | 52.9 | 47.1 | 50.9 | 49.1 |
| 太平洋沿岸 | 56.6 | 43.4 | 53.3 | 46.7 | 60.0 | 40.0 | 59.2 | 40.8 |

①《住房的抵押》，1923 年美国商业部国情普查局的普查专辑第二部第 39 页。曾经过伊利与土地经济学及公共事业研究院职员博尔曼（H. W. Bohlman）的共同编制和修正。

附表 5[①] 1890—1920 年各地区未抵押和已抵押的住房的比例

| 地　　区 | 除农场以外的自有住宅的比例 | | | | | | | |
|---|---|---|---|---|---|---|---|---|
| | 1920 | | 1910 | | 1900 | | 1890 | |
| | 未抵押 | 已抵押 | 未抵押 | 已抵押 | 未抵押 | 已抵押 | 未抵押 | 已抵押 |
| 美国全国 | 60.3 | 39.7 | 66.9 | 33.1 | 68.3 | 31.7 | 72.3 | 27.7 |
| 北部: | 56.0 | 44.0 | 62.7 | 37.3 | 63.7 | 36.3 | 67.1 | 32.9 |
| 新英格兰 | 48.3 | 51.7 | 55.8 | 44.2 | 57.4 | 42.6 | 63.5 | 36.5 |
| 中大西洋 | 48.7 | 51.3 | 55.1 | 44.9 | 57.7 | 42.3 | 63.8 | 36.2 |
| 东北中部 | 58.4 | 41.6 | 66.0 | 34.0 | 66.5 | 33.5 | 70.7 | 29.3 |
| 西北中部 | 67.6 | 32.4 | 72.3 | 27.7 | 72.9 | 27.1 | 68.1 | 31.9 |
| 南部: | 73.2 | 26.8 | 78.9 | 21.1 | 81.6 | 18.4 | 91.6 | 8.4 |
| 南大西洋 | 70.7 | 29.3 | 77.1 | 22.9 | 76.8 | 23.2 | 87.8 | 12.2 |
| 东南中部 | 77.3 | 22.7 | 80.0 | 20.0 | 82.9 | 17.1 | 94.7 | 5.3 |
| 西南中部 | 74.0 | 26.0 | 80.7 | 19.3 | 86.3 | 13.7 | 95.7 | 4.3 |
| 西部: | 64.0 | 36.0 | 71.4 | 28.6 | 81.1 | 18.9 | 82.0 | 18.0 |
| 山区 | 70.5 | 29.5 | 80.1 | 19.9 | 86.6 | 13.4 | 88.4 | 11.6 |
| 太平洋沿岸 | 61.1 | 38.9 | 66.7 | 33.3 | 76.8 | 23.2 | 77.0 | 23.0 |

① 同附表 4 注①，第 41 页。

附表 6[①]

1890 年人口在十万或十万以上的城市中，自有住房与抵押的自有住房的百分比，以及每一幢住房的平均户数，连同在 1890—1920 年人口增长最快的另外十个城市在这几方面的平均数

| 城　市　名 | 自有住房的百分比 | | 抵押的自有住房的百分比 | | 每一幢住房的平均户数 | |
|---|---|---|---|---|---|---|
| | | | 1920 | 1890 | 1920 | 1890 |
| 二十六城的平均数 | 26.9 | 22.8* | 60.2 | 37.8* | 1.74 | 1.53* |
| 十城的平均数 | 25.3 | 21.7 | 64.3 | 39.0 | 1.92 | 1.66 |
| 巴尔的摩 | 46.3 | 26.1 | 46.1 | 24.4 | 1.22 | 1.20 |
| 波士顿 | 18.5 | 18.4 | 66.2 | 38.8 | 2.07 | 1.70 |
| 布法罗 | 38.6 | 40.0 | 60.9 | 47.3 | 1.57 | 1.38 |
| 芝加哥 | 27.0 | 28.7 | 63.8 | 43.2 | 1.86 | 1.72 |
| 克利夫兰 | 35.1 | 39.1 | 59.0 | 36.7 | 1.57 | 1.21 |
| 底特律 | 38.3 | 41.7 | 61.1 | 37.0 | 1.43 | 1.14 |
| 密尔沃基 | 35.5 | 42.1 | 59.5 | 45.6 | 1.59 | 1.26 |
| 纽约 | 12.7 | 10.6** | 78.7 | 41.1** | 3.49 | 2.95** |
| 费城 | 39.5 | 22.8 | 70.2 | 38.7 | 1.14 | 1.10 |
| 圣路易斯 | 23.8 | 20.5 | 44.8 | 26.5 | 1.61 | 1.51 |
| 辛辛那提 | 28.7 | 19.2 | 43.2 | 29.0 | 1.69 | 1.90 |
| 丹佛 | 38.3 | 29.1 | 42.7 | 36.0 | 1.22 | 1.10 |
| 印第安纳波利斯 | 34.5 | 33.1 | 57.0 | 36.1 | 1.13 | 1.09 |
| 泽西城 | 19.7 | 18.8 | 63.8 | 37.1 | 2.16 | 1.86 |
| 堪萨斯 | 34.7 | 23.1 | 63.2 | 46.2 | 1.34 | 1.16 |
| 路易斯维尔 | 29.8 | 24.3 | 34.2 | 7.5 | 1.27 | 1.32 |
| 明尼阿波利斯 | 40.9 | 31.1 | 54.5 | 53.8 | 1.40 | 1.30 |
| 纽瓦克 | 20.2 | 22.0 | 72.9 | 47.3 | 2.25 | 1.67 |
| 新奥尔良 | 23.1 | 21.5 | 30.1 | 5.0 | 1.11 | 1.13 |
| 奥马哈 | 48.4 | 25.9 | 52.9 | 44.0 | 1.17 | 1.11 |
| 匹兹堡 | 28.3 | 27.6*** | 46.3 | 37.4*** | 1.39 | 1.22*** |
| 普罗维登斯 | 23.5 | 20.7 | 58.4 | 38.0 | 1.54 | 1.66 |
| 罗彻斯特 | 42.5 | 44.0 | 69.2 | 51.1 | 1.21 | 1.14 |
| 圣保罗 | 46.1 | 40.2 | 43.6 | 51.1 | 1.28 | 1.23 |

续表

| 城　市　名 | 自有住房的百分比 | | 抵押了的自有住房的百分比 | | 每一幢住房的平均户数 | |
|---|---|---|---|---|---|---|
| | | | 1920 | 1890 | 1920 | 1890 |
| 旧金山 | 27.4 | 21.5 | 40.5 | 28.5 | 1.37 | 1.11 |
| 华盛顿 | 30.3 | 25.2 | 55.4 | 24.0 | 1.33 | 1.13 |

① 同附表 4 注①，第 59 页。

*　在 1890 年为 28 个城市。

**　调整后包括布鲁克林在内。

***　调整后包括阿勒格尼在内。

附表 7[①]　1920 年美国各州佃农的比例

| 州　名 | 百分比 | 州　名 | 百分比 | 州　名 | 百分比 |
|---|---|---|---|---|---|
| 佐治亚 | 66.6 | 肯塔基 | 33.4 | 亚利桑那 | 18.1 |
| 密西西比 | 66.1 | 印第安纳 | 32.0 | 密歇根 | 17.7 |
| 南卡罗来纳 | 64.5 | 俄亥俄 | 29.5 | 西弗吉尼亚 | 16.2 |
| 亚拉巴马 | 57.9 | 马里兰 | 28.9 | 爱达荷 | 15.9 |
| 路易斯安那 | 57.1 | 密苏里 | 28.8 | 罗得岛 | 15.5 |
| 得克萨斯 | 53.3 | 弗吉尼亚 | 25.6 | 威斯康星 | 14.4 |
| 阿肯色 | 51.3 | 北达科他 | 25.6 | 怀俄明 | 12.5 |
| 俄克拉何马 | 51.0 | 佛罗里达 | 25.3 | 新墨西哥 | 12.2 |
| 北卡罗来纳 | 43.5 | 明尼苏达 | 24.7 | 佛蒙特 | 11.6 |
| 内布拉斯加 | 42.9 | 新泽西 | 23.0 | 蒙大拿 | 11.3 |
| 伊利诺伊 | 42.7 | 科罗拉多 | 23.0 | 犹他 | 10.9 |
| 艾奥瓦 | 41.7 | 宾夕法尼亚 | 21.9 | 内华达 | 9.4 |
| 田纳西 | 41.1 | 加利福尼亚 | 21.4 | 康涅狄格 | 8.5 |
| 堪萨斯 | 40.4 | 纽约 | 19.2 | 马萨诸塞 | 7.1 |
| 特拉华 | 39.3 | 俄勒冈 | 18.8 | 新罕布什尔 | 6.7 |
| 南达科他 | 34.9 | 华盛顿 | 18.7 | 缅因 | 4.2 |

全美国平均数：38.08%。

① 美国农业部 1921 年年鉴第 498 页。

附表 8　1920 年租用的改良农地[①]面积

| 州　　名 | 百分比 | 州　　名 | 百分比 | 州　　名 | 百分比 |
|---|---|---|---|---|---|
| 佐治亚 | 59.6 | 北达科他 | 42.4 | 纽约 | 27.4 |
| 南卡罗来纳 | 57.7 | 加利福尼亚 | 41.2 | 佛罗里达 | 26.1 |
| 得克萨斯 | 56.5 | 北卡罗来纳 | 41.0 | 肯塔基 | 25.1 |
| 伊利诺伊 | 55.1 | 印第安纳* | 40.3 | 蒙大拿 | 24.6 |
| 俄克拉何马 | 53.5 | 俄勒冈 | 39.7 | 弗吉尼亚 | 24.1 |
| 特拉华 | 52.1 | 明尼苏达 | 39.4 | 怀俄明 | 23.5 |
| 堪萨斯 | 52.0 | 俄亥俄 | 39.1 | 威斯康星 | 21.5 |
| 南达科他 | 50.9 | 科罗拉多 | 36.1 | 罗得岛 | 20.6 |
| 亚拉巴马 | 50.8 | 田纳西 | 35.1 | 犹他 | 19.3 |
| 密西西比 | 50.3 | 密苏里 | 33.9 | 佛蒙特 | 17.0 |
| 艾奥瓦 | 50.1 | 新泽西 | 32.2 | 内华达 | 16.6 |
| 华盛顿 | 50.0 | 新墨西哥 | 30.0 | 西弗吉尼亚 | 16.4 |
| 内布拉斯加 | 49.8 | 宾夕法尼亚 | 29.3 | 康涅狄格 | 12.6 |
| 印第安纳 | 44.9 | 亚利桑那 | 28.3 | 马萨诸塞 | 9.4 |
| 阿肯色 | 43.7 | 爱达荷 | 28.1 | 新罕布什尔 | 8.7 |
| 路易斯安那 | 43.5 | 密歇根 | 27.6 | 缅因 | 5.2 |

全美国平均数：42.12%。

① 这个表和美国农业部 1921 年年鉴第 498 页上的那个表根本不同。上表是以租用的那一部分改良农地为基础，而年鉴所指的乃是由佃农或对分佃农所经营的那一部分改良地。例如，在蒙大拿租用的土地为其全部土地的百分之二十四点六，但其中只有百分之十二点七是由佃农或对分佃农耕种的，这个差额就代表自耕农除了他们自己的农场而外，另外租来耕种的改良地。

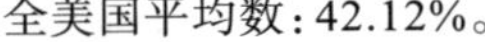

* 表中有两个印第安纳州，缺马里兰州，疑有误。——译者

附表 9[①]　美国各州农场的平均价值及其土地、建筑物、机器与家畜价值所占的百分比

| 州　　名 | 平均价值（美元） | 土地的百分比 | 建筑物的百分比 | 机器的百分比 | 家畜的百分比 |
|---|---|---|---|---|---|
| 艾奥瓦 | 39,941 | 78.4 | 10.8 | 3.6 | 7.2 |

续表

| 州　　名 | 平均价值（美元） | 土地的百分比 | 建筑物的百分比 | 机器的百分比 | 家畜的百分比 |
|---|---|---|---|---|---|
| 南达科他 | 37,835 | 79.0 | 8.6 | 4.0 | 8.4 |
| 内布拉斯加 | 33,771 | 79.3 | 9.1 | 3.6 | 8.0 |
| 内华达 | 31,546 | 59.6 | 6.9 | 3.6 | 29.9 |
| 加利福尼亚 | 29,158 | 81.1 | 8.5 | 4.0 | 6.4 |
| 伊利诺伊 | 28,108 | 78.7 | 11.2 | 3.3 | 6.8 |
| 亚利桑那 | 23,418 | 67.0 | 6.7 | 3.8 | 22.5 |
| 北达科他 | 22,651 | 72.7 | 11.9 | 6.5 | 8.9 |
| 怀俄明 | 21,235 | 63.1 | 7.1 | 3.5 | 26.3 |
| 明尼苏达 | 21,221 | 72.6 | 14.5 | 4.8 | 8.1 |
| 堪萨斯 | 19,982 | 75.0 | 10.7 | 4.7 | 9.6 |
| 科罗拉多 | 17.966 | 71.0 | 9.5 | 4.6 | 14.9 |
| 蒙大拿 | 17,095 | 70.2 | 8.6 | 5.6 | 15.6 |
| 爱达荷 | 17,008 | 71.5 | 9.7 | 5.4 | 13.4 |
| 俄勒冈 | 16,304 | 71.6 | 10.9 | 5.1 | 12.4 |
| 华盛顿 | 15,952 | 75.4 | 11.6 | 5.2 | 7.8 |
| 印第安纳 | 14,831 | 72.4 | 14.8 | 4.2 | 8.6 |
| 威斯康星 | 14,143 | 60.5 | 21.3 | 6.2 | 12.0 |
| 密苏里 | 13,654 | 72.2 | 13.0 | 3.9 | 10.9 |
| 犹他 | 12,130 | 67.8 | 10.5 | 4.3 | 17.4 |
| 俄亥俄 | 12,060 | 65.1 | 20.9 | 4.7 | 9.3 |
| 新墨西哥 | 10,896 | 60.4 | 7.8 | 3.0 | 28.8 |
| 新泽西 | 10,499 | 45.6 | 34.6 | 8.2 | 11.6 |
| 得克萨斯 | 10,200 | 73.0 | 10.2 | 3.5 | 13.3 |
| 康涅狄格 | 10,019 | 44.6 | 39.3 | 5.8 | 10.3 |
| 纽约 | 9,879 | 41.6 | 33.1 | 8.9 | 16.4 |
| 马里兰 | 9,678 | 56.0 | 27.3 | 6.3 | 10.4 |
| 马萨诸塞 | 9,389 | 42.5 | 40.0 | 6.4 | 11.1 |
| 密歇根 | 8,976 | 54.4 | 27.1 | 6.9 | 11.6 |

续表

| 州　　名 | 平均价值（美元） | 土地的百分比 | 建筑物的百分比 | 机器的百分比 | 家畜的百分比 |
|---|---|---|---|---|---|
| 俄克拉何马 | 8,649 | 70.6 | 11.6 | 4.8 | 13.0 |
| 宾夕法尼亚 | 8,551 | 41.9 | 34.8 | 9.5 | 13.8 |
| 罗得岛 | 8,238 | 43.1 | 35.3 | 7.2 | 14.4 |
| 特拉华 | 7,903 | 52.5 | 28.3 | 8.5 | 10.7 |
| 佛蒙特 | 7,661 | 37.3 | 34.2 | 9.5 | 19.0 |
| 弗吉尼亚 | 6,425 | 63.2 | 22.4 | 4.2 | 10.2 |
| 佛罗里达 | 6,116 | 69.2 | 16.0 | 4.1 | 10.7 |
| 新罕布什尔 | 5,782 | 40.0 | 35.9 | 8.0 | 16.1 |
| 西弗吉尼亚 | 5,687 | 62.0 | 20.8 | 3.7 | 13.5 |
| 缅因 | 5,609 | 42.3 | 33.2 | 9.8 | 14.7 |
| 肯塔基 | 5,587 | 69.5 | 16.8 | 3.2 | 10.5 |
| 田纳西 | 4,953 | 64.5 | 17.3 | 4.3 | 13.9 |
| 南卡罗来纳 | 4,946 | 67.8 | 17.4 | 5.2 | 9.6 |
| 北卡罗来纳 | 4,634 | 68.6 | 17.5 | 4.4 | 9.5 |
| 佐治亚 | 4,366 | 66.1 | 17.8 | 4.7 | 11.4 |
| 路易斯安那 | 4,354 | 65.0 | 15.3 | 5.6 | 14.1 |
| 阿肯色 | 3,974 | 65.8 | 15.7 | 4.7 | 13.8 |
| 密西西比 | 3,546 | 66.5 | 15.4 | 4.1 | 14.0 |
| 亚拉巴马 | 2,698 | 60.2 | 18.5 | 5.0 | 16.3 |
| 美国全国 | 12,084 | 70.4 | 14.7 | 4.6 | 10.3 |

①根据美国农业部1921年年鉴，第497页。

# 参考文献

## 第二章

Christopher G. Tiedeman, *The American Law of Real Property*, 3d ed., St. Louis, 1906.

Stephen Martin Leake, *The Law of Property in Land*, 2d ed., London, 1909.

Abbot Thayer Usher, "Soil Fertility, Soil Exhaustion, and Their Historical Significance," *Quarterly Journal of Economics*, May, 1923.

W. J. Spillman, "Application of the Law of Diminishing Return to Some Fertilizer and Feed Data," *Journal of Farm Economics*, January, 1923.

Ely, Hess, Leith, and Carver, *Foundations of National Prosperity*, Macmillan, 1920.

E. R. A. Seligman, *Principles of Economics*, Longmans, 1921.

J. R. Commons, *Distribution of Wealth*, Macmillan, 1893.

Frank A. Fetter, *Principles of Economics*, Century, 1911.

J. B. Clark, *Essentials in Economic Theory*, Macmillan, 1907. *Distribution of Wealth*, Macmillan, 1899.

A. S. Johnson, "Rent in Modern Economic Theory," in *American Economic Association Publications*, November, 1902.

Henry Clay, *Economics for the General Reader*, New York, 1918.

## 第三章

Ely, Hess, Leith, and Carver, *Foundations of National Prosperity*, pp. 54-57.

P. S. Lovejoy, "The Segregation of Farm from Forest Land," *Journal of Forestry*, October, 1919.

*Report of the Royal Commission of Inquiry into Farming Condi-*

*tions*, Province of Saskatchewan, Regina, 1921, pp. 43-46.
C. O. Sauer, "The Problem of Land Classification," *Annals of the Association of American Geographers,* Volume II, pp. 3-16.
Geo. Otis Smith, "The Classification of Public Lands," United States Geological Survey, *Bulletin 537*.

## 第四章

Ely and Wicker, *Elementary Principles of Economics,* Macmillan, 3d ed., 1923.
Irving Fisher, *Elementary Principles of Economics,* Macmillan, 1918.
Henry Clay, *Economics for the General Reader,* Macmillan, 1920.
T. N. Carver, *Principles of Political Economy,* Ginn, 1919.
H. R. Seager, *Principles of Economics,* Holt, 1917.
E. R. A. Seligman, *Principles of Economics,* Longmans, 9th ed., 1921.
F. W. Taussig, *Principles of Economics,* two vols., Macmillan, 3d ed., 1921.
F. A. Fetter, *Economics,* two vols., Century, 1915-1922.

## 第五章

O. E. Baker and H. M. Strong, "Arable Land in the United States," United States Department of Agriculture, *Yearbook,* 1918.
W. J. Myers, "An Economic Study of the Farm Layout," Cornell *Memoir* No. 34.
O. D. von Engeln, *Inheriting the Earth,* Macmillan, 1922.
J. R. Smith, *The World's Food Resources*, Holt, 1919.
O. E. Baker, "A Graphic Summary of American Agriculture," United States Department of Agriculture, *Yearbook,* 1921.
O. E. Baker, "Land Utilization in the United States: Geographical Aspects of the Problem," *The Geographical Review,* January, 1923.
O. E. Baker, "The Increasing Importance of the Physical Condition in Determining the Utilization of Land for Agricultural and Forest Production in the United States," *Annals of the Association of American Geographers,*" Vol. XI, pp. 17-46.

## 第六章

E. M. Fisher, *The Principles of Real Estate Practice*, Macmillan,

1923.
C. C. Evers, *The Commercial Problem in Buildings*, The Record and Guide Co., 1914.
C. M. Nichols comp., *Studies on Building Height Limitations in Large Cities*, Chicago Real Estate Board, 1923.
Felix Isman, *Real Estate in All its Branches*, Appleton, 1924.
P. A. Benson and N. L. North, *Real Estate Principles and Practices*, Prentice Hall, 1922.

## 第七章

H. C. Taylor, *Agricultural Economics*, Macmillan, 1919.
L. C. Gray, *Introduction to Agricultural Economics*, Macmillan, 1924.
H. Calvert, *The Wealth and Welfare of the Punjab*, Civil and Military Gazette, Lahore, 1922.
T. N. Carver, *Principles of Rural Economics*, Ginn, 1911.
*Yearbooks*, United States Department of Agriculture, especially 1920, 1921, 1922.
United States *Census*.

## 第八章

林地

B. E. Fernow, *Economics of Forestry*, Crowell, 1902.
Raphael Zon and William N. Sparhawk, *Forest Resources of the World*, 2 vols., McGraw-Hill, 1923.
K. W. Woodward, *The Valuation of American Timberlands*, John Wiley & Sons, 1921.
A. B. Recknagel, *The Forests of New York State*, Macmillan, 1923.
W. B. Greeley et al., "Timber: Mine or Crop?" United States Department of Agriculture, *Yearbook*, 1922.
W. B. Greeley, "Some Public and Economic Aspects of the Lumber Industry," United States Department of Agriculture, Office of the Secretary, *Report 114*.
*Hearings* before a Select Committee on Reforestation, United States Senate, 67th Congress, 4th Session, pursuant to Senate Resolution 398, 1923.
John Ise, *The United States Forest Policy*, Yale University Press,

1920.
*The Lumber Industry,* Parts I, II, III, IV, Department of Commerce and Labor, Bureau of Corporations, 1913.
Ely, Hess, Leith, and Carver, *The Foundations of National Prosperity.*

矿地

C. G. Gilbert and J. E. Pogue, *America's Power Resources,* Century, 1921.
E. S. Moore, *Coal,* John Wiley & Sons, 1922.
Geo. O. Smith, *The Strategy of Minerals,* Appleton, 1919.
J. E. Spurr, *World's Mineral Resources.* McGraw-Hill, 1920.
J. E. Pogue, *Economics of Petroleum,* John Wiley & Sons, 1921.
Smithsonian Institution, United States National Museum, *Bulletin 102.*
C. K. Leith, *Economic Aspects of Geology,* Holt, 1921.

## 第九章

R. P. Teele, *Irrigation in the United States,* Appleton, 1915.
Geo. Thomas, *The Development of Institutions under Irrigation,* Macmillan, 1920.
Elwood Mead, *Irrigation Institutions,* Macmillan, 1903.
A. E. Chandler, *Elements of Western Water Law,* Technical Publishing Co., San Francisco, 1913.
E. A. Gilmore, "Riparian Rights in Wisconsin," *Senate Document* 449, 61st Congress, 2d Session.

## 第十章

R. T. Ely, *Property and Contract,* Macmillan, 1914.
"Mortgages on Homes," *Census Monograph No. 2,* United States Census Bureau.
H. C. Taylor, *Agricultural Economics,* Macmillan, 1919, Chapters 10 to 25.
B. H. Hibbard, articles on "Tenancy in United States," *Quarterly Journal of Economics,* 1911, 1912, 1913.
Ely, Spillman, and Galpin, "Papers on Tenancy," *American Economic Review Supplement,* March, 1919.
L. C. Gray, *Introduction to Agricultural Economics,* Macmillan,

1924.
R. H. D. Boerker, *Our National Forests*, Macmillan, 1919.

## 第十一章

B. H. Hibbard and F. Robotka, "Farm Credit in Wisconsin," Wisconsin Agricultural Experiment Station, *Bulletin 247*.

Ely, Hibbard, and Cox, "Credit Needs of Settlers in Upper Wisconsin," Wisconsin Agricultural Experiment Station, *Bulletin 318*.

K. N. Robins, *The Farm Mortgage Handbook*, Doubleday, Page, 1916.

Benjamin H. Dugdale, *Mortgage Loan Values*, printed by the author, 1922.

F. A. Chase and H. F. Clark, *Building and Loan Associations*, Macmillan (in preparation).

Dick T. Morgan, *Land Credits*, Crowell, 1915.

Herbert Myrick, *Rural Credit System*, Orange Judd Co., 1922.

A. C. Wiprud, *The Federal Farm Loan System in Operation*, Harper, 1921.

## 第十二章



H. C. Taylor, *Agricultural Economics*, Macmillan, 1919, Chap. 18.

G. C. Hass, "Sale Prices as a Basis for Farm Land Appraisal," Minnesota Agricultural Experiment Station, *Technical Bulletin 9*.

L. C. Gray, *Introduction to Agricultural Economics*, Macmillan, 1924, Chap. 14.

John J. Fox, *Manual of Rural Appraisement*, Pacific Rural Press, 1923.

L. C. Gray and O. B. Lloyd, "Farm Land Values in Iowa," United States Department of Agriculture, *Bulletin 874*, 1920.

G. W. Forster, "Land Prices and Land Speculation in the Bluegrass Region of Kentucky," Kentucky Agricultural Experiment Station, *Research Bulletin 240*.

J. A. Zangerle, *Principles of Real Estate Appraising*, Hampton-Keller Co., 1923.

## 第十三章

Charles R. Van Hise, *The Conservation of Natural Resources in the United States*, Macmillan, 1914.

R. T. ELY, *Property and Contract,* 2 vols., Macmillan, 1914.
THEODORA KIMBALL, *Manual on City Planning and Zoning,* Harvard University Press, 1923.
FRANK B. WILLIAMS, *The Law of City Planning and Zoning,* Macmillan, 1923.

## 第十四章

P. J. TREAT, *The National Land System,* E. B. Treat, 1910.
GEO. M. STEPHENSON, *The Political History of the Public Lands, 1840-1863,* Badger, 1917.
THOMAS DONALDSON, *The Public Domain,* Public Land Commission, Washington, 1884.
E. M. FISHER, *The Principles of Real Estate Practice,* Macmillan, 1923.
ELWOOD MEAD, *Helping Men Own Farms,* Macmillan, 1920.
P. A. SPEEK, *A Stake in the Land,* Harper, 1921.
R. T. ELY, "Private Colonization of Land," *American Economic Review,* September, 1918.
*Reports* of State Land Settlement Board of California.
J. C. NICHOLS, *Real Estate Subdivisions,* American Civic Association, Series II, No. 5.

## 第十五章

R. T. ELY, "The Taxation of Land," *Proceedings* of National Tax Association, 1921, pp. 228-300.
E. R. A. SELIGMAN, *Essays in Taxation,* Macmillan, 9th ed., 1921.
Report of Committee on Model Tax System, *Proceedings* of National Tax Association, 1919, pp. 401, 470.
ROBERT M. HAIG, "The Exemption of Improvements from Taxation in Canada and the United States," *Report* prepared for Committee on Taxation of the City of New York, 1915.
SCHEFFTEL, YETTA, *The Taxation of Land Value,* Houghton, Mifflin, 1916.
*Proceedings* of Annual Conferences of National Tax Association, especially papers on land taxation, forest taxation, and mineral taxation.

**图书在版编目(CIP)数据**

土地经济学原理/(美)理查德·T.伊利,(美)爱德华·W.莫尔豪斯著;滕维藻译.—北京:商务印书馆,2024
(汉译世界学术名著丛书:120年纪念版:珍藏本:增订本)
ISBN 978-7-100-23855-7

Ⅰ.①土… Ⅱ.①理…②爱…③滕 Ⅲ.①土地经济学
Ⅳ.①F301

中国国家版本馆CIP数据核字(2024)第080215号



汉译世界学术名著丛书
(120年纪念版·珍藏本·增订本)
**土地经济学原理**
〔美〕理查德·T.伊利
爱德华·W.莫尔豪斯 著
滕维藻 译

商务印书馆出版
(北京王府井大街36号 邮政编码100710)
商务印书馆发行
北京新华印刷有限公司印刷
ISBN 978-7-100-23855-7

2024年5月第1版 开本 710×1000 1/16
2024年5月北京第1次印刷 印张 20¼
定价:105.00元